ワークシートで学ぶ

子どもの造形表現

第3版

北沢 昌代　畠山 智宏　中村 光絵　著

開成出版

子どもの
造形表現を
学ぼう！
子どもとともに
造形を楽しむ
保育者
ねんど
えのぐ
3章
8章
子どもの
表現を
知ろう
1章
2章
子どもの
表現を
育むために
子ども大好き！

みる、えがく、
つくる
4章
5章
6章
7章

はじめに

子どもの造形表現について学ぶ時、どのようなことが大切なのでしょうか？

まず、子どもの発達段階や特徴について理解し、その具体的な指導方法や内容を学ぶことと、保育者自身が造形を好きになり、子どもと共に描いたりつくったり見たりすることを楽しめることが重要です。

子どもは、遊びを通して成長します。様々な体験によって獲得した感性や想像力で、自分の生活や想いをストレートに表します。保育者は、このような一人一人の子どもの想いに気づき、子どもならではの発想を温かく受け止められるような豊かな感性や発想力が求められるのです。そして、子どもが安心して表現できるように環境を整えたり、教材を準備したりする援助と働きかけができるような実践力を身につけましょう。

この様な保育者に必要な資質や能力を身につけるために、本テキストでは、「何故学ぶのか」「何を学ぶのか」「どのように学ぶのか」を示し、アクティブラーニングの方法としてワークシート形式を取り入れるなど、分かりやすく学べるよう工夫して作られました。

この第3版では、巻頭に「学びの地図」をイラストで示してテキストでの学び方を体系的に捉えたり、各章では子どもの姿を多数掲載したり、QR コードから動画を見る事ができるようにしたりするなど、保育の造形表現の難しい理論や実践を、更に分かりやすく理解できるようにしています。また、最新の保育の流れに沿い、「SDGs」「STEAM 教育」「ICT 教育」「インクルーシブ保育」などと造形活動との関連も解説しました。

このテキストで学んだみなさんが、将来子どもの造形表現指導の専門家として、保育の現場で活躍できることを執筆者一同願っています。

執筆者一同

もくじ

第１章

子どもの造形表現を学ぶために

この章は、子どもの造形表現を学ぶために、「何故学ぶのか」「何を学ぶのか」「どのように学ぶのか」を理解するための章です。保育における造形指導の理論と実践力を身に付けられるよう学んでください。

Chapter 01

子どもの造形表現を学ぶために

子どもの造形表現の指導法を学ぶにあたり、まず、自分が今迄どのような表現をしてきたのかを振り返ってみましょう。もし、自分の子どもの頃に描いた作品が残っていれば、改めて見返してみるのも良いでしょう。幼児期から大人へと成長する過程で、表現に対する思いも変化していることに気づくのではないでしょうか？ いずれにしろ、その頃の自分の気持ちがストレートに伝わって来るものです。幼児期の表現は素朴であっても、この様な子どもの伝えたい想いを大切にして温かく受け止め、見守りたいものです。

1 造形表現を楽しむ

「美術を好きですか？」

これまでに小学校、中学校、高等学校で学習してきた図工や美術は、みなさんにとって楽しい時間でしたか？ これから保育の造形指導について学ぶみなさんに「美術を好きですか？」と聞くと、好きだったという人もいれば「苦手だった」と答える人も少なくないようです。子どもの頃は、描いたり、つくったりすることがみんな好きだったはずですが、いつ頃から苦手意識を持つ人が増えるのでしょうか？ これは、学校教育が原因の場合もあるようですが、ある研究者によると、発達過程として自然なこととしている説もあります。しかし、子ども時代に何かを夢中になって描いたり、つくりたいものをつくったりする時間を味わうような体験や思い出は、イメージする力や集中力、判断力、意欲など、これからの社会を生き抜くために必要な、豊かな情操や生きる力を育む基礎になっているのです。このような力を育てるために、造形表現は格好の活動と言えます。保育者は何を、どのように指導したら良いのか、これからの学修で、みなさん自身が体験的に考えて行きましょう。

「楽しい造形の時間を子どもたちに与えることができますか？」

子どもたちの造形表現の指導者は、まず、このことが求められます。美術から興味が薄れてしまっている人がいたら、まず、子どもの頃に描いたりつくったりして楽しかった頃の自分を思い出してください。子どもたちに、楽しい時間を与えることができる指導者は、造形に苦手意識を持ったままでは難しいですね。この授業を通して、自分自身も子どもの頃に味わった体験を思い出し、描いたり、つくったり、見たりすることを楽しみ、一人一人の子どもの表現に共感できるような指導者を目指しましょう。

3歳　男児　ぼくとお父さん

2 造形表現の意義

「子どもにとって、何故、造形表現が大切か？」

子どもの造形表現の理論と実践を学び「造形表現の意義」について考えることが、このテキストのねらいです。そのためには、「何故学ぶのか」「何を学ぶのか」「どのように学ぶのか」が大切になります。そして、「子どもの目線」と「保育者の目線」の両方の目線で体験したことから考え、自分自身も楽しみながら取り組み、「造形表現の意義」について自分なりの考えを持てるようになりましょう。これは将来保護者や地域の方々に、自分たちの保育について説明する力にも繋がります。みなさん自身の言葉で、「子どもにとって、何故、造形表現が大切か？」が述べられるように学びましょう。

3 保育者という職業

「保育の仕事」

みなさんに保育を目指したきっかけを聞くと「保育園の頃に出会った先生が大好きだった」「自分も将来先生のようになりたい」等の答えがよく返ってきます。先生がその人の将来に大きな影響を与えたようです。このように、保育者は進路の選択だけでなく子どもの将来に強い影響を与えることができる仕事です。幼稚園や保育所の頃の楽しかった思い出や身につけた力は、人格形成の基礎を培い、その子どもの人生に大きな影響を与える、責任のある仕事なのです。

「20年後の社会と子どもたちの姿を想像しよう」

みなさんが保育者になり出会う子どもたちは、20年後、大人になり社会で活躍する人になっていることでしょう。子どもたちが生きるこれからの社会は、AI等の発達により急速に社会が変化していく時代です。職業も大きく変化し、日本の労働人口の49%が人工知能やロボット等で代替可能になるという研究も発表されています＊[1]。しかし、どのような社会になっても、創造性、協調性が必要な業務や、非定型の仕事は、将来においても人が担うと言われています。このような能力の基礎は乳幼児期に培われることがいろいろな研究＊[2]によって明らかになり、幼児教育の重要性がますます注目される時代になってきました。子どもの頃に得た楽しい思い出や身につけた力は、「生きる力」を育てる基礎になるのです。

みなさんも、目の前にいる子どもの保育が、その子の20年後の将来に繋がっていることを心に留めながら、保育者という職業の責任や使命感を持ち、他の保育者と協力して長期的な保育計画（カリキュラムマネージメント）のもと、保育ができるよう学んで欲しいと願っています。

＊1 〈10年後になくなる職業〉オックスフォード大学のマイケル A. オズボーン准教授およびカール・ベネディクト・フレイ博士との共同研究

＊2 「幼児教育の経済学」ジェームズ・J・ヘックマン著 東洋経済新報社

4 表現と表出

「子どもの表現は、自分の世界をストレートに表すという意味において、大人とは違うかもしれません」

子どもは、どのようにして表現に至る行為をしているのでしょうか？その過程を「表現」と「表出」に分けて考えてみましょう。 本人に表現の意図がなければ「表出」、意図があれば「表現」と区別します。他者の存在によって､「表出」は「表現」になると言えます。例えば、子どもが一人で座って何かに指で跡をつけている行為は伝達意図のない「表出」とみなされますが、傍らに保育者がいて「昨日ね、お父さんと電車に乗ったよ。」というような子どもの話しと共に描かれれば､そこに「表現」が立ち現われると言えます。 保育の場では、「表現は他者との、表出は自分とのコミュニケーション」ということができます。表出は、他者の読み取り次第で「表現」になると考えることができるのです。

また、表現は、“目に見えない心の内を外部に表しだす”こととも いえます。自分の気持ちを表現する行為である「表し」と、表現されたものである「現れ」の両方の意味が含まれています。通常“豊かな表現”というと、結果である作品が立派であることを意味するように思われますが、表現の過程である「目に見えない心の表し」に着目し、そこが豊かに展開しているかという視点が求められます。また、表現は、身体を媒体にしたものは「身体表現｣､音や声は「音楽表現｣､言葉は「言語表現｣､ものや絵による表現は「造形表現」になり、様々な媒体を通して「表し」を「現れ」にしていきます。指導者は、この表現と表出の意味を理解して、子どもが安心して豊かに表現を行えるような保育環境を整えたり、子どもの声に耳を傾ける指導を大切にすることが求められます。

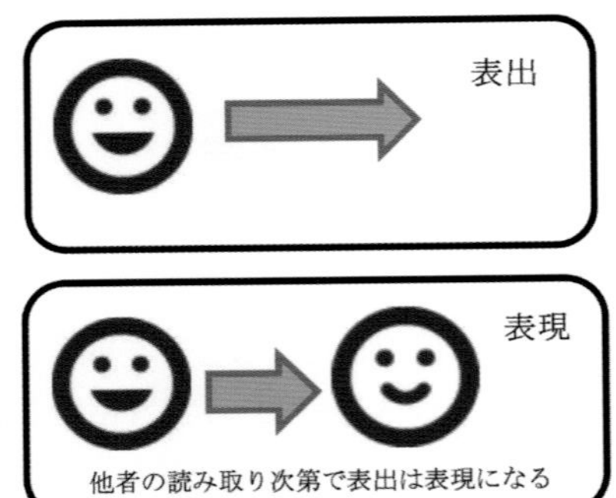

5　制作と製作

「どちらを使えばよいのでしょうか？」

通常、「制作」は芸術作品等をつくること。「製作」は道具や機械等を使って物品を作ることに用いられています。子どもの表現は、道具や機械を作る事とは違い、自己表現ですので「制作」の文字が相応しいと考えられますが、子どもへの指導内容には、はさみ等の簡単な道具類の使い方も含まれるため、指導案等では「製作」の文字が使われることがあります。しかし、子どもの表わすものは自己表現という観点からは、「制作」という文字の方が正しいと言えます。 このような考え方から本テキストでは、「制作」の文字が使われています。しかし、はさみ等の使い方を中心とした技能や巧緻性（指先の器用さ）を指導する場合は「製作」かも知れませんね。幼児教育の現場では「制作」と「製作」の違いを区別して、文字も使い分けると良いでしょう。

6　「幼稚園教育要領」「保育所保育指針」「認定こども園教育・保育要領」

多くの子どもたちが就学前に幼稚園・保育所・認定こども園のいずれかに通っています。幼稚園は文部科学省、保育園は厚生労働省、認定こども園はこども家庭庁と管轄が異なりますが、「幼児教育から中学校卒業まで一貫した教育が受けられるように」、「どの施設に通っても同じ水準の幼児教育、保育環境が保証されるように」とのねらいから、幼稚園「幼稚園教育要領」·保育所「保育所保育指針」·認定こども園「幼保連携型認定こども園教育・保育要領」の幼児教育基準が統一されています（2017 年 3 月改訂）。

幼稚園教育要領

ここでは、幼稚園教育要領で内容を見ていきましょう。

幼稚園教育要領は，教育基本法に定める教育の目的や目標達成のため，学校教育法に基づき国が定める教育課程の基準であり，平成 18 年に改正された教育基本法における教育の目的及び目標を明記したものです。現行の幼稚園教育要領では、幼稚園での生活を通じて以下の 3 つを柱とした力を身につけることを目指しています。

「幼稚園教育において育みたい資質・能力」

1. 知識及び技能の基礎
2. 思考力・判断力・表現力等の基礎
3. 学びに向かう力、人間性等

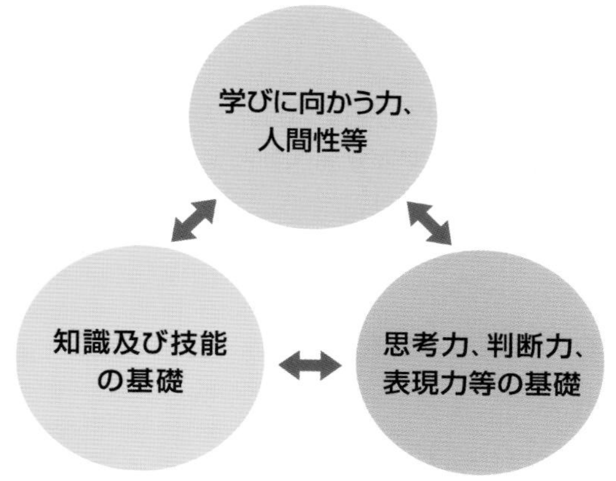

また、幼児期の終わりまでに身につけておきたい資質や能力についても記されています。これらは、社会生活のなかで必要となる思考力や判断力、コミュニケーション力の基礎となるもので、幼稚園生活での遊びや体験を通して身につける姿を、幼児教育の基準としています。

「幼児期の終わりまでに育ってほしい姿」

1. 健康な心と体
2. 自立心
3. 協同性
4. 道徳性・規範意識の芽生え
5. 社会生活との関わり
6. 思考力の芽生え
7. 自然との関わり・生命尊重
8. 数量や図形、標識や文字などへの関心・感覚
9. 言葉による伝え合い
10. 豊かな感性と表現

5 つの領域

日本の幼児教育の基準となる「幼稚園教育要領」「保育所保育指針」「幼保連携型認定こども園教育･保育要領」には、領域のねらいと内容が共通して記載されています。

幼稚園や保育所、こども園での教育目標を具体的に設定するための領域で、右記の 5 つのことを指します。

1. 心身の健康に関する領域「健康」
2. 人とのかかわりに関する領域「人間関係」
3. 身近な環境とのかかわりに関する領域「環境」
4. 言葉の獲得に関する領域「言葉」
5. 感性と表現に関する領域「表現」

7 感性と表現に関する領域「表現」

保育は、遊びを通して 5 領域を総合的に学ぶことが基本です。5 領域の側面から見ていくと、領域ごとのねらいが分かります。

ここでは、幼稚園教育要領領域「表現」のねらい及び内容を見てみましょう（参考資料 p.162）。「表現」は “感じたことや考えたことを自分なりに表現することを通して、豊かな感性や表現する力を養い、創造性を豊かにする。” とあり、音楽表現、身体表現、造形表現の内容が一体的に示され、3 つのねらいになっています。“(1) 美しさなどに対する豊かな感性 (2) 自分なりに表現して楽しむ (3) イメージを豊かにし，様々な表現を楽しむ” とあります。

造形表現の側面で見ていくと、例えば、3 歳児が園庭でお砂遊びをする情景を思い浮かべてみましょう。子どもは、お砂場では、砂に直接手で触れて、砂の感覚を楽しむことができます。水を掛ければ、砂の感触が変わることに気づくでしょう。また、手で握ってお団子をつくったり、カップを準備すれば、その中に砂を詰めて型抜きをして同じ形を繰り返しつくったりする体験もできます。これは､領域「表現」の内容 “(1) 生活の中で様々な音、色、形、手触り、動きなどに気付いたり、感じたりして楽しむ” 活動であり、ねらい “(1) いろいろなものの美しさなどに対する豊かな感性をもつ。(2) 感じたことや考えたことを自分なりに表現して楽しむ。” の活

動と言えます。お砂場での活動であっても、音楽表現や身体表現の側面からも子どもの姿を捉えることができますし、他の領域の側面から見れば、「環境」や「人間関係」「言葉」等とも深く関連する活動と言えます。

造形表現は、描いたり、つくったりすることを独立して行うのではなく、音楽や言葉、身体を使い、生活や遊びの中で、全身で行う行為です。また、5 領域はいつも関連して指導されますから、表現のみで行う訳でもありません。保育は、保育者がこの時間はどこにねらいをもって保育するかを計画します。造形表現を中心として行われる場合でも、絶えず他領域の保育が同時に行なわれています。

子どもの表現って何だろう？

園庭での情景です。

- 空の雲を眺めて、イメージした形、発見したことを伝えあう姿。
- 園庭で様々な色や形の葉っぱや石から、自分が良いと思ったものを拾って喜ぶ姿。
- 気に入った形や色の石を並べて遊ぶ姿。
- お砂場で、手で砂の感触を味わう姿。
- 園庭で見つけた枝で、地面に好きな線を引いて楽しむ姿。

これらは、どれも子どもたちの「表現」する姿と言えます。発達段階によって、関わり方や表現の仕方に違いがあるものの、外界を興味深く観察し、発見する姿、そして、それを身近な保育者や友達に伝えあったり、えがいたり、つくったりして表現する姿が「表現」の内容と言えます。

「ねらい」とは、保育者の「ねがい」

子どもたちが上記のような体験をするねらいを達成するために、保育者はどのような保育計画をたて環境を整えているでしょうか？ 十分な計画と環境を整え、子どもたちが発見したことに、共感したり、支援を行ったりすることが重要です。

保育には、必ず「ねらい」があります。「ねらい」とは、保育者の「ねがい」でもあります。目の前にいる子どもたちに、どのようなことを経験してほしいか？どのような体験をしてほしいのか？保育者は、まず、このような「ねがい」から「ねらい」と指導計画を立てます。

みなさんも、自分なりの保育観を持って、子どもたちの成長を願う保育者を目指してください。

8 造形表現指導の学び方

（1）造形表現の内容

保育の造形表現の指導者には、理論と実践両方の力が求められます。理論においては、保育や子ども理解全般、特に表現の発達段階の理解と具体的で実践的な指導法等を学ぶ必要があります。

また、理論をもとにした実践力は、実技を通して学び、保育者としての基礎的な技能や、題材や素材等の教材研究、また、子どもの表現を理解するために保育者自身も豊かな発想力や創造性を身につける事が重要です。

小学校から高等学校までの学習指導要領では、図画工作、美術、工芸の内容は、「表現」と「鑑賞」（参考資料p.160）で示されています。幼児の段階であれば、表現は、えがいたりつくったりすること。鑑賞は、自分や友達の作品などをみたり、話したりして楽しむ行為と言えます。

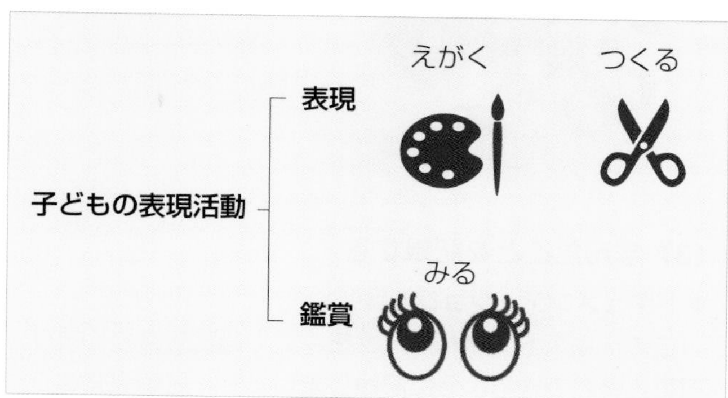

表現と鑑賞に分けて、このテキストでの学び方を解説します。

【表現】

「第５章 ワークシートで学ぶ」の課題をもとに、「第３章 素材と道具の研究」を参考にして制作や演習を通して学びましょう。

子どもの造形表現の指導者になるには、自身が表現を楽しみ、好きであることが重要です。そして、課題のねらいを明確にして学修することで、子どもへの指導のねらいも明確にできます。

【鑑賞】

「第４章 見て・感じて・楽しむ鑑賞」で解説します。また、事前に「第２章 造形指導の基礎知識」描画の発達段階について学んでおくようにしましょう。

表現と鑑賞は一体となって行われる場合と、独立して行われる場合があります。表現の中で行われる場合は、互いに制作途中の作品を見たり、完成した作品をみんなで鑑賞して、それぞれの表現の良さを味わったり、参考にしたりします。

（2）準備―なんでもBOX―

素材や道具については、「第３章 素材と道具の研究」で解説します。

子どもの表現は、身近なものを使って行われます。鉛筆やマーカー、クレヨン等を使って、広告の裏紙等に描いたり、捨ててしまうような空き箱等を使って工作したりすることもあります。保育の造形表現を学ぶ場合、決して高価な画材等で学ぶ必要はありません。みなさん自身も、子どもの表現と同様に、身近な道具や材料を使います。その為には、日頃から子どもが使用するのと同じような道具や材料等を、集めておくと良いでしょう。ここでは、この様な道具や素材を一式にして箱や袋に入れたものを「なんでもBOX」と名付けました。みなさんも、自分なりの「なんでもBOX」を準備しましょう。

「なんでもBOX」に入れるもの

道具　はさみ　カッター　定規

材料　のり　水彩絵の具　クレヨン　色鉛筆　色画用紙等紙類　マーカー　その他の素材

＊その他、必要な道具や素材を自分で考えて用意しましょう。

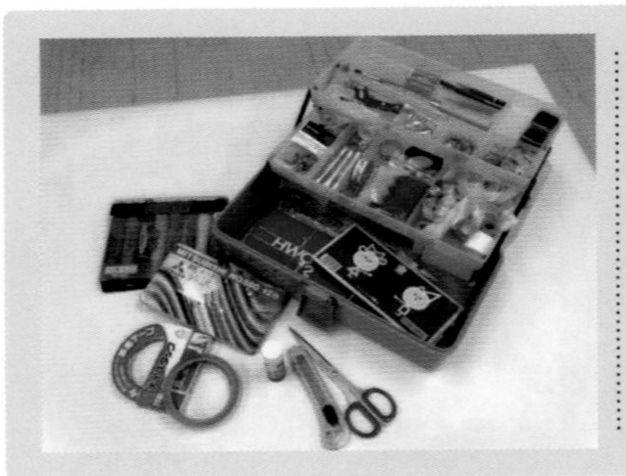

【なんでもBOXの例】
絵の具一式、クレヨン、マーカー、色鉛筆、はさみ、カッター、のり、セロテープ、鉛筆、消しゴム、コンパス、その他素材（リボン、綿棒、折り紙、バラン等）

(3) 学んだことを記録する

● ドキュメンテーション

このテキストで学んだことを、その過程を含めて振り返ることができるように記録しましょう。言葉や文章で記録することもできますが、造形は視覚的な表現ですから、常にカメラ等を傍らに置き、写真や動画等を使って記録すると良いでしょう。この様な記録の方法をドキュメンテーションと言います。

子どもの表現を理解するには、子どもの活動の過程を読み取りながら作品を理解する事が大切です。この様な子どもの思いに気づく力は、普段から自分たちの学びの過程を記録し、感じたことや考えたことをドキュメンテーションするトレーニングで身につけることができます。保育者としての感性を伸ばす大切な学び方です(p.150 ※2 ドキュメンテーション参照)。

● ポートフォリオ

ポートフォリオとは、一般的に学習者が作成した作文、レポート、作品、テスト、活動の様子が分かる写真や動画等をファイルに入れて保存する方法です。

学びの過程を記録（ドキュメンテーション）し、それらを分類、整理し、分からないことを調べたりして振り返ることは、どのように学び、そこから何を考えたかをまとめる方法なのです。みなさんも、ポートフォリオの作成を通して学びの過程を振り返り、自分の学びを深めていきましょう。

「知識として学んだり、実践したことを記録し、分類して整理し、調べたりしてまとめる。」このような学びは、ポートフォリオの作成によって行うことができます。

● 造形ノート

造形表現のポートフォリオの作成は、造形的な要素もプラスして制作します。ですから、このテキストでは「造形ノート」と呼び、本来のポートフォリオの役割だけでなく、造形ノート自体を一つの作品として捉え、学びの過程を自分なりに工夫して視覚的に分かりやすくまとめます。

造形ノートは、これらの学びや考察を視覚的にすることで、発想・構想の能力、配色や構成力等デザインの力も同時に養います。構図や撮影方法等を工夫して記録し、ページの使い方や色彩計画、画像等を工夫してまとめましょう。このような「造形ノート」は、現場に出た時の自分の資料としても活用でき、みなさんの将来の貴重な財産になります。

ポートフォリオ + 造形表現 = 造形ノート

9 造形ノートの作成

(1) 造形ノートと学び

学びの過程は下図のように、ねらい→制作・演習→記録・振り返りを造形ノートにまとめることで作成します。作成した造形ノートは、学んだことを確認する資料として、実習や保育の現場でも活用できるようにまとめましょう。

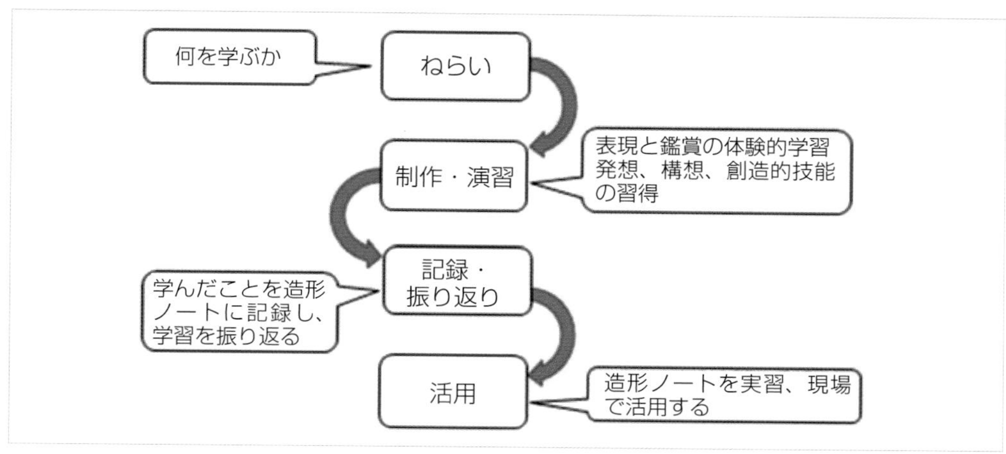

(2) 造形ノートのつくり方

授業での学びをビジュアルとコメントでわかりやすくまとめましょう。

スケッチブックを用意します。

● 造形ノートの作り方

1）学習したことを視覚的に分かりやすく、楽しくまとめます。
身近な素材を利用したり、写真や絵などで記録したりして、途中の過程もわかりやすく記述します。

2）保育の現場で、自分自身の資料となるように作成します。クラスの仲間から学んだことなども記録すると、資料として充実します。

3）学んだことを保育者や子どもの視点で振り返り、気付きや考察をまとめることにより、自分の成果と課題を明らかにします。

● 造形ノートのページ振りの例

	1ページ目	2・3ページ目	4・5ページ目
表紙	目次	授業計画と振り返りシート 1 ／ 授業計画と振り返りシート 2	課題 ／ （空白）
表紙には学籍番号と名前は、必ず書くこと。色紙やテープなどを使い飾ってもよい。	造形ノートにまとめられている課題を示す。	授業計画と振り返りシートを貼る。	各課題（演習）は見開きページ以上でまとめると良い。

● 各課題（実演）ページでの記入内容の例

それぞれの課題内容によってまとめ方を工夫しましょう。

① 課題名（タイトル）

② ねらい
教科書または板書のものを記入

③ 準備（材料や道具）
イラストや写真で表現しても OK

④ つくり方、注意点など
自分でやってみて得た情報を記録

⑤ 活動の過程や様子、発見したこと。
クラスメートの活動の様子や工夫など画像などで視覚的にまとめるのも良い

⑥ 作品（実物や画像）

⑦ 振り返りと考察
活動の中で気づきや、保育者になったらこうしてみようという考え等

Chapter 01 *Column*

「上手！」って褒め言葉？

子どもが自分の造形表現を見せに来たとき、どのように声をかけるでしょうか。特に考えもせずに「じょうずー」、「上手だね」と声を掛けていませんか？子どもは上手と言われて満足しているようにも見えます。でも、この「じょうずー」「上手だね」は本当に子どもたちにとって良い声掛けなのでしょうか。実は、この声掛けには大きな落とし穴があるのです。

例えば、○○ちゃんには「上手」と声を掛けましたが、掛けられなかった子はどうでしょう。下手だねと言っているとまでは言いませんが、上手だね、に値しないと言っているのと同じではないでしょうか。そして何よりも、先生に上手と褒めてもらえるように上手に描かなければならない、上手につくらなければならないという価値観を子どもたちの中に無意識のうちにつくりあげてしまっている可能性が大きいのです。もし、「とってもよく見て描いているね」だとしたらどうでしょう。子どもは、保育者がよく見て描いたことをわかってくれたと思うでしょうし、まわりの子どもも、上手下手ではなくてよく見て描くことが大事なのだ、ということを理解するでしょう。

では、画一的な声掛けに終わらないためには、どうしたらよいのでしょう。それには、最終的な出来上がりだけではなくて、プロセスの部分も見逃さないようにしなければなりません。表現しようとしている姿、工夫しようとしている姿、楽しんでいる姿を見てあげて下さい。そうして見えた具体的な表現や姿を積極的に認めてあげましょう。自分たちの表現に寄り添い共感してくれる保育者の姿に、子どもたちはより安心して表現することを楽しむことができるのです。

1 章の 10 の感情曲線とそのエピソードに表れた、感情が下がってしまった理由の多くは、上手に描けない、上手につくれないと思ってしまうことに起因しているようです。自我の発達の観点から止むを得ない面もあることは確かなのですが、必要以上に表現を楽しめなくなってしまっている姿が見て取れます。造形や図工は一人一人を見ていく領域です。学年が上がっても大人になっても表現することを楽しめる心を育むために、声掛けの言葉や内容、掛けるタイミングも大変重要な要素なのです。

● 造形ノートの作り方

造形ノートのまとめ方は、みなさんが学ぶ科目の目的・内容によって様々です。ここに示す例は一例です。造形ノートを１つの作品として、デザインやまとめ方のアイデアを重視したもの、学修の過程を注目し、画像や文章を中心としたまとめ方、授業内容を楽しくイラストなどで示したものなどがあります。いずれにしろ、学修内容をまとめることによって、自分自身の学びを振り返り、他者に対しても分かりやすく示し、あなた自身の今後の資料としても役立つようにまとめられると良いでしょう。

● 参考例

[表紙]

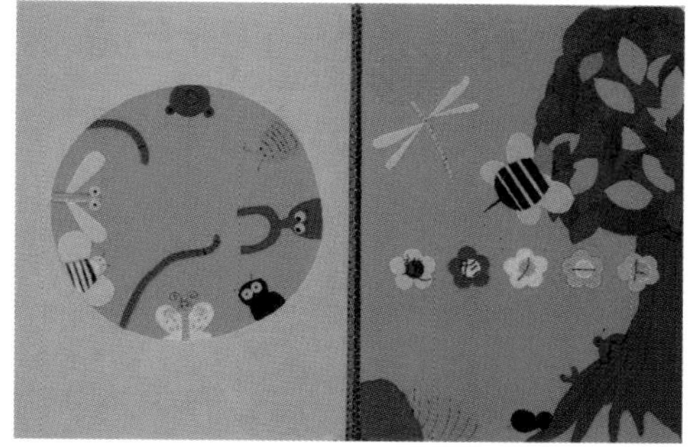

表紙、裏表紙と各課題のまとめ方のデザインは統一感があると良い。

色画用紙やマーカー、リボンなど身近な素材を使って制作した例

[目次]

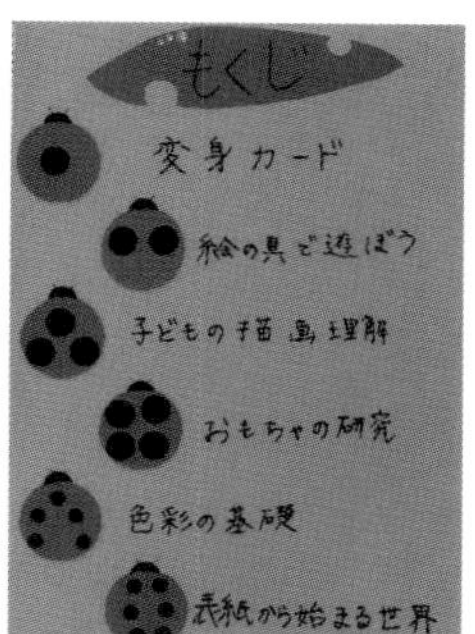

目次の例

[課題内容のまとめ方例]

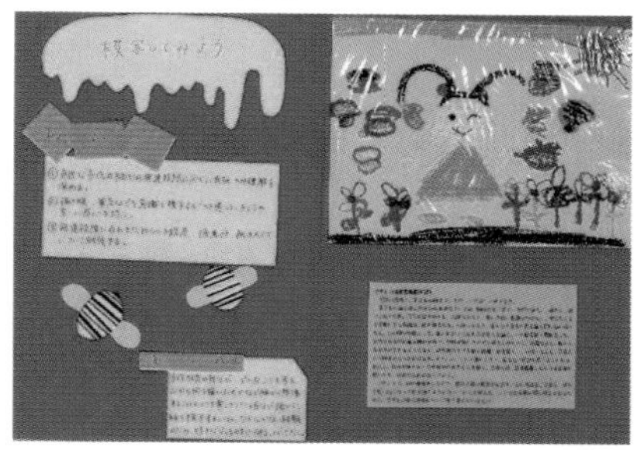

課題名、ねらい、資料、演習、振り返りと考察などがまとめられる。

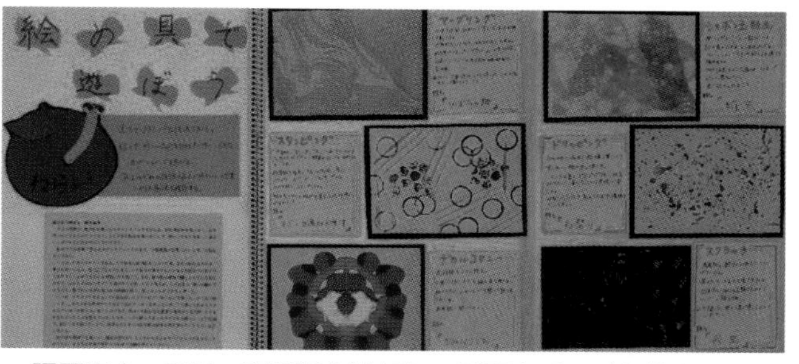

課題によっては、画用紙を追加して見開きページを増やすと見やすくまとめられる。自分なりに工夫すると良い。

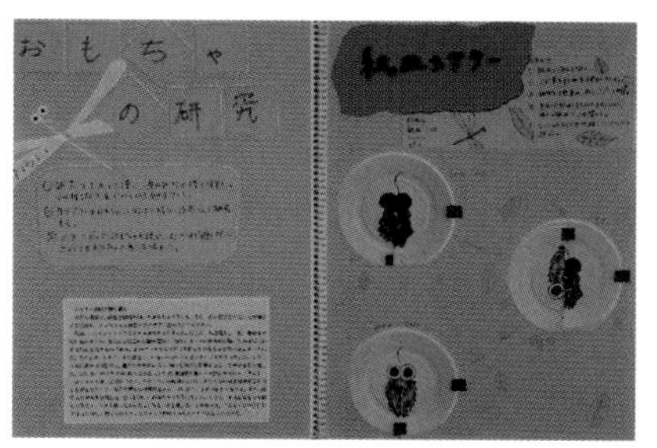

作品がある場合は、実物や、立体的なものは画像を貼り付け、視覚的にも見やすくまとめましょう。

演習的な内容は、画像と文章で、学修内容を示すと良い。

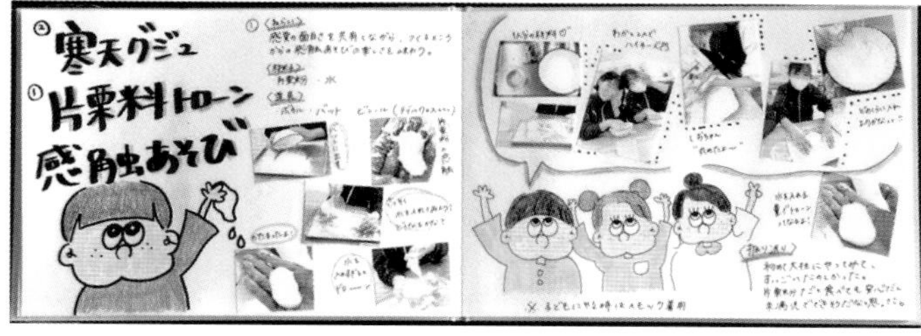

学修過程は、画像だけでなく、イラストなども入れて説明すると、授業の様子が思い起こしやすく、楽しくて見やすいものになる。

10 これまでの図工や美術の授業を振り返ってみよう

みなさんは、これまで、どのように図画工作や美術の授業を受けてきましたか？ 楽しかったことが思い出される人もいれば、苦手だなという思いがよぎる人もいるでしょう。では、幼稚園や保育所に通っていた頃はどうだったでしょう。今でも強く印象に残っている活動はありますか。ここでは学びのはじめの一歩として、幼少期から現在に至るまでの造形表現に関するみなさん自身の感情やそれに付随する出来事を振り返ってみることから始めてみたいと思います。

では、次の Q.1 ～ 4 に取り組んでみましょう。

Q1. 幼児の頃の造形表現活動（描いたりつくったりする活動）のなかで印象に残っている活動をあげてみよう。

●

●

●

Q2. 小学生の頃の図画工作のなかで印象に残っている活動をあげてみよう。

●

●

●

Q3. 3 歳から現在までの描いたりつくったりする活動（図画工作や美術）に対する感情の移り変わりを巻末のワークシート 183 ページの表を使って線で表してみよう。

Q4. Q.3 で表した線の代表的な地点をなるべく多く選んで、なぜその地点に線があるのか、それぞれについての「エピソード」を詳しく書いてみよう。

- 特に感情に変化が現れる地点、中でもプラス方向に転じる地点がある場合はそこでどのようなことがあったのかを書いてください。
- 良い面でも悪い面でもあなたの感情に影響を与えたまわりの人（家族、教師、友人等）の言動や関わりがあったら書いてください。

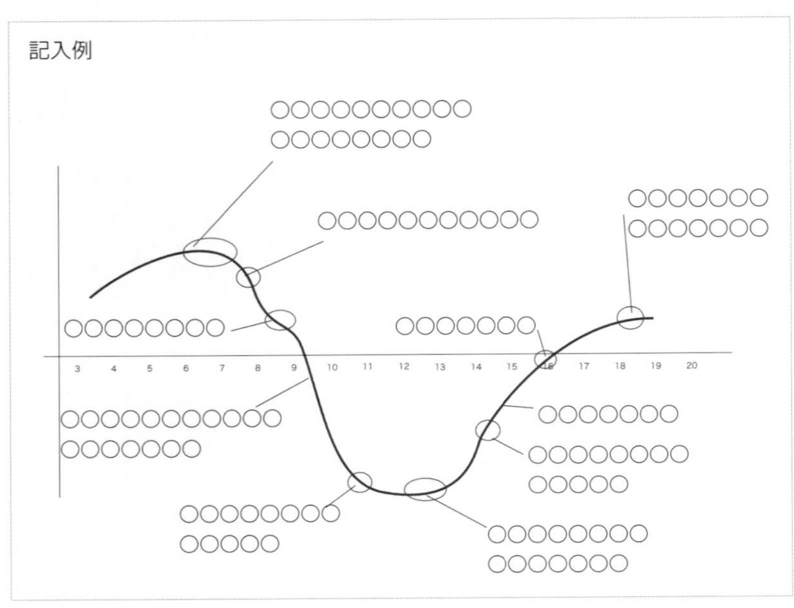

どのような感情曲線になったでしょうか。友人たちの感情曲線にも目を向けてみましょう。様々な線のかたちが見られるのではないでしょうか。この感情曲線の形状には、いくつかのパターンが抽出できますので、代表的なものを右の図 1 に挙げてみます。

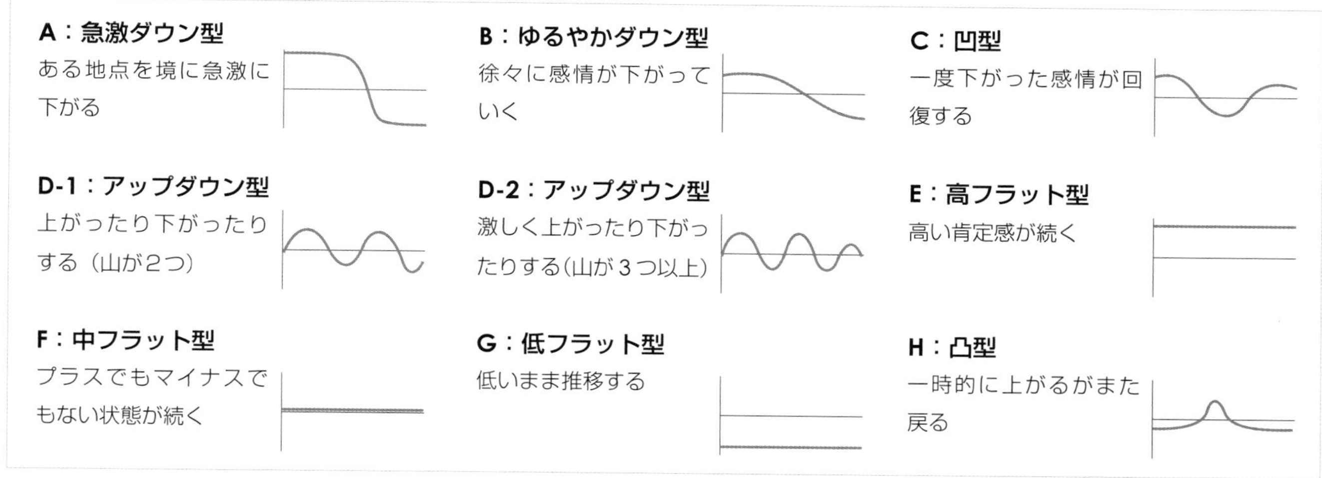

図 1　感情曲線の代表的な形状

保育者を目指して養成校に入学した友人たちは、図工や美術をどう思っているでしょうか。実は、入学時点においては苦手意識を持っている者が少なくないことが複数の調査で明らかになっています。ある調査[1]では約65%の学生が、筆者の調査[2]でも 50%以上の学生が苦手意識を持っていました。では、そうした意識はいつ頃から生じやすくなるのでしょうか。そして、苦手意識を持つ人に共通するような原因はあるのでしょうか。また、一度抱いた苦手意識は変わることがあるのでしょうか。図 1 のように様々なかたちが見られる感情曲線ですが、その平均値をグラフ化したのが図 2 です。3 歳から 7、8 歳頃までは一定の肯定的反応を示しますが、そこから 15、6 歳頃まで肯定度が次第に減少し、その後は肯定・否定のなくなる水準で推移することを示しています。肯定感が減少し始める時期は、絵の発達段階において、見たものを見えているように描きたい、イメージしたものと同じようにつくりたいと強く思い始める（でもなかなか思うように表せない）時期、自分中心の世界から客観性が芽生えてきて周囲との比較で物事を捉えられるようになってくる時期と重なります。そのことは感情曲線に添えられたエピソードからも読み取ることができます。

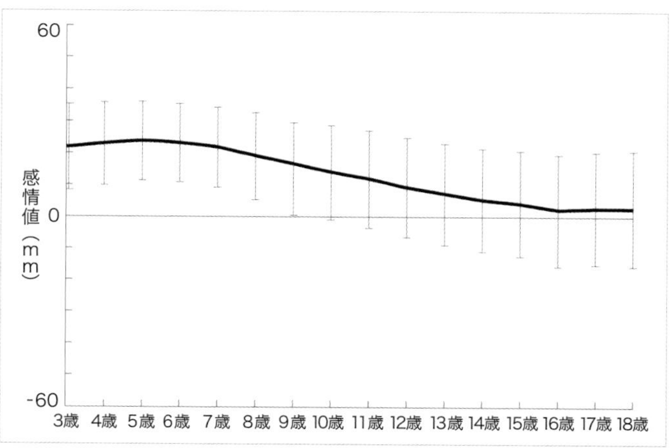

図 2　造形表現活動に対する感情曲線の年齢ごとの感情値の平均値と標準偏差（N =74）

このように振り返ってみることで、子どもを幼児期のみの姿で捉えるのではなく、一人の子どもが大人へと成長する最初の段階として、幼稚園・保育所・認定こども園での姿を捉えることが大切だということがわかるのではないでしょうか（2 章）。就学前は、幼稚園・保育所・認定こども園いずれかでの経験が基礎となり、小学校は教科「図画工作」に、中学では教科「美術」、高等学校では、芸術教科の選択科目として「美術Ⅰ Ⅱ Ⅲ」「工芸Ⅰ Ⅱ Ⅲ」があります。それぞれのねらいと内容構成は、参考資料（p.160）の通りですが、みなさんが学習し成長していく過程で、表現や感情も大きく変化していったことと思います。 そして、みなさんそれぞれに、感情の変遷やそれにまつわる事柄があり、今へと続いていることにも気が付いたはずです。この感情の変遷や理由には、みなさんが子どもの造形表現を援助するにあたって、大きな手がかりになることが含まれている場合も多いのです。

表 1 は、感情曲線に添えられた代表的なエピソードをプラス面とマイナス面に分けて表したものです。造形表現は上手下手で論じるべきものではないのですが、そこに縛られてしまっている姿も見られます。また、残念ながら教師や周囲の言動によって嫌いになるケースも時々見受けられます。子どもの造形表現活動はどうあるべきなのか、どのような援助をしたらよいのか、考えてみましょう。

表 1　感情曲線に添えられた代表的なエピソード

プラス面での代表的なエピソード		マイナス面での代表的なエピソード	
● 受賞・成績	図工や美術の良い成績や展覧会への出展や受賞に関するもの	● 周囲比較	「上手い人との差を感じて嫌いになり始める」等
● 褒め認め	「先生から褒められた」等	● 評価心配	「点数がつくことが気になり上手につくらなくてはと思う」等
● 題材素材	「はんこ作りが 楽しい」等	● 下手	「自分が思うように描けない」等
● 授業	「美術が楽しい」等	● 低評価	図工・美術の成績やその低下
● 先生	「図工の先生がよかった」等	● 先生	「先生が好きでなかった」等
● 満足感達成感	「つくりたいものがつくれるようになった」等	● マイナス対応	「一生懸命描いた絵をみて嫌なことを言われた」等
● 友人共同	「絵を描くことが 好きな友達ができる」等	● 題材内容難	「内容が難しくなってきた」「技術を求められた」等

1）佐善圭「保育者養成校における造形教育の新たな授業試案とその成果 －切り紙、染め紙を活用した造形指導の実践的研究－」、『岡崎女子短期大学研究紀要』43（2010）pp.31-40
2）畠山智宏「造形の授業を通した造形表現活動に対する保育系学生の意識の変化 －自己認識と感情曲線による分析－」、『美術教育学研究』47、大学美術教育学会（2015）pp.247-254

『先生、お疲れ様でした』
―発達に遅れのある A 君の保護者の気持ち―

A 君は、発育に遅れがあり、身体が小さく発達センターに通っています。言葉はまだ出ていない段階で、視力も悪い為眼鏡をかけています。発達が遅れているとのことから、学年を一つ下げるか、年齢通りの学年で園生活を送るか保護者と話し合った結果、年齢通りの学年で園生活を送ることになりました。言葉の理解力が乏しく、のりやはさみ、絵の具等の道具を使うことが困難で、毎月行う制作帳を作る活動にもほとんど興味を示しませんでした。担任保育士は、「みんなと同じものをつくってあげたい。」との思いから、A 君の手をとり、誘導的に制作していました。毎月同じような状況の中、制作帳は作り上げられました。年度末になり、保護者にそれを渡すと、保護者が制作帳をパラパラと見て、『先生、お疲れ様でした』と声を掛けてくれました。その一言を聞いた保育士は、ハッとしました。

制作帳が、A 君の取り組んだものではなく、保育士が見本通りに A 君に代わり作り上げたもので、保護者はパラパラと見ただけで、その事を察し、言葉を掛けてきたのだと……2 児の母親でもある保育士は、もし自分の子どもがこのような制作帳を持ち帰ってきたら捨ててしまうだろうと、自分が行ってきた制作指導のあり方を見つめ直し、反省しました。

この出来事で、子どもの作品は完成度ではなく、その子自身が描いたもの、つくったものに意味があり、子どもの思いが表現されていることが大事なことだと気づきました。

第２章

造形指導の基礎知識

具体的な造形指導の方法を学ぶ前に、保育者として身につけておくべき造形教育の基礎知識について学びましょう。

この章で学ぶ内容は、子どもの造形教育の歴史、描画の発達段階、色彩の基礎知識についてです。ここで学んだことを基に、子ども一人一人の表現に込められた思いに気づき、寄り添うことへとつなげていきましょう。

Chapter 02

1 造形教育の歴史

日本の保育の中に造形指導はどのように取り入れられてきたのでしょうか。明治以降の幼児期の教育の歴史を紐解きながら、保育における造形教育について学びます。また、保育の中で行われる造形教育の理念や方法は、その時代の美術教育の影響を受けています。国内外の主な美術教育思潮についても学びましょう。

1 幼児期の造形教育

① 造形教育の始まり

日本の幼児教育は、1872年（明治5年）の「学制」に規定されたことを受けて、1876年（明治9年）に東京女子師範学校付属幼稚園が設立され、欧米の保育形態をそのまま取り入れた形で行われました。保育内容の中心は**恩物**によるもので、科目として「物品科」「美麗科」「知識科」の3科が定められました。

当時の社会では、**幼児は未完成な存在**と捉えられており、完成した大人へ近づけることが教育の目的でした。その後の造形教育につながる活動では、東京女子師範学校付属幼稚園においても、保育者の示した手本のとおりに積み木を組み立てる、紙に描かれた枠線をなぞる等恩物を用いての**模倣を中心とした活動**でした。

1899年（明治32年）「幼稚園保育乃設備規程」が制定され、「遊嬉」「唱歌」「談話」「手技」と保育内容も改められました。恩物は「手技」の中で行われ、手と目を中心とした**感覚器官の訓練**が主な目的でした。

恩物

② 大正から終戦まで

明治の終わりから大正にかけて「**児童中心主義**」の考え方が広まると、保育や教育の方法も変わりました。造形教育においても、臨画を批判し、子どもが直接自分の目で見たもの、憶えていることや想像したことを、感じたまま自由に表現したものを「**自由画**」と定義した「自由画教育運動」が起こりました。その運動の中での教師の役割は、描画方法を先に教えるのではなく必要な技法を子どもが発見するように導くこととされていました。

1931年（昭和6年）に満州事変が起こると、社会全体が戦争賛美の風潮になり、幼稚園も**国家主義・鍛錬的な保育**が掲げられました。子どもたちが描く絵には戦闘機等戦争の様子を描いたものが多くみられます。しかし、実際の保育は発達に応じて行われ、小学校以上の学校ほどは国家主義・鍛錬的な保育が徹底して行われてはいませんでした。

③ 第二次世界大戦後の造形教育

第二次世界大戦後の1948年（昭和23年）に文部省より「保育要領」が刊行された。造形教育にかかる保育内容は、「手技」に代わり「**絵画**」と「**製作**」となりました。のびのびとした気持ちで自由に表現すること、身近な材料や用具を用いてごっこ遊びの道具作りをする等、子どもの自発活動を重視するものに変わりました。しかし、保育者からは、保育方法のわかりにくさが指摘され、次第に保育のカリキュラムの必要性についての声が上がります。そして、1956年（昭和31年）の「幼稚園教育要領」では「**絵画製作**」となり、道具を上手に使うことが求められる等、小学校教育とのつながりを意識した内容となりました。

1989年（平成元年）の「幼稚園教育要領」の改訂では、保育内容の「音楽リズム」と「絵画製作」がなくなり新たに「**表現**」が加えられ、造形教育に関する保育的内容も含まれました。「表現」は、表現技術を身につけることよりも、感性の育成や、幼児の主体性を育むことが重視されました。その後の1998年（平成10年）の改訂では、子どもを取り巻く環境の変化を受けて「**環境を通して行う教育**」と子どもたちの「**生きる力**」を育むことが重視され、技術や技能の習得よりも、**自分を表現すること他人の表現から感じること**を通して、社会で人として生きる基盤を育むことが求められるようになっています。2017年（平成29年）に改訂された現行の「幼稚園教育要領」「保育所保育指針」「幼保連携型認定こども園教育・保育要領」の保育内容には、大きな変更はありませんが、陽の光や雨の音など生活の中にある自然の美しさへの気づきが強調され、表現活動に取り入れることが期待される内容が示されています。

昭和40年代：色水あそび（聖徳大学附属幼稚園）

2 美術教育思潮

① 日本の民間美術教育運動

【自由画教育運動】

画家である山本鼎（1882-1946）がフランス留学の帰国途中で目にした、ロシアの児童画展に触発されて起こした芸術教育運動です。それまでの大人が描いた手本を描き写す「臨画」を中心とした教育を否定し、実際に観察したことから受けた印象を子どもが自由に表現する「**自由画**」による美術教育を提唱しました。「児童中心主義」の広まりとともに、短期間で全国に普及しました。

出典：山本鼎著『自由画教育』アルス社

実際には教示的な指導が多くみられましたが、子ども自身が、実際に見て感じたことを表現したものを尊重した点において、日本における個を尊重する「**創造主義**」の始まりとなりました。

【創造美育運動】

第二次世界大戦後、民主主義教育が始まると、美術教育においても個を重視する教育方法が現場の教師や保育者の間で模索されました。このような時代にまず広まったのは、1938年（昭和13年）に**久保貞次郎**（1909-1996）や**北川民次**（1894-1889）が中心となり設立した創造美育協会（創美）が提唱した考え方です。この教育運動は、「創造美育運動」と呼ばれ、自由画教育運動の流れを汲みながら、心理学（精神分析）の考えが取り入れられていました。

特筆すべきは、小学生を対象にした「児童画コンクール」

から始まった美術教育運動であったにもかかわらず、戦後その理念が広く受け入れられたのは保育の世界でした。その理由として、保育は表現活動にかかわらず生活全体を通して、知識や技能を効率よく身につけることを目的とはせず、子どもの主体性や意欲を育てるところに重きを置いている点、また、子どもの絵から心理を読み取り、その子どもを理解しようとする見方が創造美育運動の活動の中で示されたことが影響していたと考えられます。

② 海外の美術教育思潮

【フランツ・チゼック】(Franz Cizek、1865-1946)

チゼックは画家を志し、20 歳の時ウィーンの美術学校に入学しました。その頃、子どもは見て描く大人とは異なり、イメージを象徴的な独自の表現で描くことに気がつき、子どもの絵に興味を持ちました。そして当時の教育当局や学校の圧力に屈せず、1897 年に実験的な美術教育の場として児童美術教室を開きました。1903 年にはそこでの取り組みが評価され、国立の芸術専門学校の中に 2 歳から 14 歳までを対象とした美術教室の開設が認められました。国立の機関であったことが幸いして自由に実践研究ができ、その実践は、日本の創造美育運動にも大きな影響を与えました[1)]。

チゼックは「**子どもたち自身によって成長させ発展させ、成熟させよ**」と主張し、美術教育の実践における教師の役割は、子ども自身の個性に従った技術によって創造できるように、子どもが安心して創造できる雰囲気を作ることであると述べています。また、「**美術教育の本当の先生は材料である**」とし、「子どもは彼自身で実験し、また自力である種の材料との困難に打ち勝つべきだ」と**自力発見**こそが健全であるとしています。このことは、現在の日本の保育の基本である「環境を通して行う教育」の理念とも通じるものがあります。

【ヴィクター・ローウェンフェルド】(Viktor Lowenfeld、1903-1961)

ローウェンフェルドはオーストリアに生まれ、ウィーンで美術と教育について学び、教授資格を得ました。アメリカのペンシルバニア州立大学で大学教授となり、今日のアメリカの美術教育研究の基礎を築きました。

ローウェンフェルドの研究の功績は大きく分けて 2 つあります。一つ目は、造形表現の変化を区分したことです。数千点にものぼる児童画を研究し、**描画の発達段階**を、なぐり描きの段階（2 ～ 4 歳）、様式化前（4 ～ 7 歳）、様式段階（7 ～ 9 歳）、写実主義の開始（9 ～ 11 歳）、疑似写実主義の段階（11 ～ 13 歳）、決定の時期（13 ～ 17 歳）に分けました。

二つ目は、表現のタイプを示したことです。疑似写実主義の段階から決定の時期に、表現のタイプが 3 つに分かれていくとしています（図 1）。ローウェンフェルドはそれまでの写実による表現のみを重視するのではなく、感じたまま表現しようとする触覚型の子どもの表現も大切にする必要があるとし、さらに、この 3 つのタイプは教育や指導によって左右されるものではないと主張しました。その後の研究では、3 つのタイプの割合や特徴について否定的な指摘がありますが、子ども一人一人の感性による表現に価値を見出した点において大きな意義があります。

分類	特徴
視覚型（50%）	目によって見たものを客観的に表現する。 観察が一番重要な要素である。
触覚型（25%）	身体によって感じたものを主観的に表現する。経験を重視し、情緒的な制作が多い。
中間型（25%）	視覚型と触覚型どちらの方向にも限定されない。

図 1　表現のタイプとその特徴

1）W. ヴィオラ　著　久保貞次郎、深田尚彦　訳『チィゼックの美術教育』黎明書房、(1999) を要約

Chapter 02

2 子どもの描画理解 ―発達段階を知る―

描画を中心とした造形表現の発達段階を理解することは、描画に込められた一人一人の子どもの思いに寄り添い、子ども理解を深めるために、保育者として必要な基礎知識です。細かい分類は諸説ありますが、年齢による造形表現の変化（発達段階）に一定の道筋があることは、国内外の研究者によって明らかにされています。しかし、一般的な発達段階はあくまでも目安にすぎません。発達段階に子どもの絵を当てはめるような指導をすることのないように注意しましょう。

1 なぐり描き期（錯画期）【1歳前頃〜2歳6か月頃】

ものを握れるようになると、周囲で字や絵をかいている人の真似をしようと、描画材に興味を示すようになります。舐めたり、描画材を床に打ちつけた振動を楽しむ等、描画材に対する探索行動を繰り返します。何度も繰り返すうちに、偶然できた描画材の痕跡に気づき、痕跡をつける（描く）ことそのものに興味を持つようになります。2歳前後になると線を描きながら「ブッブー」と車をイメージした発話がある等の姿が見られます。この時期に描かれる点や線（痕跡）のことを、スクリブル（scribble）といい、スクリブルの形は、身体（運動機能）の発達と大きく結びついています。

1歳　たたく
音がする　色がつく

腕の上下運動の多い時期は、点の表現が多くみられます。
肩を軸として腕を大きく左右に動かせるようになると、短い線も描けるようになり、扇状の線を繰り返し描くようになります。
1歳　男児

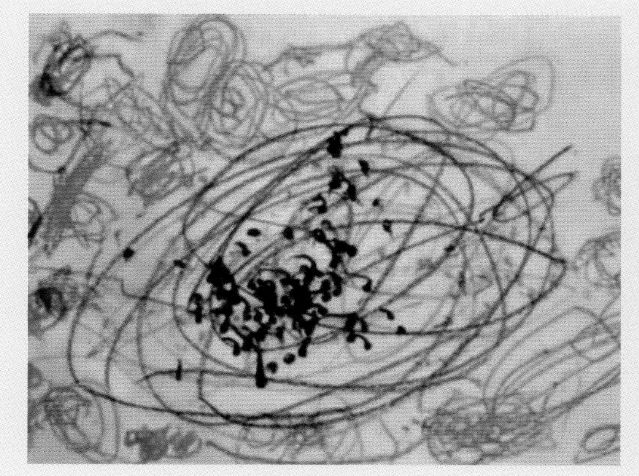

肘も動かせるようになると、大きな円を続けて描くようになります。
手首や指の関節もある程度スムーズに動かせるようになると、小さな円も描けるようになります。
2歳　女児

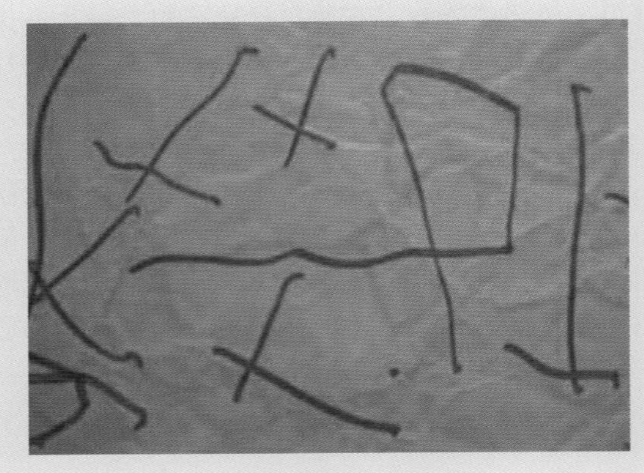

上下に線を引けるようにもなります。
2歳　男児

2 象徴期（意味づけ期・命名期）【2歳頃～3歳6か月頃】

肩や肘、手首、指等の関節をある程度コントロールできるようになると、単独の円が描けるようになります。しかし、まだ言葉と描画表現は未分化なため、同じものが「ママ」になったり、「車」になったりします。つまり、この時期の子どもは、目的をもって描きたいものを描いているのではなく、「描く」ことが先にあり、後から知っているもののイメージを投影し、意味づけをしているのです。

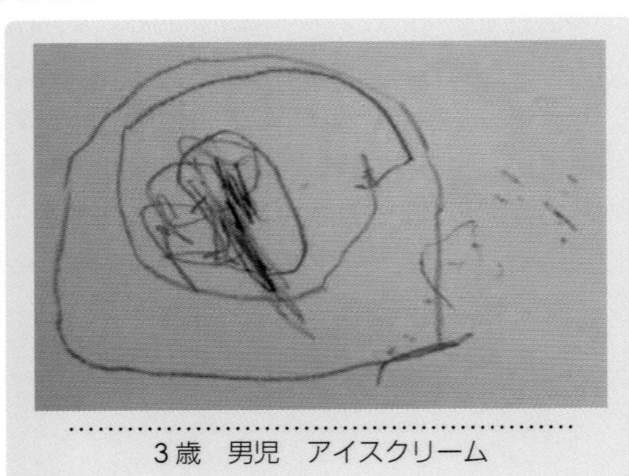

3歳　男児　アイスクリーム

3 カタログ期（前図式期）【3歳頃～5歳頃】

描きたいものを思いつくままに、まるでカタログのように羅列的に描きます。天・地や奥行き等の空間や、同じ画面に描かれているものとものとの関係への意識はなく、画面上の隙間を埋めるように描きたいものを描いていきます。また、まだ固有色の概念はなく、描きたい色で描きます。この時期までは線描による表現も多く見られます。

円から直線が加えられた頭足人が多く見られるようになるのもこの時期の大きな特徴です。やがて形の組み合わせが複雑になり、その子なりの表現に成長していきます。

3歳
女児
頭足人

5歳　男児
テントウムシ
捕まえた

4 図式期【4 歳頃～ 7 歳頃】

認知機能の発達とともに、空間や描かれているものの関係性を意識した画面構成で表現できるようになります。また、人や花、太陽等は、その子ども独自の記号化された表現が繰り返しみられます。一見すると表現が停滞しているように思えますが、その時々の気分で表現内容が変化していく時期なので、生活を豊かにし、いろいろな遊びを楽しむことが表現の種類を増やすだけでなく描く内容を深め、新たな表現技法の発見に繋がっていきます。

基底線：花や木の下に描かれている線が地面を表す基底線です。虹は空を表す上側の基底線です。基底線があることで画面の中で空間の上下が構成されます。また、花や木は地面から育つ、太陽は自分より上の空にあるという認識を持っていることがわかります。

5 歳　女児

拡大表現：身体のほかの部位に比べて足が大きく描かれています。このように描きたいもの、印象に残っているものを大きく、詳しく表現します。

レントゲン描法：靴を履いていると見えないはずの足が描かれています。外からは見えないはずのものを、レントゲンで映したかのような透視した表現のことです。

5 歳　女児

アニミズム：この絵は、猫が自分たちと同じような休日を過ごしている場面を描いています。すべてのものに自分たちと同じように、命や感情があるという幼児期独特のものの捉え方です。擬人化表現とも呼ばれます。

4 歳　女児

5 写実的傾向の表現【7歳頃～10歳頃】

小学校に入学し、子どもの世界も大きく広がります。自分なりに描きたい・作りたいことにじっくりと取り組める時期で、見たもの、想像したもの等から主題・内容をはっきり捉えて表現できるようになります。

また、今までのイメージによる表現より、実物をよく見て描こうとする努力がなされます。写実的傾向が強くなり、客観的に物事を捉えられるようになる分、友達の作品との比較や望みどおりの表現ができなくて、造形や美術に苦手意識を持つ子どもも出てきます。

＊同じ時に同じものを見て描いていても、年齢によって表現の方法が違うことがわかります。

7歳　兄

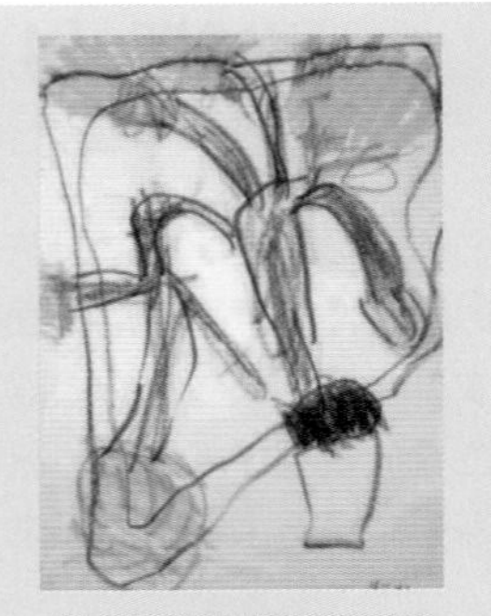

4歳（前図式期）　弟

※上から見たり横から見たり多視点描法で表現されています。

6 写実期【11歳以降～】

本物らしい写実的な表現を追求すると同時に、現実ではない心の内（心象風景）を表現できるようになります。

批判力が増す反面、表現したい理想像と表現力の不足の悩みから、創作意欲の停滞が見られ、表現活動そのものが停滞する子どもが多くみられます。描画にこだわらず、コラージュやモダンテクニックを活用した表現や工芸等の立体表現、ICTを活用した表現等、多様な手法に触れ、より得意な手法で自己表現できるような配慮が必要です。

Chapter 03 Column

同じ絵を描く子ども

同じ絵を繰り返し繰り返し描くことがあります

下の絵は4歳児が自分のスケッチブックに自由に描いた、いわゆる自由画です。同じ絵を繰り返し繰り返し表していますが、このような姿は3～5、6歳頃に見られることがあります。関わりとしては、無理に止めさせるのではなく、そのような心境や関心、時期にあるものなので、温かく見守っていくことが大切です。

Kちゃん　4歳

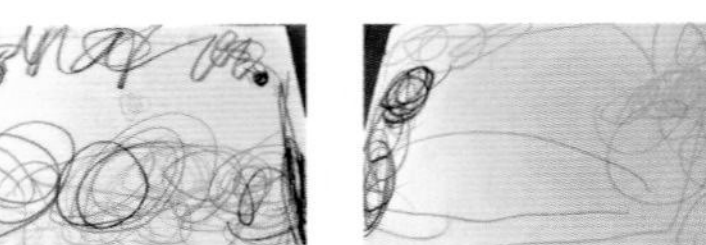
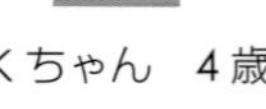

Yちゃん　4歳

Chapter 02

3 色彩の基礎

子どもの造形表現活動でよく使われる絵の具やクレヨンといった描画素材、折り紙や色画用紙等の材料をみてもわかるように、色彩は造形表現活動に欠かすことのできない要素の一つです。ここでは色を表す用語や見え方、色とイメージや感情の関係等、色彩に関する基礎的理論をワークを通して身につけましょう。

1 ねらい

① 色彩に関心を持ち、色の三属性などその基礎的な理論や用語を理解する。
② 色の見え方、色とイメージや感情の関係などについて理解を深める。
③ 色彩に関する基礎的な知識や理論をさまざまな制作に活用できるようにする。

＊このページで使用している色の名称は、日本色彩事業（株）監修の色紙「トーナルカラー」に準じています。

2 色の三属性について

切り取り式ワークシートの色チップ（p.167）を貼って、色の表を完成させよう。

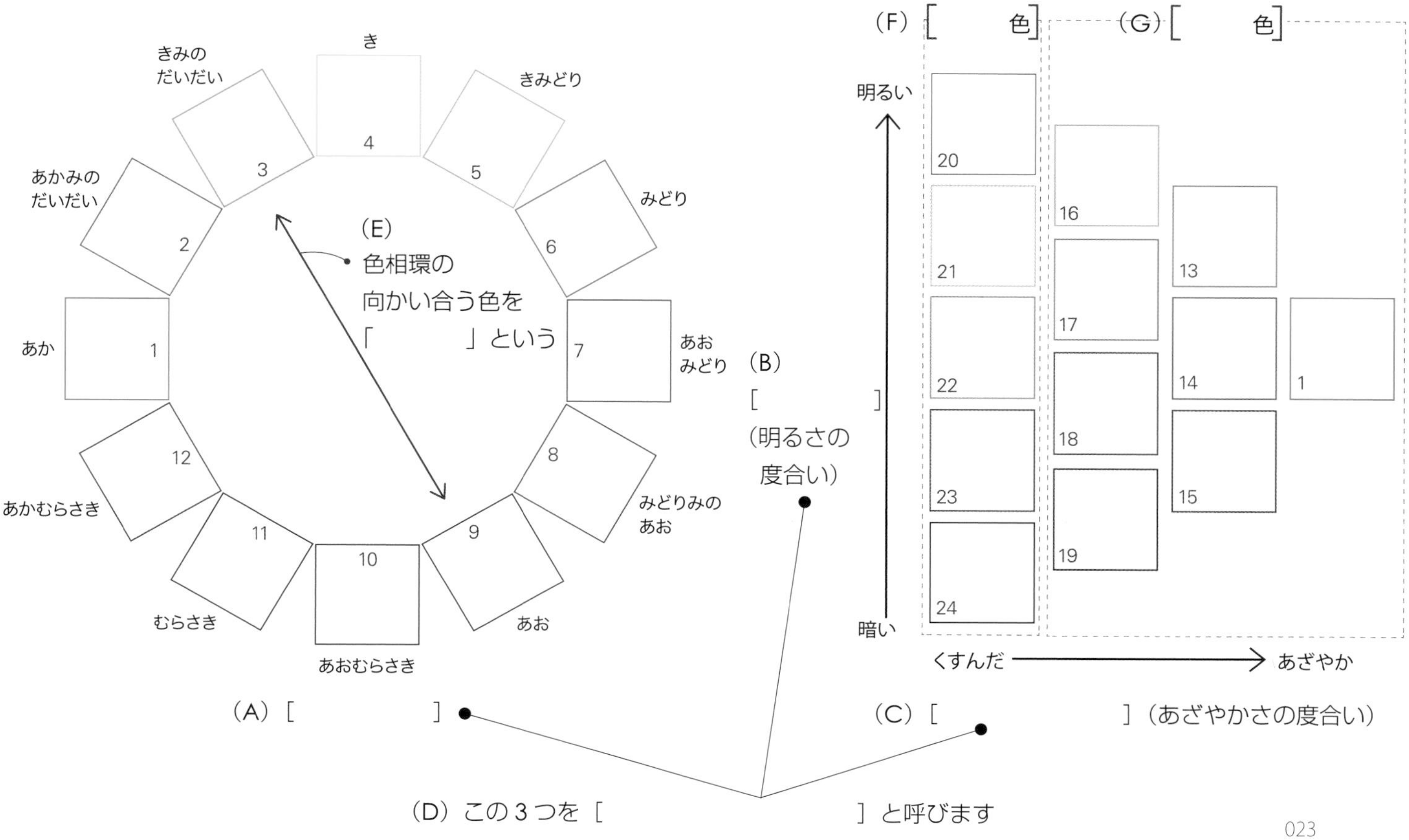

1 あか
2 あかみのだいだい
3 きみのだいだい
4 き
5 きみどり
6 みどり
7 あおみどり
8 みどりみのあお
9 あお
10 あおむらさき
11 むらさき
12 あかむらさき

（E）色相環の向かい合う色を「　　　」という

（F）[　　　色]　（G）[　　　色]

明るい ↑ 暗い

くすんだ → あざやか

（F）: 20, 21, 22, 23, 24
（G）: 16, 17, 18, 19 / 13, 14, 15 / 1

（A）[　　　　　]

（B）[　　　　　]（明るさの度合い）

（C）[　　　　　]（あざやかさの度合い）

（D）この３つを［　　　　　　　　］と呼びます

3 色の三原色と混色について

絵の具の色

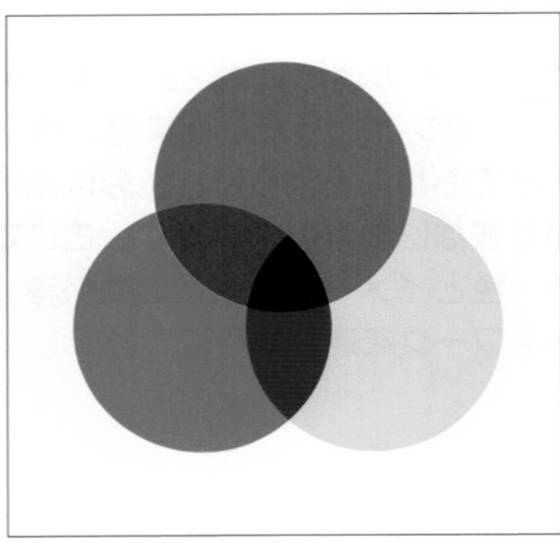

光の色

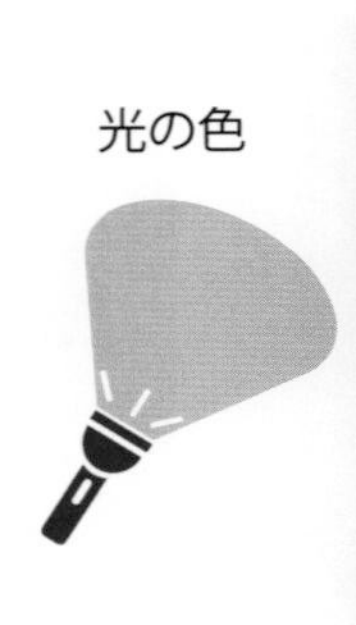

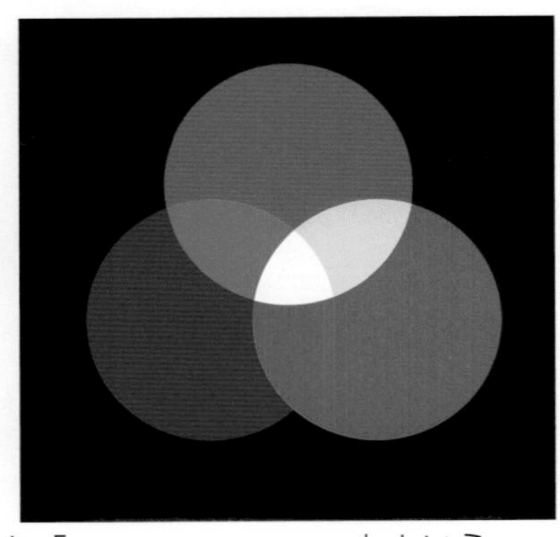

(H) 青・黄・赤を「　　　　　　　　」という
シアン・イエロー・マゼンタ

(I) 絵の具の色を混ぜると（　　　　）なり
（　）色に近づく

(J) 赤・緑・青を「　　　　　　　　」という
レッド・グリーン・ブルー

(K) 光の色を混ぜると（　　　　）なり
（　）色に近づく

4 色の見え方について

背景の色と描画色の明度の差が小さいと見えにくくなってしまいます（色の視認性）

同じ色なのに背景の色によって違う色に見えてしまうことがあります

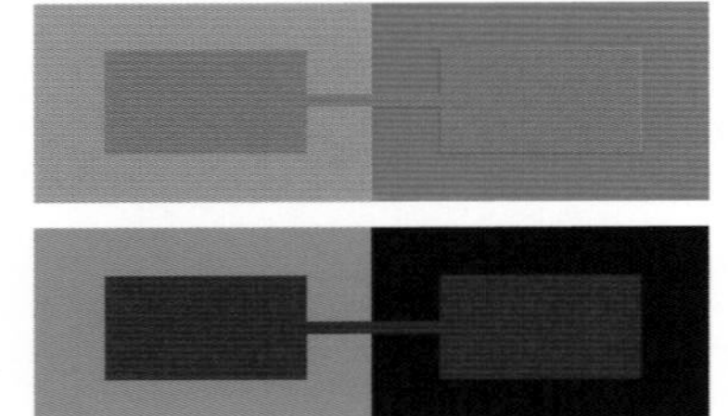

5 配色とイメージについて

単色の色のイメージが、複数の色で用いる場合（配色）にも通用するイメージ群があります 1)。

次の配色から連想する言葉を下の［　　］の中から選んでみよう。

［暖かい、冷たい、軽い、重い、地味な、派手な、弱い、強い］

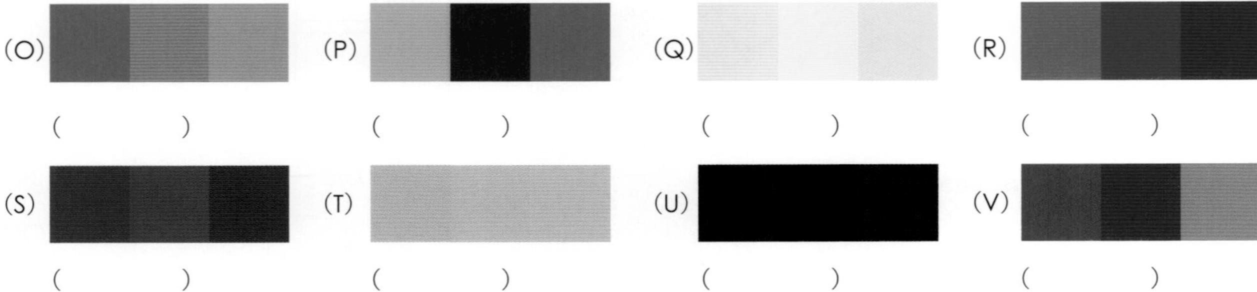

(O)（　　　　）　(P)（　　　　）　(Q)（　　　　）　(R)（　　　　）

(S)（　　　　）　(T)（　　　　）　(U)（　　　　）　(V)（　　　　）

1）大井義雄、川崎秀昭　著『カラーコーディネーター入門 色彩』改訂版　日本色研事業、(2003) p.56

6 トーン（色調）について

明度と彩度が似ている色を集めてグループ化したものをトーン（色調）と呼びます。赤でも淡く優しい赤もあれば、鮮やかな赤や渋い赤もあります。トーンとは、このように軽い、鮮やか、にぶいといったように色を調子ごとにグループにしたものです。同じトーンや近いトーンで配色すると色も調和し、トーンが持つイメージで表したいイメージを伝えやすくなります。

PCCS トーン図

資料提供：日本色研事業（株）

7 色弱の人の見え方と保育

情報受信におけるハンティキャップの一種に、色弱（色覚障がい、色盲などとも呼ばれる、本書では色弱で統一）があります。色弱は日本人男性の約 20 人に 1 人（約 5%）、女性で約 500 人に 1 人（約 0.2%）の割合で現われ、国内には約 320 万人の色弱の人がいると言われています。日本人男性の約 5%という割合は、血液型が AB 型の人と同じでクラスに 1 人いるという計算です。色弱にはいくつかの種類があります。

- ● 赤色を感じにくい「P 型」全体の約 25%
- ● 緑色を感じにくい「D 型」全体の約 75%
- ● 青色を感じにくい「T 型」全体の約 0.001%

下の図は、色弱の人の見え方の代表的な例です。

色弱の人の見え方の代表的な例

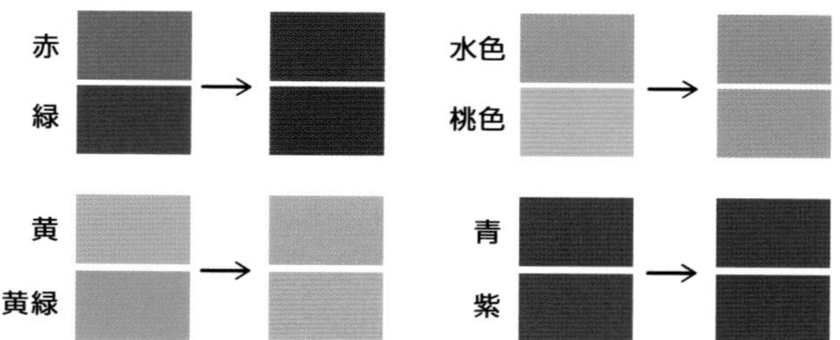

（出典：公益財団法人日本眼科医会ホームページ）

左の絵を見てみましょう。色彩的に違っていると思うところがありますか？この絵は、色弱の子どもが描いた絵（再現図）で、葉っぱや茎が茶色に、茶色の植木鉢が緑色に塗られています。周囲の大人が正しい知識を持っていれば、このような場面に出会った際に「間違っている、よく見ていない」などの誤解を避け、そっと見守り、サポートすることができるのです。

見え方の違いはその人の特性の一つです。どの子どもも活き活きとした園生活が送れるように、次の 3 つを日々の保育のなかで心がけましょう。

1. クラスや園にも色弱の子がいるとの前提に立ち、保育や活動をしましょう。

2. 色弱について正しい知識を持ち、保育者の不用意な言葉や対応で子どもを傷つけることがないように配慮をしましょう。

3. 色のバリアフリーに配慮した表現（カラーユニバーサルデザイン等）を心がけましょう。

● 画面構成の手がかり

＊色とイメージ、トーンについては第２章の４を参照

構図での印象の違い

どのように構図を取るかで印象が変わります

こぢんまり・まとまり

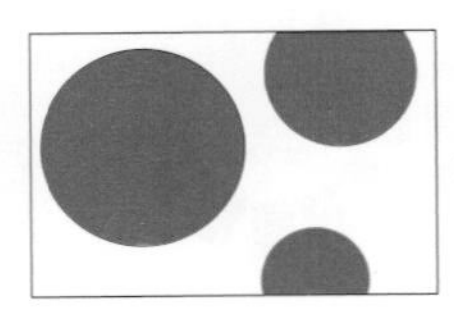

迫力・飛び出し

構成での印象の違い

同じような構成要素でも配置の仕方で印象が変わります

静か・規律

動き・リズム

賑やか・ランダム

色での印象の違い

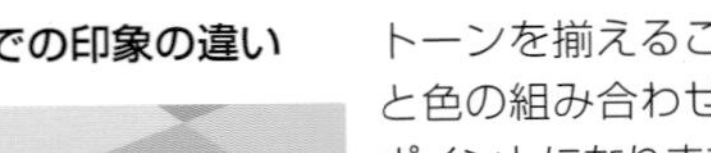

トーンを揃えることと色の組み合わせがポイントになります

癒し・自然

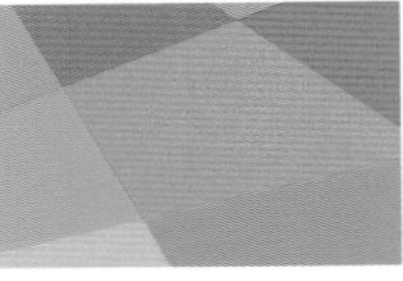

明るい・ポップ

地味・落ち着き

色彩の基本事項の解答

A. 色相　B. 明度　C. 彩度　D. 色の三属性（色の三要素）　E. 補色　F. 無彩　G. 有彩
H. 色の三原色　I. 暗く、黒　J. 光の三原色　K. 明るく、白　L. ②　M. 右
N. 進出、膨張／後退、収縮　O. 暖かい　P. 派手な　Q. 軽い　R. 冷たい　S. 地味な
T. 弱い　U. 重い　V. 強い

Chapter 04 Column

「私の見えている色の世界」

―先天色覚異常を持つ学生の体験談―

私は、軽度の先天色覚異常保有者です。年長クラスの時、絵画の時間の花の色塗りで茎の部分を茶色に塗ってしまったことがありました。先生に、茎の部分を緑色で描いていないと注意されました。その頃の私は、緑と茶色の見分けが難しいと感じる時もありましたが、緑色で塗っている時もありました。このような経験から、私は自分が見えている色の世界が他の人と違うかもしれないと考えるようになりました。小学校では、黒板に赤チョークで書かれると見づらいこと以外、何不自由なく過ごせていました。しかし、図工の授業などで色を塗る時、クラスの仲間に「また間違えてる。」と大声で言われ、恥ずかしい思いをしたことが度々ありました。それからは、周囲の人が塗っている色を見て、真似て塗る癖がつきました。中学生の時、理解のある美術の先生に出会い、先天色覚異常について説明を受けました。そして、「あなたの見えている色の世界を教えて。」「素敵な個性を大切にしてね。」と温かい言葉をかけてもらいました。その時から私の色の見え方を「個性」だと考え、安心して自分の見えている色で表現しても良いのだと思えるようになりました。

＊ 幼児に対する色覚検査は行われていない保育現場での先天色覚異常保有児への援助はどのようにすると良いか、考えてみましょう。

幼児の時に描いた「コスモス」の絵の再現画

コスモスを確か描いていたと思うんです。茎の部分を茶色に、花の真ん中黄色のところの周りを緑で点々を描いて怒られた記憶があります。見たまんま描いてって言ったでしょって言われて、描き直しましたが、その時の絵は悲しくて破いてしまい、今は残っていません。

第３章

素材と道具の研究

大人にとっては当たり前のように思える素材や道具でも、子どもには初めて出会う素材や道具であり、これは何だろう？どうなるのかな？と興味津々です。子どもの「楽しかった！」、「またやってみたい！」という思いを大切にしながら、子どもと素材や道具との素敵な出会いを提供し、子どもの世界を広げていきましょう。

Chapter

03

1 素材と出会う

絵の具やクレヨンといった描画材、紙、粘土等の造形素材、木や水、葉っぱ等の自然物、光や風といった自然環境、牛乳パックや古布といったリサイクル素材、等々、私たちのまわりには子どもがワクワクしたり、何かひらめいたり、やってみようとチャレンジしたり、そうなんだと発見したり、そんなステキな素材がたくさんあって、子どもに発見されるのを待っています。

発見する

ひらめく

ワクワクする
ドキドキする

楽しむ

チャレンジする

素材と出会うと言っても、単に新しい素材を次々に与えればいいというものではありません。子どもの何を育むのかといった活動のねらいを念頭に置き、発達の中での子どもの姿を思い浮かべながら何をどのように提示するか、配慮するべきことは何かを考えていきましょう。

1 繰り返し素材と出会う工夫をしよう

まずは素材と仲良くなることが大切です。素材と仲良くなるには繰り返し出会うようにしましょう。そうすることで子どもの素材に対する発見が増え、発想も広がります。仲良くなる機会を持たずに制作を急いでも、子どもが戸惑ってしまい、結果的にやらされた制作物が並ぶことになってしまいます。

2 素材の特性をよく知り、豊かな援助に繋げよう

例えば、絵を描く素材（描画材）にも絵の具、クレヨン、ペン、えんぴつ、等様々あります。そして絵の具にもポスターカラーやアクリル絵の具、透明水彩等の種類があり、それぞれに特性があります。このように絵に表す活動の描画材一つを取っても、実は選択肢がたくさん存在します。保育者自身がそうした素材の性質や特性をよく理解することが大切です。それにより、活動のねらいに適した素材を子どもに提供でき、また、子どもの興味や関心に応じた豊かな援助に繋げていくことができるのです。

3 素材の魅力と出会うような遊びを提案しよう

せっかく子どもが興味の引かれる素材に出会ったのに、それを扱う訓練的な活動に終始してしまったとしたら、子どもはその素材自体を嫌いになってしまうかもしれません。活動を遊びに変え、「楽しかった、またやってみたい」と子どもが思えるものにしていきましょう。そのためにも活動のねらいをしっかり定めましょう。作品づくりそのものがねらいでは決してないはずです。

4 日頃から素材を整理しておこう

きちんと整理された素材を子どもが日頃から目にすることで、子どもの関心、興味を引き、創作の意欲を高めるとともに、保育者自身の教材の発想にも繋がります。そして、日常的に整理された環境に身を置くことの心地よさや空間の美しさも子どもは感じ取り、片付けに対する意識も自然と高まります。また、保育者にとってもどの素材がどのくらいあるかの把握が容易になり、探す手間やストレスから解放されます。

5 保護者や地域とも連携して集めよう

空き箱を使用した活動を考えたとき、一人の保育者で集められる空き箱の数には限りがありますが、周囲の協力を仰ぐと格段に集まりやすくなります。日頃から同僚の保育者や保護者とも良い関係を築き、協力し合えるようにしておきましょう。家庭に協力をお願いする場合は期間に余裕を持ってお願いしたいものです。直前になってからのお願いは、結果的に買って間に合わせることになって家庭の負担感が増し、その後の継続的な協力が得にくくなってしまいます。また、地域のお店や作業所等に思い切ってお願いして素材を集めてみるのも一つの方法です。

紙

関連ページ
みたててあそぼう p.76 〜 77

紙は私たちの生活の身近にあります。ティッシュペーパー、新聞、お菓子の箱、紙幣等、紙に触れない日はないといってもいいでしょう。一言に紙といっても先に挙げた以外にも様々な種類があり、厚さ、硬さ、色等それぞれ特徴を持っています。紙は子どもにとっても身近で扱いやすい素材の一つですが、紙の持つ特徴を捉えながら活動やねらいに合った紙を用意することが大切です。

1 紙と仲良くなろう

紙そのものと遊び、紙とは何かを肌で感じとったり、子ども自身の働きかけにより紙の表情が豊かに変化すること等を十分に楽しむことが大切です。子どものそうした活動が発見や意欲に繋がり、豊かな表現活動への基盤となっていきます。

子どもたちは紙でどんなことをするだろう

- 穴を開ける
- 破る
- ちぎる
- 丸める
- くしゃくしゃにする
- 切る
- ねじる
- 棒にする
- 並べる
- 折る
- 曲げる

2 紙の性質（紙の繊維の方向）

紙は植物（主に木材）の繊維から出来ており、繊維には方向があります。試しに新聞紙を手で縦方向に裂いてみると、真っすぐに綺麗に裂くことができますが、横方向に裂いてみると、なかなか上手く裂くことができません。これは、新聞紙の繊維が縦方向（縦目）に流れていることに関係しています。

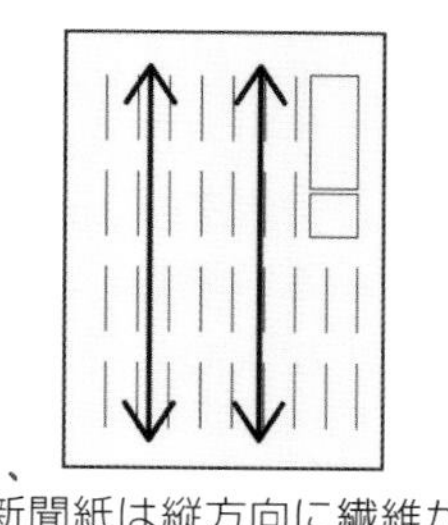
新聞紙は縦方向に繊維が流れています（縦目）

縦方向

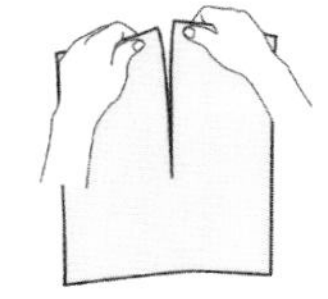

手で縦に真っすぐに裂けます

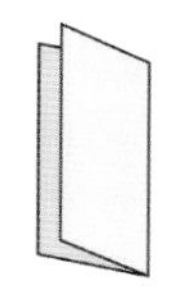
きれいに折れます

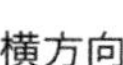
横方向

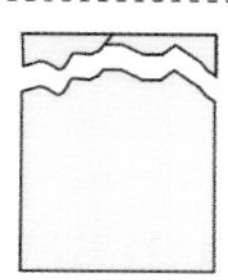
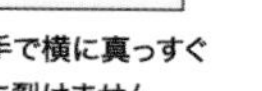
手で横に真っすぐに裂けません

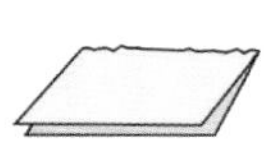
折り目ががたつきます

3 紙の種類と重さや硬さ

紙の重さは、その単位表記「坪量（g/m²）」で表示されることが多く、一般的にその数値が低いほど紙は薄く柔らかく、高いほど厚く硬くなります。同じ坪量でも紙の種類が違うと厚さや硬さは異なりますが､おおよその目安になります。また、同じ種類の紙でも数段階の異なる重さ（厚さ）があるものも多くあります。

主な紙の坪量

	ティッシュペーパー	14g/m²
	新聞紙	46g/m²
	折り紙	60g/m²
	コピー用紙	64g/m²
	色画用紙	120g/m²
	官製はがき	209.5g/m²

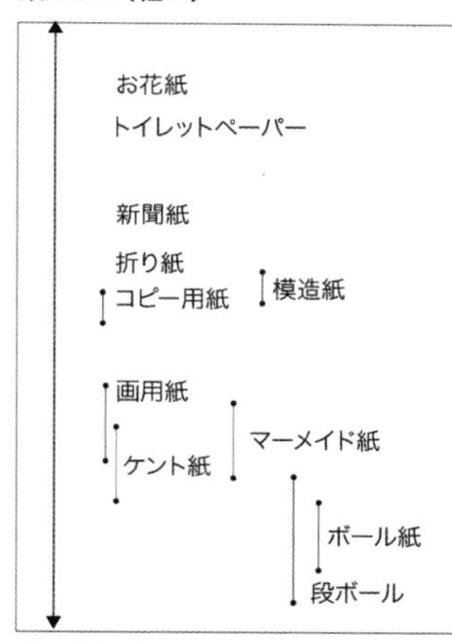

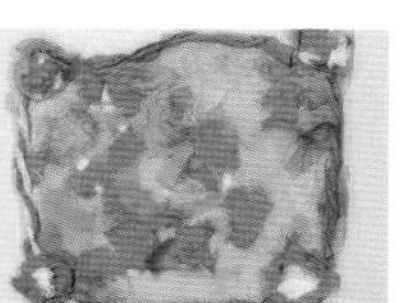
お花紙　非常に薄くやわらかく、下の色が透ける。手でちぎったり、丸めたりなど多彩な表現が楽しめる。

マーメイド紙　波のような凹凸が特徴で色数も豊富。市販の紙工品にもよく使われている。

片面ダンボール　曲げたり巻いたり紙工作に適する。波の模様を活した版表現も面白い。

4 紙の大きさを表す規格

保育の現場や学校で使われている紙の大きさを示す規格は、A 列、B 列、四六判の主に三つです。A 列は国際規格、B 列は日本の規格で、A4、B5 といったサイズ表示はその一つです。A 列と B 列の同じ数字のサイズでは、B 列の方が A 列よりもひと回り大きくなります。また、画用紙では、四つ切りや八つ切りがよく使われますが、これは主に書籍のサイズとして使われている四六判の規格です。

A列

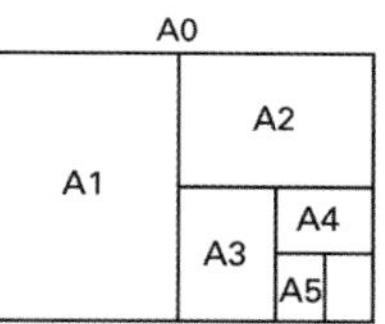

A0　841×1189mm
A1　594×841mm
A2　420×594mm
A3　297×420mm
A4　210×297mm
A5　148×210mm

四六判

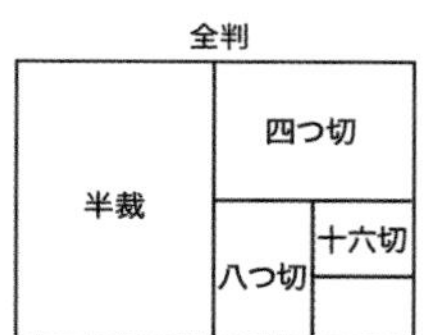

全判　788×1091mm
半裁　545×788mm
4切　394×545mm
8切　272×394mm
16切　197×272mm

八つ切り・B4・A4の重ね

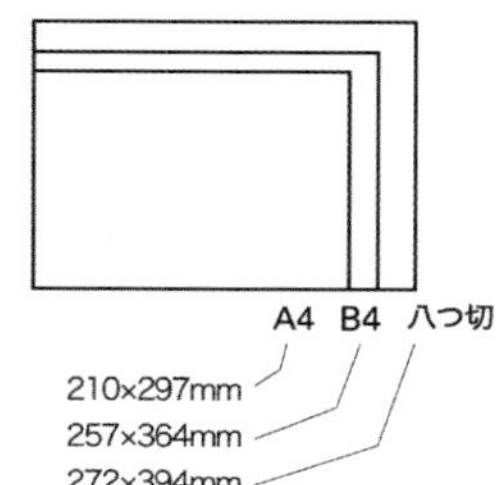

粘土

関連ページ
ねんどで何する p.90～91
なんでもねんど p.92～93
お弁当をつくろう p.94～95

粘土は手で直接触れながら子どもの行為や想いをかたちにして表しやすい素材です。力の弱い小さな子どもでも粘土を指で押すとそのかたちが粘土に表れます。ちぎればちぎったかたちが表れます。そのようにかたちを変えられることを「可塑性」と言いますが、粘土は可塑性にとても優れている素材です。また、つくっては壊し、壊してはつくりとつくり直すことが容易であり、子どもが安心して取り組める素材です。

保育の現場で使われる代表的な粘土には、市販されている油粘土、土粘土、紙粘土（軽量粘土）、そして自分でつくることのできる小麦粉粘土、（トイレットペーパー等でつくる）パルプ粘土があります。それらの特徴を下の表に挙げてみました。活動のねらいや子どもの発達段階に応じて使い分けていきましょう。

	市販の粘土			自分でつくる粘土	
粘土の種類	**油粘土**	**土粘土**	**紙粘土（軽量粘土）**	**小麦粉粘土**	**トイレットペーパー粘土（パルプ粘土）**
細かな造形	○	○	◎	△	△
管理のしやすさ	◎	△	○	・・・・	・・・・
触感の豊かさ	△	◎	○	◎	△
他のプラス面の特徴	固まることはなく、いつでも手軽に繰り返し使える。	可塑性に優れ、大量に使った活動や焼いての成型も可能である。	軽くて造形しやすい。絵の具を混ぜて色も付けられる。	小麦粉に水を加え、つくることができる。モチモチした触感がある。	水で溶かしてつくることが出来る。洗濯のりを混ぜるとより粘土らしくなる。絵の具を混ぜられる。
他のマイナス面の特徴	油分のにおいがする。気温等により硬いことがある。	乾くと固まる（細かく砕き、水を加えて元に戻すことが可能）。管理や後片付け等に手間がかかる。	乾くと固まる。他の粘土に比べるとコストがかかる。	日持ちがしない（冷蔵庫で2、3日程度）小麦アレルギーの子がいる場合は活動ができない。	ボロボロと崩れやすく、日持ちはしない。
制作例			紙粘土に着色		

粘土での子どもの行為やつくりだすかたちは、指や手、心身の発達とも関連しており、それに伴い変化が見られます。また、粘土で遊ぶうちにイメージが広がってきて、様々な表現が生まれてきます。作品作りを急ぐのではなく、粘土と仲良くなる時間を日頃から十分に取りましょう。

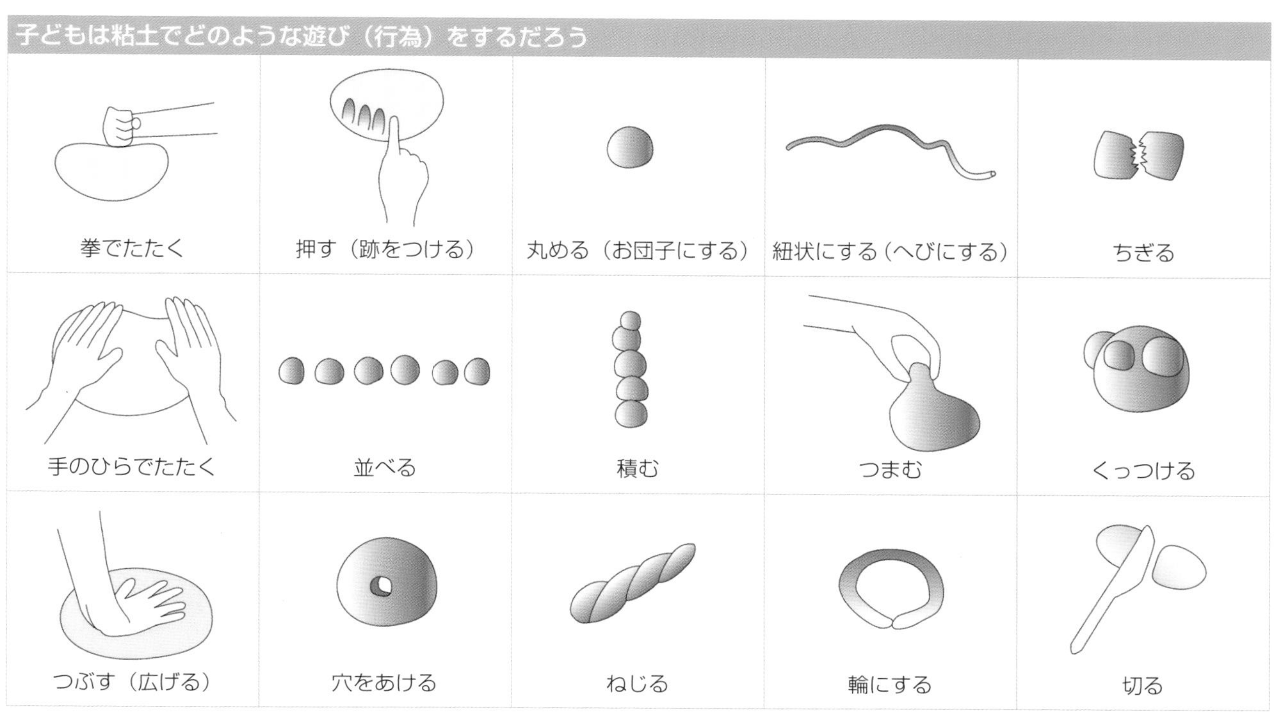

● 土粘土を使ってこんな展開も

大量に用意することにより、手だけでなく足や全身で関わることができます。また、友達と関わりながら表現することもできるなど、とても魅力ある素材です。

全身で関わる

みんなで関わる

固まった土粘土を金づちで細かく砕いて粉にし、水を加えて練ると、元の粘土に戻ります。「土粘土」がどのような素材なのか、自然と理解も深まります。

乾いた粘土を金づちで細かく砕きます

水を加えて練ると粘土に戻ります

土粘土の管理

① 土粘土を 2kg 程度の塊にして（必要に応じて霧吹きで表面を湿らせ）

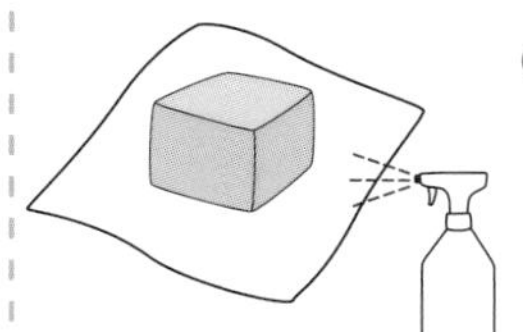

② 濡らした布で包みます

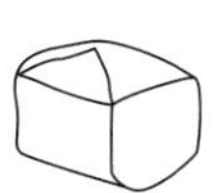

③ ビニール袋に入れ空気を抜きます

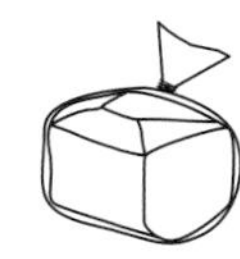

④ 密封できるコンテナボックス等に入れて保管します

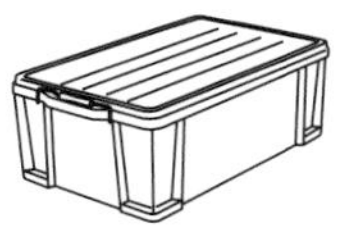

関連ページ
アートであそぶ p.78 〜 83
染め紙 p.112 〜 113

絵の具はクレヨン・パス等の描画材に比べて準備や後片付けに時間もかかりますが、色に親しんだり、色を発見したりするには適した素材です。また、小さな力で大きな面を塗ることもできる等、子どもの想いを表しやすい素材です。

絵の具の活動の際には保育者が用途に合わせて水で溶いてカップ等に入れ、共同で使用する共同絵の具が基本となります。絵の具にはポスターカラーやアクリル絵の具等様々な種類があり、また、活動内容により溶く水の量も異なります。用途やねらいに合わせた絵の具の種類や濃さを選択できるようになりましょう。

1 用途に合わせて絵の具を溶こう

使用用途に合わせて絵の具を溶く水の量を調整します。スタンプ遊びをする場合は濃い目に、絵を描く場合は伸びやかに線が引ける濃さに、はじき絵や染め紙を楽しむ場合は薄めにといった具合です。それぞれ丁度良い濃さかどうか保育者が事前に試してみることも大切です。

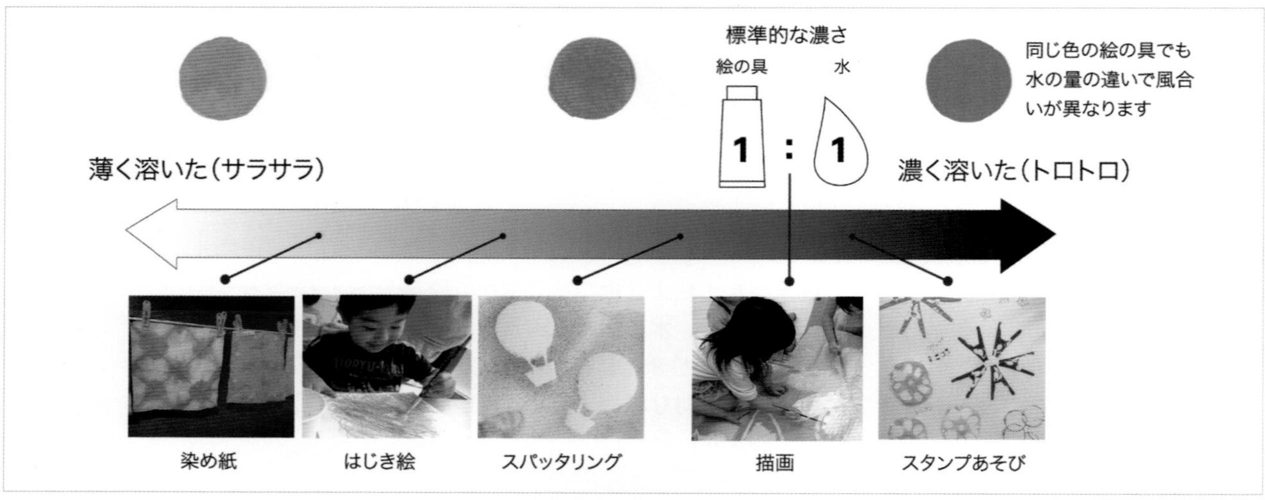

2 水彩絵の具とアクリル絵の具の違い

顔料（色の基の粉末）		展色剤（画面の表面に固着させる媒体）	絵の具の種類	特徴	
	＋	アラビアゴム（多い ↕ 少ない）	→ 透明水彩	乾いても水に溶ける	
			→ 不透明水彩		
			→ ポスターカラー		
	＋	アクリル樹脂	→ アクリル絵の具	乾くと水に溶けない	クレヨンのはじき絵ができない

3 共同絵の具の容器

*7 章の 3 参照

筆を入れて置いても倒れない容器に入れるのが理想です。容器に絵の具を入れすぎると筆の軸に絵の具が付き、それが持ち手にも付いてしまいますので、そうならないように、カップには 1 センチ程度絵の具を入れ、少なくなったら補充していきましょう。筆は一つのカップにつき 2、3 本程度にします。

共同絵の具の容器

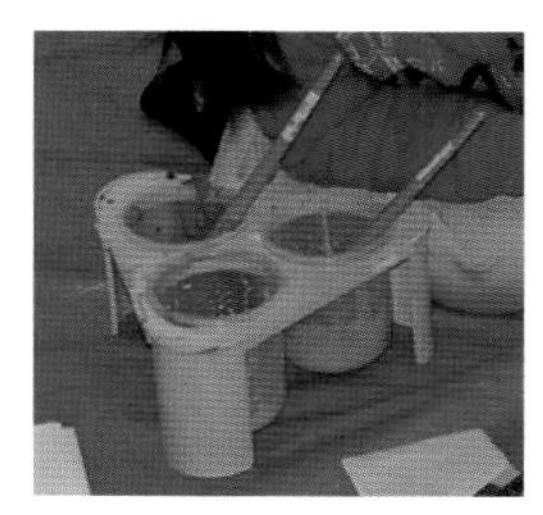

倒れない容器に筆を 2、3 本入れておきます。

絵の具を持ち運びできる手作り容器

ペットボトルや牛乳パックを再利用した持ち運べる絵の具容器も便利です。

容器に入れる絵の具の量

○

底から 1、2cm 程度入れ、足りなくなったら足していきます。

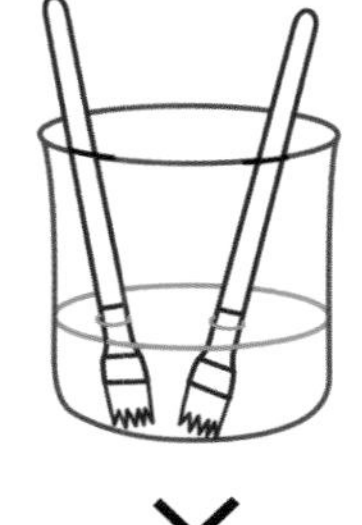

×

入れすぎると筆軸にも絵の具がつき、手が汚れてしまいます。

Chapter 03

4 描く道具

1 本の同じ筆でも力の入れ具合でいろいろな線が描けます

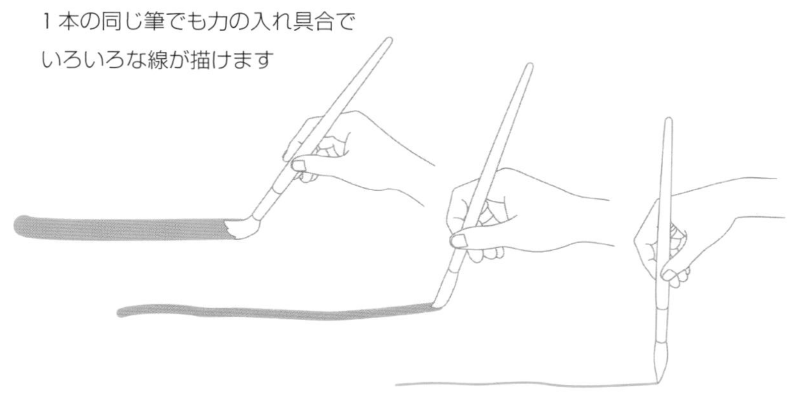

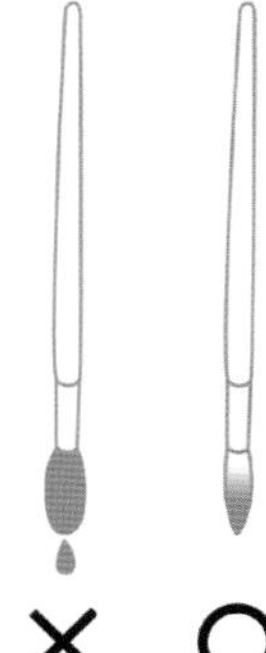

× ○

容器のふちで余分な絵の具を落として筆先を整えることを伝えましょう（筆をしごく）

描く道具は筆以外にもあります

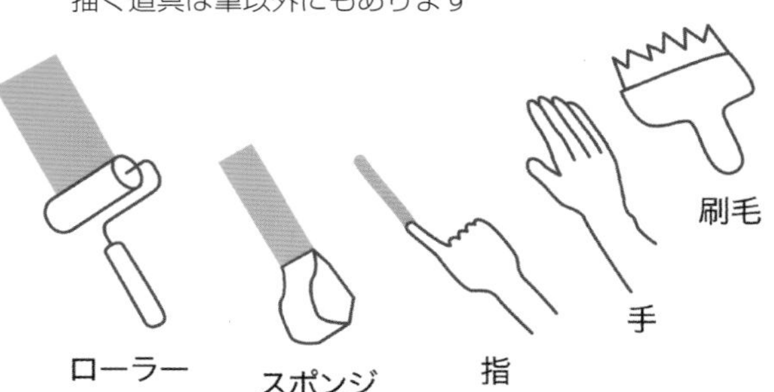

5 パレット

給食のお盆等広くて縁があり、持ち運びしやすいものが適しています

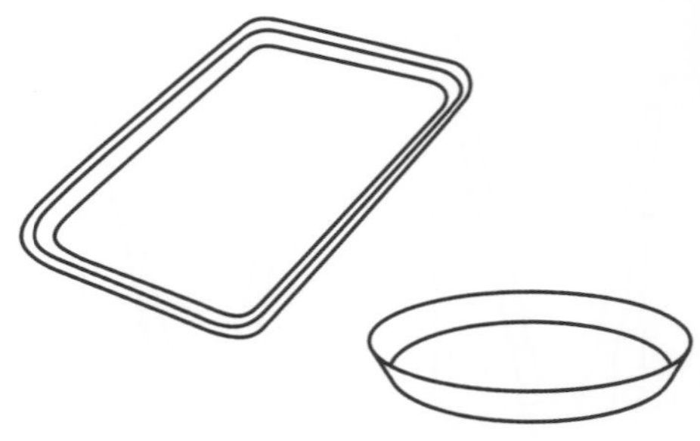

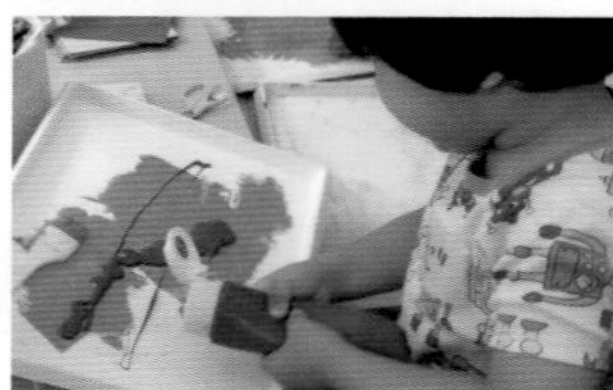

memo

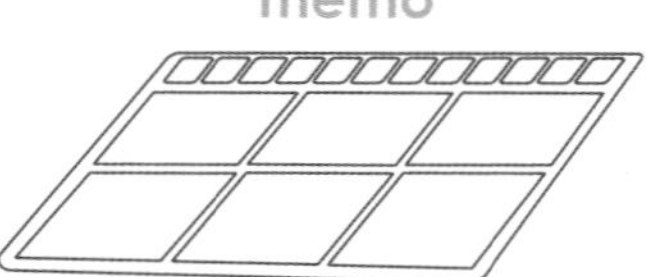

個人パレットに絵の具を出して、溶いたり混ぜたりすることは小学校3・4年生の教科書に出てくる事項です。ですので、個人パレット上部の小さい仕切りに各色の絵の具を出していく使い方は幼児の表現に合っているとは言えないでしょう。子どもの発達にあった道具の提供や使い方の援助を心掛けましょう。

● 絵は白の四角い画用紙に描くもの？

絵を描くというと長方形の白い画用紙に描くことを思い浮かべてしまいがちですが、絵を描く対象はそれだけではありません。紙でも大きさや色、種類やかたち等もっとたくさん考えられます。紙以外の布、板、石、ガラスにも描くことができます。私たちも真っ白な画用紙に描き始めるとき、緊張して構えてしまいませんか。きっと子どもだってそうなはずです。子どもの描いてみたい、やってみたいという意欲がより増すように、私たちも大きく発想を広げてみましょう。

不定形な紙

ある形の紙

大きな紙（クラフト紙）

小さな紙

ビニール

色画用紙

段ボール

紙袋

ガラス（窓）

えんぴつ

鉛筆には硬い方から 10H、9H、8H…とあって数字が小さくなると少しずつ軟らかくなり、中間の濃さがみなさんが文字を書く際によく使う H、F、HB、B です。そして今度は 2B、3B と数字が大きくなるほどさらに軟らかくなり、10B まであります。専門的な鉛筆デッサンではこの中の多くの種類の鉛筆を使いますが、簡単なスケッチの場合は軟らかめの 2B や、筆圧の弱い人は 4B 等一本の鉛筆で淡くやわらかい調子から濃く強い調子まで表現していきます。小さな子どもは手の力が弱いので、軟らかめの鉛筆を用意しましょう。

鉛筆をカッターで削ったことがありますか？

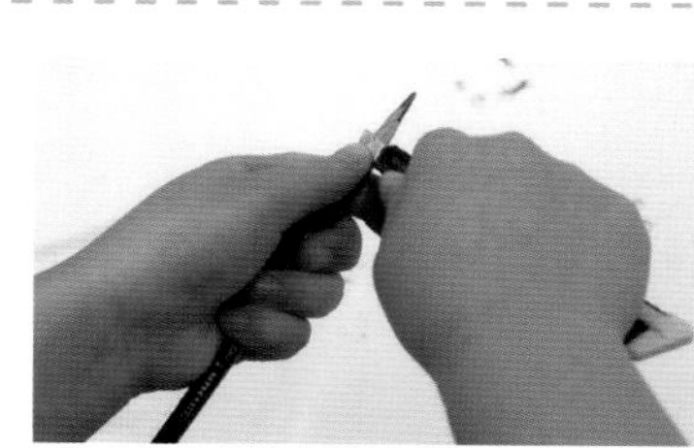

左は鉛筆削り、右はカッターによるもの

鉛筆は鉛筆削り器で削るもの、そう思い込んでいませんか？ 鉛筆を自分の描きやすいように自分でカッターで削ることにチャレンジしてみよう。特に鉛筆を寝かせて幅広く塗っていくような使い方をするときには、木の部分や芯が長めになるように自分で削っていく必要があります。

色鉛筆

色鉛筆は、手軽に使えて、淡く色を重ね塗りしたり、筆圧を変えて徐々に変化を付けたりと繊細な表情を出せるのが特徴です。ただし、ペンやクレヨンと違って色が薄くなりがちで、結果として弱く見えてしまうことがあります。色鉛筆には、通常の色鉛筆の他に、描いた後に筆等で水を塗ると水に溶けて水彩画のような雰囲気の出せる水彩色鉛筆があります。

一色で濃淡を付けられる

二色の色が混じり合う

水を塗ると溶けて水彩画のような風合いになる色鉛筆もある

クレヨン パス

クレヨンやパスの一番の利点は子どもが描きたいときにすぐに使え、持ち運びも後片付けも簡単なことです。クレヨンやパスは線で描くのに適しており、広い面を塗ることにはあまり向いていませんが、紙だけでなく、木片や石等に描くこともできます。最近では、プラスチックに描けるクレヨンもあります。また、絵の具等、他の描画材と組み合わせる使い方もでき、表現する楽しさがより広がるでしょう。

1 クレヨンとパスの違い

クレヨンとパスの原料は基本的に同じで、色の基になる顔料を固める材料の比率が異なり、それが描き味や特徴の違いに繋がっています。クレヨンには硬質のロウ分がパスに比べて多く入っており、そのためやや硬めで滑りがよく、線を描くのに適しています。 一方で、パスはオイル分が多く含まれているためクレヨンよりもやわらかく伸びがよいので、面を塗るのにも適しています。また、重ね塗りやティッシュペーパー等でこする等して混色することもできます。

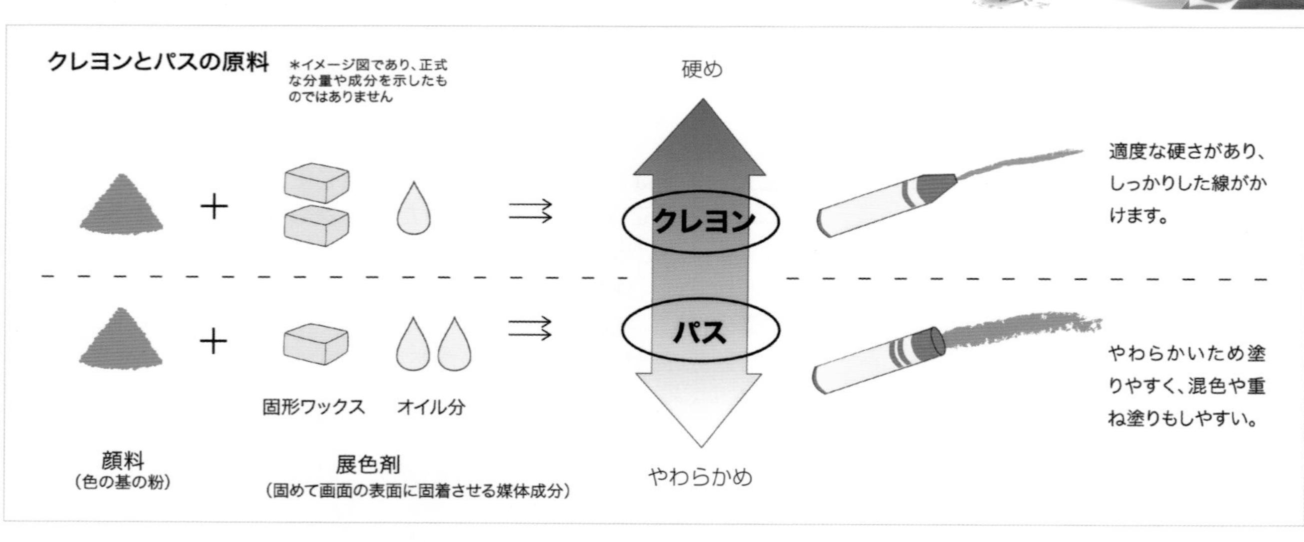

クレヨンの線と指で擦ったぼかし

クレヨンの混色

パスの線と指で擦ったぼかし

パスの混色

* パスの方がやわらかく混色にも向いている

2 クレヨン・パスで広がる表現

色画用紙に描画

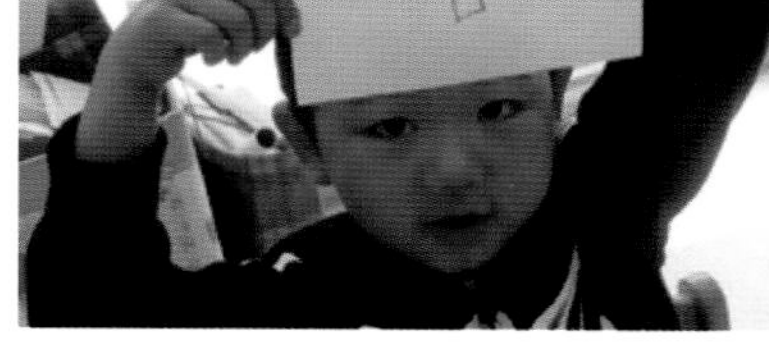

スクラッチ

絵の具上にクレヨンでの描き込み

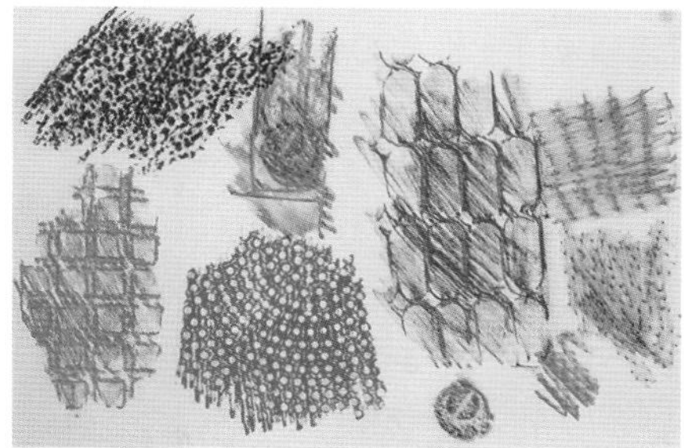

フロッタージュ

はじき絵

石に描く

木に描く

プラスチックに描く

＊プラスチックやガラス等にも描けるクレヨンを使用

3 クレヨン・パスの持ち方

クレヨンやパスはいろいろな持ち方で描くことができます。 幼児は指先や手の機能がまだ十分に発達してはいませんが、その中で無意識に描きやすい持ち方を探しています。持ち方、動かし方を強制してしまうのではなく、子ども自身が自分で塗り方、描き方を見つけられるように様子を見守りながら援助しましょう。

にぎり持ち 1

にぎり持ち 2

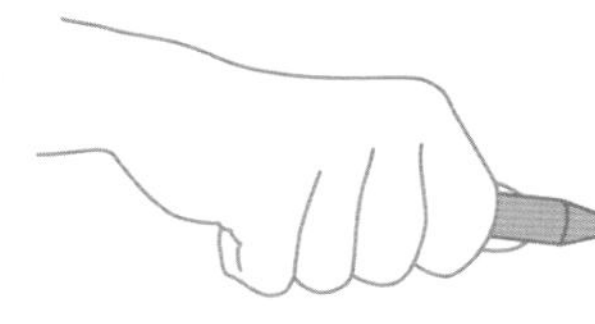

つまみ持ち

えんぴつ持ち

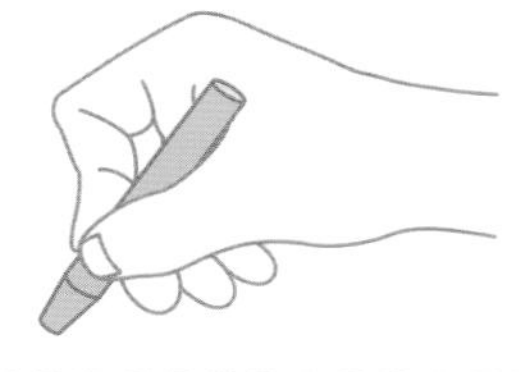

マーカー フェルトペン

関連ページ
カラフル MY 色水 p.111

手軽に使えて、発色がとてもよく美しいことが特徴です。また、力の入れ具合にあまり関係なく同じ調子のはっきりした線を引くことが可能ですので、まだ手の力の弱い子どもや描くことに自信のない子どもにも向いています。マーカーやフェルトペンのペン先の太さや形状には細いものから太いもの、丸いものから平たいものまで様々ありますが、そのペン先が乾くと描けなくなってしまいます。使用後はすぐにキャップをするように習慣づけましょう。また、水性ペンの特に明るい色のペン先は混色により濁りやすいので気をつけましょう。

1 マーカーの種類と特徴

マーカー・フェルトペンのインクは水で溶ける「水性」のものと、水に溶けない「油性」のものに大きく分けられます。さらに「水性」のものには乾くと水に溶けない「耐水性」のものがあります。油性のものや耐水性のものはビニールやプラスチックにも描くことができます。油性のものは揮発性の溶剤が使われているため発泡スチロールやスチレントレイ（食品トレイ）に描くと発泡スチロールやスチレントレイが少し溶けてくぼみます。また、長時間使用の際には気分が悪くならないように換気にも気をつけましょう。

水性マーカー

水性染料マーカー

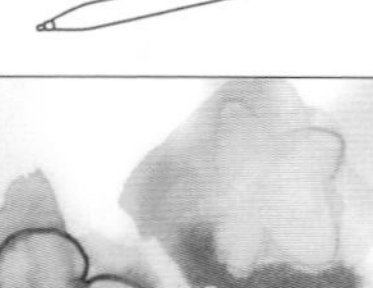

インクが水で溶ける性質があります。

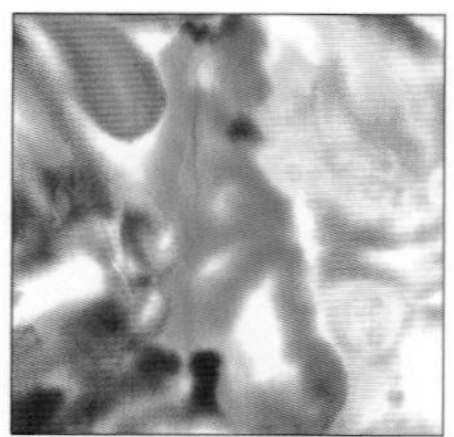

和紙等に描いて、水でにじませるのも面白いです。

水性顔料マーカー
（耐水性）

ポスカ 等

においもなく、サラサラと描けます。

ポスカ等は濃い色の紙でも発色がよいです。

油性マーカー

油性染料マーカー

マッキー 等

プラスチックやビニール等にもきれいに描けます。

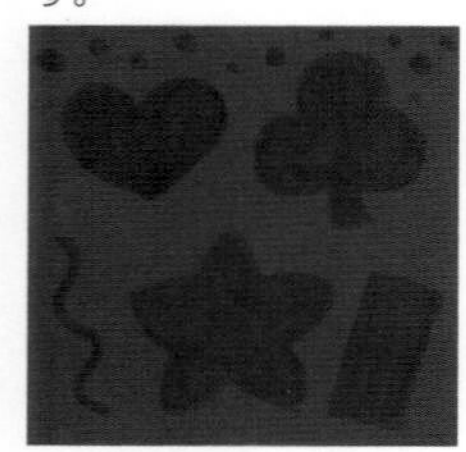

濃い色の紙に描くと色が沈んでしまいます。

すぐにキャップをする習慣をつけよう

キャップをしないとペン先が乾いて使えなくなります。使い終わったらすぐにキャップをすることを習慣づけましょう。

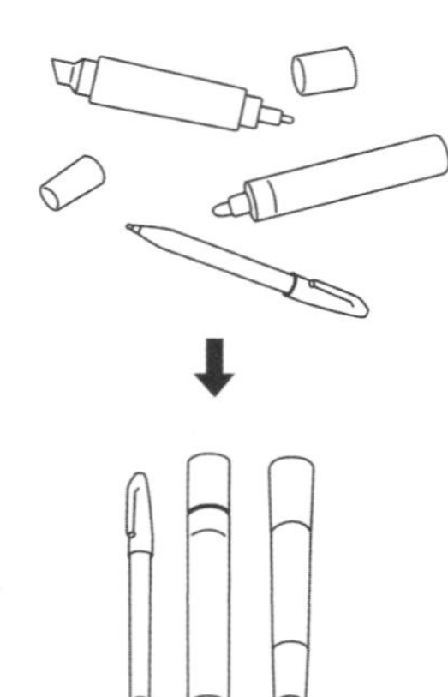

水性ペンでの「色水あそび」

● 薄いプラ板などを使った色水づくり

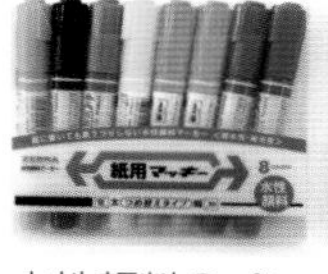

水性顔料のペン

● キッチンペーパーを使った色水づくり

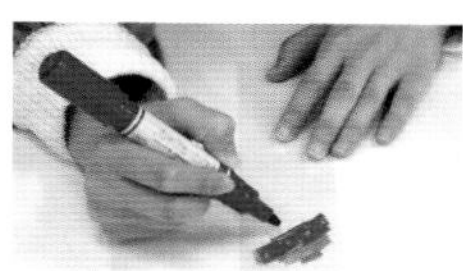
カットした薄いプラ板などに水性ペンで色塗り

水を入れたカップの中でチャプチャプ揺らすとインクが溶け出す

キッチンペーパーに水性ペンで色塗り

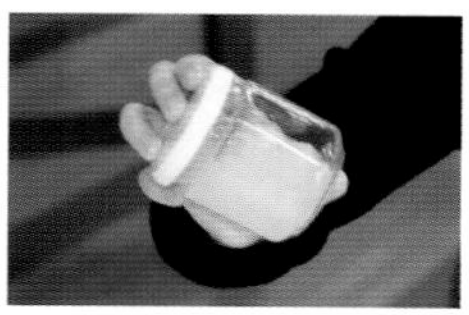
水の入った蓋付きの瓶やボトルに入れて振るとインクが溶け出す

透明な3原色ができました。3原色を混ぜてたくさんの色を作り出そう！

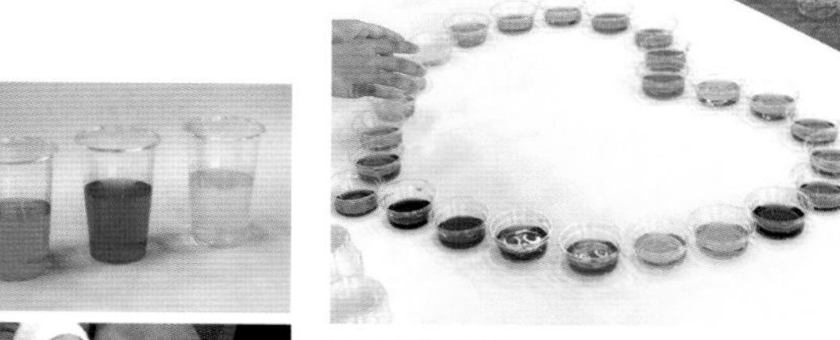

たくさん色ができたら、並べたり積んだりしてみよう

できた色水で、どんな遊びができるかな？

同じ色を見つけに行こう

いろんな場所に飾ってみよう

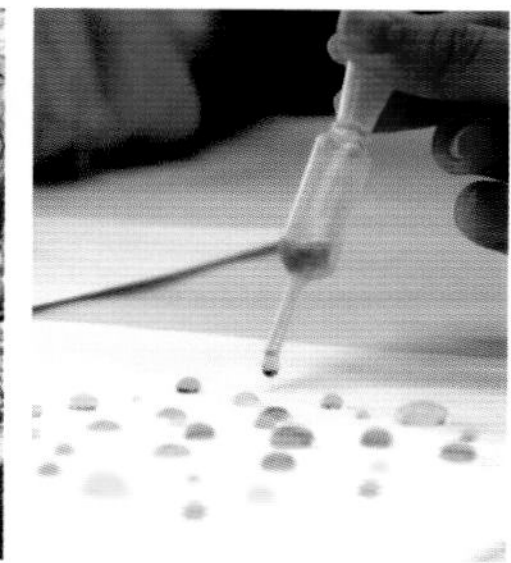
画用紙にスポイトで垂らしてみよう

傘袋やキャンディー袋に色水を入れて、結んで飾ろう

水性ペンと氷での「にじみ絵」

水性ペンで絵を描き描き

絵をトレイなど縁のある容器に置いて

いろんな色で絵を描き描き

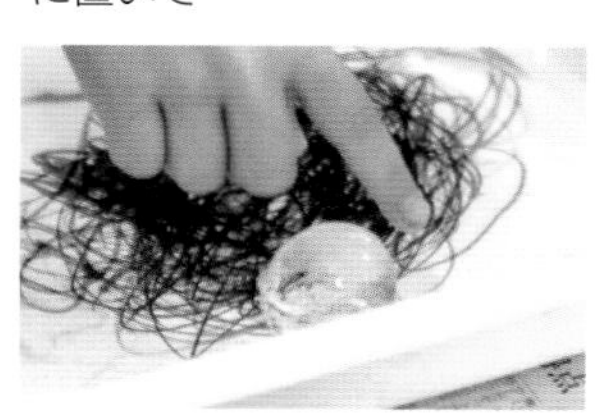
氷を入れて

絵の上で、氷を自由に滑らせよう

あら不思議。絵も溶けてきたよ

身近な素材

関連ページ
おもちゃの研究 p.100 ～ 101
大量の素材であそぼ p.116 ～ 117

お菓子の空き箱、牛乳パック、カップ麺の容器等、私たちの身のまわりには様々な人工的な素材がありますが、画用紙や絵の具等と違い、始めから造形表現の素材として製造されたものではありません。そのため、大人にとっては不要なものとしてリサイクルに出したり、処分することが大半です。しかし、子どもにとっては遊びの道具や造形表現の素材として可能性を秘めた魅力あるものたちです。日頃から、身のまわりにある素材に目を向けながら、子どもがその素材でどのような遊びをするのか想像していきましょう。そうすると、とても魅力的な素材に見えてきます。

子どもの姿を想像しながら素材を選ぼう

どのような素材を提供したらよいか迷うときは、子どもがその素材でどのような遊びをするのか想像していきましょう。○○ちゃん、□□君ならどうするか、具体的に思い浮かべてみるのもよいでしょう。並べたり、積んだり、見立てたり、組み合わせたりしながら楽しんでいる姿が見えてくるはずです。そうするとただの空き箱や空カップではなく、魅力的な活動やそれを支える素材に見えてきます。

子どもの目に触れられるようにしておこう

活動の時だけではなく、日頃から子どもが身のまわりにある素材に目を向けて、面白いかたちをしているな、この色が好きだな、こんなふうに使えそうだな、といったように興味関心を持てるようにしたいものです。そのためにも集めた材料をきちんと保管し、子どもの目に触れられるようにしておけることが理想です。

Chapter 03

素材に進んで働きかけられるようにしよう

活動では、子どもが素材とじっくり関わりながら触感やかたちや色等を身体で感じられることが大切です。自ら働きかけることによって形が変わったり、クシャクシャと音がしたり、手ごたえを感じるでしょう。そして、並べたらどうなるかな、重ねたらどうなるかな、等とワクワクした気持ちを持ちながらやってみることに価値があります。

自然素材 自然環境

関連ページ
自然物を見つけて集めて表して p.110

生活様式の変化によって自然との関わりが減ってきている現代ですが、都市部でも感覚を研ぎすますと自然はすぐ隣にあります。風や太陽の光、光が作り出す影、街路樹のにおいや色合いの変化等季節の移り変わりを体で感じることができます。また、自然の素材には私たちの五感に訴えかけるような手触り、温感、触感があり、みなさんがそれぞれ姿かたちが違うように、同じ木でも枝振りも違えば、一枚一枚の葉の大きさもかたちも色合いも少しずつ違います。子どもはそんな自然に対して好奇心いっぱいです。みなさんも自然に対するアンテナの感度を高め、子どもと共有しましょう。子どもの表現の土壌は、豊かに感じることによって育まれていきます。

五感で感じよう

私たちのまわりにはツルツル、ピカピカで少しひんやりした触感のカラフルで均質なプラスチック素材が溢れています。プラスチック素材にはプラスチック素材の良さがありますが、自然の素材にはもっと私たちの身体の奥深くに訴えかけるような手触り、温感、触感があり、かたちも大きさも色合いも少しずつ違います。そうしたことを知識としてではなく体験として感じることが大切です。

整理し、並べてみよう

同じ木の葉っぱでも木の実でも、色もかたちも少しずつ違います。葉っぱであれば若葉と枯れ葉では触感も違ってきます。そのことは整理したり、並べたりすることによって気付きやすくなります。また、じっと見ていると何かのかたちに見えてきたり等、いろいろな発見があります。そうした発見を子どもと共有し、保育者自身も楽しみましょう。

感動体験があってこそ

制作よりもまずは、素材に対しての、何だろう、面白いね、不思議だね、といった興味・関心を持つ体験やその共有を大事にしていきましょう。感動体験があってこそ、豊かな造形表現にも繋がる土壌が育まれるのです。

子どものこうしてみたいを大切に

いいことを思いついた！その時、子どもの中では自然素材と人工素材の線引きが明確にあるわけではなく、自然素材も身近な素材の中に含まれています。大人の都合を優先するのではなく、子どもの思いを大切にしながら柔軟に対応しましょう。

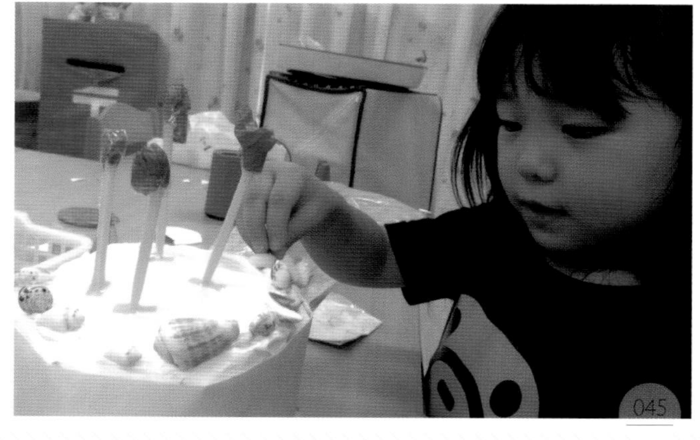

Chapter 03

2 道具と出会う

はさみ等の道具は子どもの表現の世界を大きく広げてくれます。また、道具を扱えるようになることで、少しお兄さんお姉さんになったような自信と誇らしさを子どもに与えてくれます。基本的な道具は造形表現だけでなく、これからの日常生活の中でも欠かすことのできないものたちです。発達を考慮した上で道具と出会い、徐々に扱いに慣れながら適切に使えるようにしていきましょう。安全にも十分に配慮をし、子どものできることを豊かに育んでいきましょう。

やってみたい

くっつけてみたい

使ってみたい

切ってみたい

貼ってみたい

道具は子どもの表現の世界を豊かに広げてくれるものでありますが、素材と同様にただ与えておけばよい、というものではありません。安全に十分配慮し、発達を考慮して提供することが大切です。

1 安全に十分配慮しよう

道具は便利なものではありますが、一方で子どものケガや事故につながってしまう危険性を孕んでいるものもあります。しかし、危ないからといって遠ざけてしまっては、いつまで経っても使えるようになりません。子どもに正しい使い方を伝え、扱う際の決まりを繰り返し確認しましょう。また、保育者は子どもから目を離さないようにします。そのように安全に十分配慮した上で、子どもの出来ることや自信を育んでいきましょう。

2 使ってみたい、やってみたい気持ちを大事にしよう

一本の筆でも力の入れ方や持ち方等の工夫次第で細い線から太い線、点々、面等で様々な表情をつくりだすことができるように、道具は表現の世界を広げてくれるものです。ただし、細かな使い方を伝える前に、子どもの使ってみたい、やってみたいという気持ちも大事にしましょう。子どもは指先や手の機能が十分に発達してはいませんが、その中で無意識に描きやすい筆の持ち方や塗り方等を探しています。持ち方、動かし方を強制してしまうのではなく、子ども自身が自分で塗り方、描き方を見つけられるように様子を見守りながら援助しましょう。

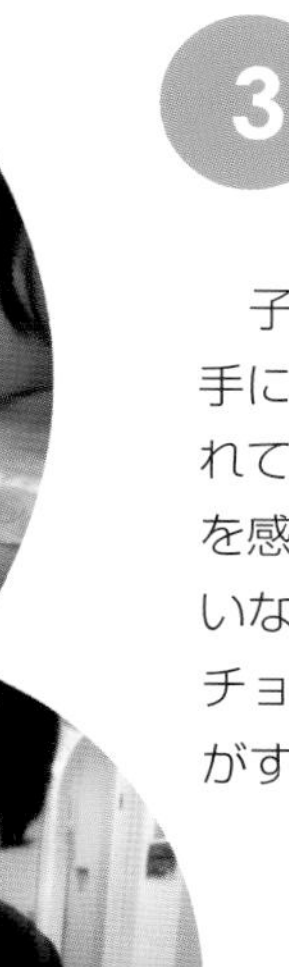

3 発達に配慮しよう

子どもは身体や手の機能がまだ十分に発達していないため、はじめから道具を上手に扱うことは難しいものです。繰り返し出会えるようにして、少しずつ扱いに慣れていくようにしましょう。そして、扱う訓練に終始するのではなく、扱える喜びを感じられるような遊びに変えていきましょう。はじめのうちは、音を表す語も伴いながら道具を使う感じを覚えていくのも一つの方法です。例えば、はさみなら、チョッキンと唱えながら切ったり、ホチキスならカッチャン、と音を聞かせて、音がすると留まることをイメージできるようにしたりするとよいでしょう。

4 整理整頓し、定期的に点検しよう

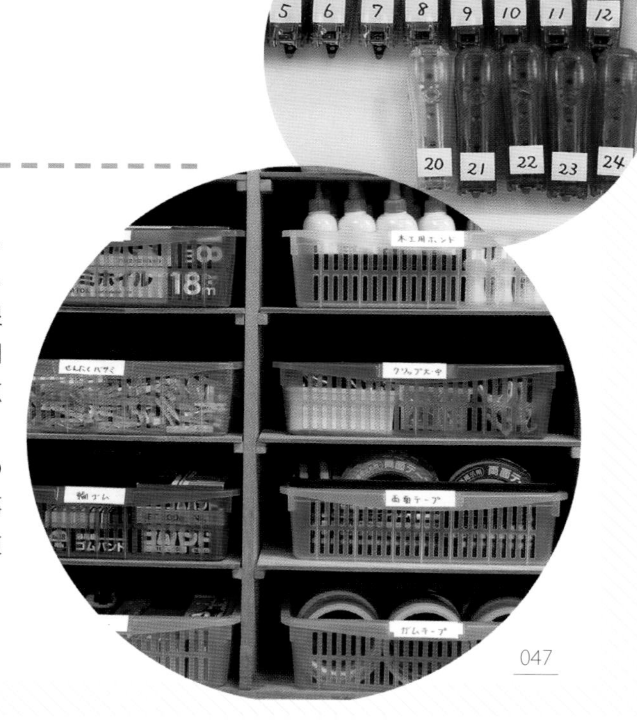

安全管理の上でも、道具を整理整頓しておくことが大切です。共同で使用する道具の場合は、番号をつける等して管理します。そうすることで返っていない道具の把握や何番のものが具合が良くない等といった管理も容易になります。使用後は必ず指定の用具箱や元の場所に戻すように指導しましょう。また、定期的に点検し、不具合が起きていないかどうかも確認しましょう。

子どもは夢中になって活動するため、なかなか自分の身のまわりの危険性に気がつきません。そのため、環境が乱れていると事故にも繋がりやすくなります。素材の管理とも共通しますが、道具の管理は安全な環境づくりにも直接関係していきます。

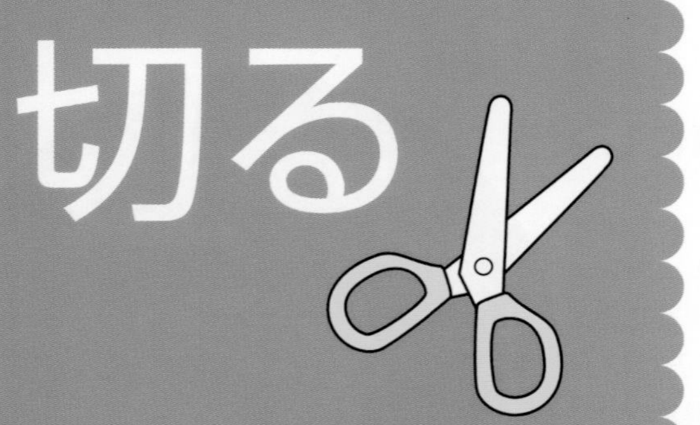

はさみは、子どもが日常的に使う道具のなかで最も危険性を伴うといっても過言ではありません。しかし、はさみを使って紙等を切ることが出来るということは、子どもにとって喜びであり楽しさであるはずです。危ないからといって遠ざけるのではなく、正しい使い方と使わないときは刃を閉じて置いておく、お道具箱のなかにしまう等の決まりをしっかり守らせる等、安全に十分配慮しながら活動を進めましょう。

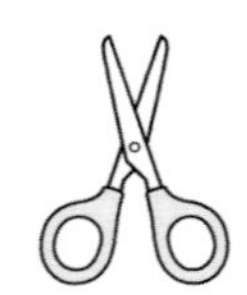
はさみを使う様子

子どもの活動に適したはさみとは？

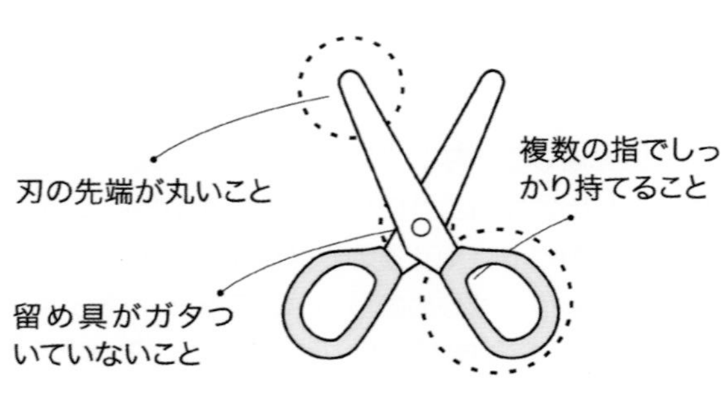

子どもにこんなはさみは ✕

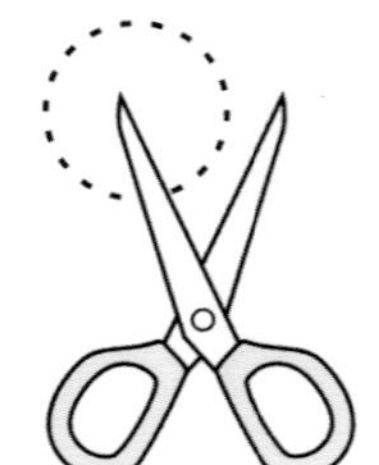

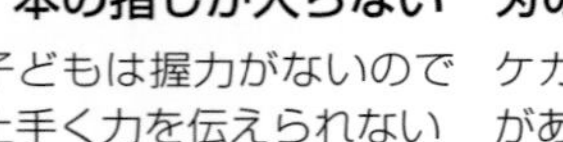

1本の指しか入らない
子どもは握力がないので上手く力を伝えられない

刃の先端が尖っている
ケガや事故に繋がる恐れがある

小型のはさみ
幼児の手は小さいが、手や指の機能が十分に発達していないので使いこなせない

はさみの持ち方

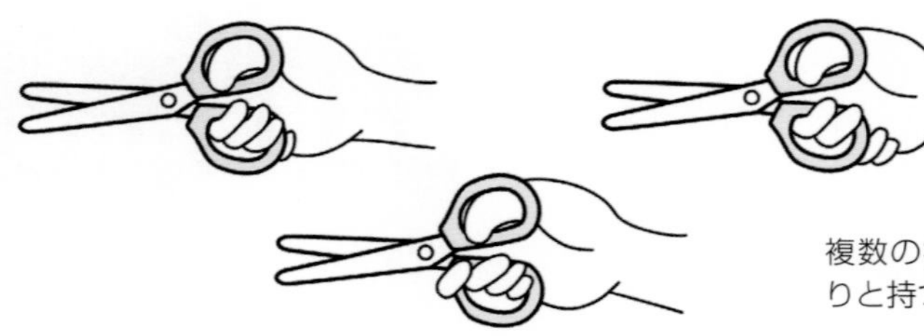

複数の指を入れてしっかりと持つことが基本です。

はさみの使い方

体の正面で切る

脇が開くとはさみもまっすぐにならない

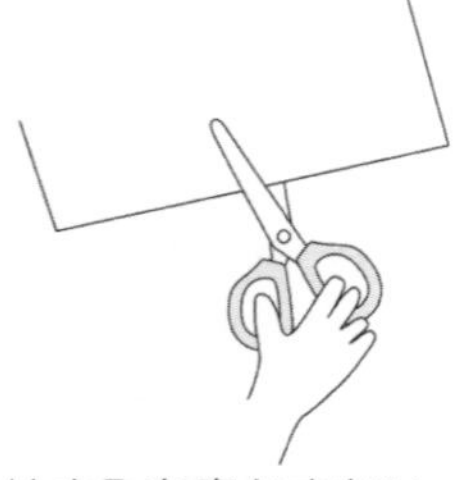
はさみを寝かさないで切る

子どもの後ろに回って手を取り、切り方をガイドする

子どもの背後に回り、子どもの脇を閉めて、手を取り、切る感じをガイドします。紙を持つ手やはさみを持つ手の手のひらが上を向いてしまっていたり、脇が開いているために上手く切れないことが多いです。

ちょっきん切り、ちょきちょき切り、回し切り

はじめは一回で切りきる一回切り（ちょっきん切り）をできるようにします。広告紙やミスコピー等を短冊状に切ったものをたくさん用意して、楽しく練習しながら切る喜びを感じられるようにしましょう。そして徐々に直線切り（ちょきちょき切り）や回し切りにもチャレンジしていきます。

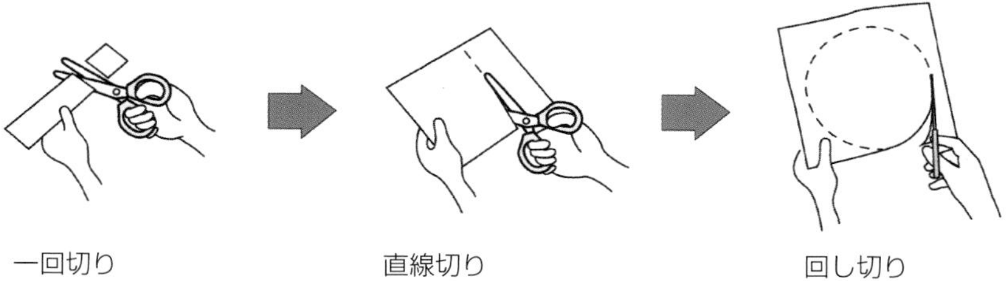

一回切り（ちょっきん切り）　直線切り（ちょきちょき切り）　回し切り

一回切りや直線切りだけでも丸が切れる

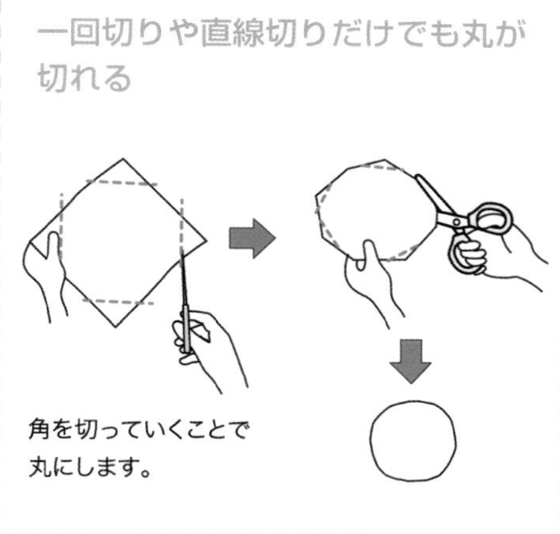

角を切っていくことで丸にします。

はさみを使った活動を安全に行うために

使わないときは閉じて机の上に置いておくこと、お道具箱にしまうことを繰り返し確認し、徹底しましょう。重大なケガや事故は紙を切る以外のところで起こります。はさみを持ったまま立ち歩いてはいけないこと、人に向けたりふざけたりしてはいけないことを約束しましょう。

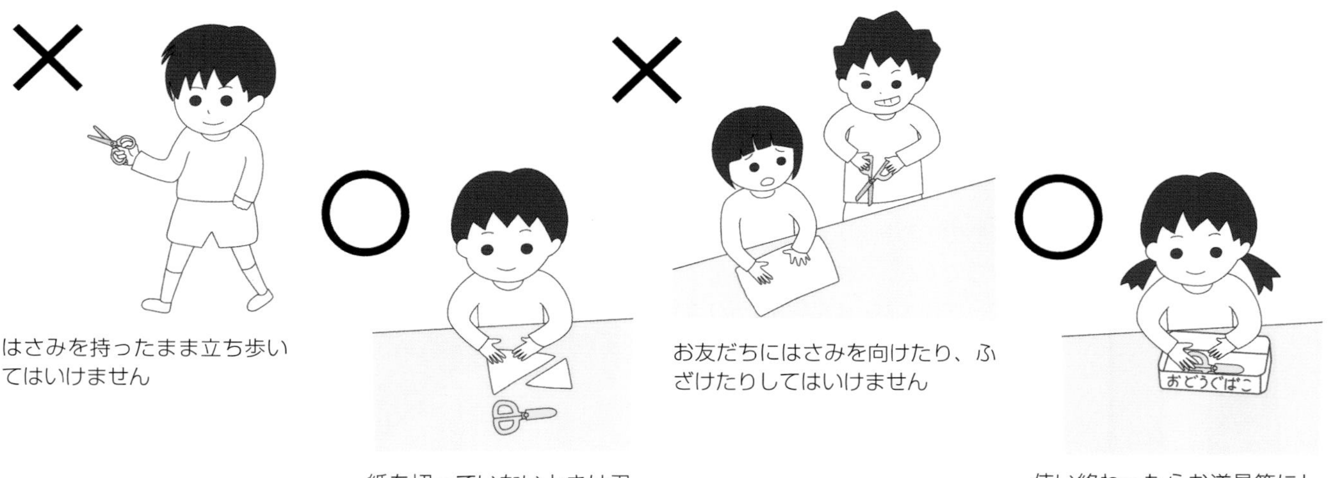

× はさみを持ったまま立ち歩いてはいけません

○ 紙を切っていないときは刃を閉じて置いておきます

× お友だちにはさみを向けたり、ふざけたりしてはいけません

○ 使い終わったらお道具箱にしまいます

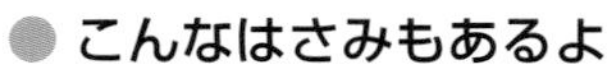

こんなはさみもあるよ

切り口が波形やギザギザ等に切れるはさみがあります。

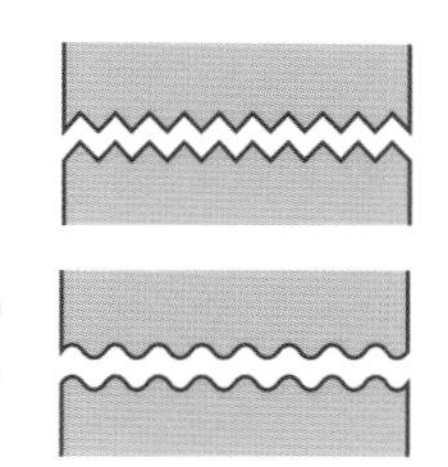

はさみについたガムテープ等ののりを取るには

ガムテープ等をはさみで切った際に刃に残るのり分を取るには、のり剥がし液やのり剥がしスプレーを塗ってから拭き取るときれいに取れます。この作業は保育者がおこないます。

くっつける

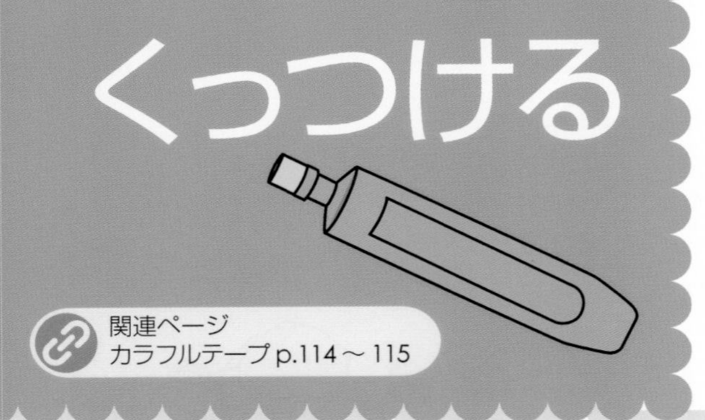

関連ページ
カラフルテープ p.114～115

ものとものとをくっつけることができると表現の世界はより広がります。短い帯状の紙をどんどんくっつけて長く繋げていく活動の場合、子どもが取ることができるくっつける方法は3つ考えられます。ひとつ目はのりやボンドで接着していく方法で、ふたつ目はセロハンテープ等のテープ類で接合していく方法、そして三つ目はホチキスで接合していく方法です。

接着する

はじめはくっつけることそのものの楽しさや喜びを感じられるようにしましょう。

デンプンのり

誤って子どもが口にしてしまっても大丈夫なように植物性のでんぷんからできています。
指に少量を取り、薄く伸ばして貼っていきます。のりを使った指をきれいにするためのぬれた手ふきを用意します。指や手の感覚を十分に働かせながら、くっつける楽しさや達成感を共有しましょう。

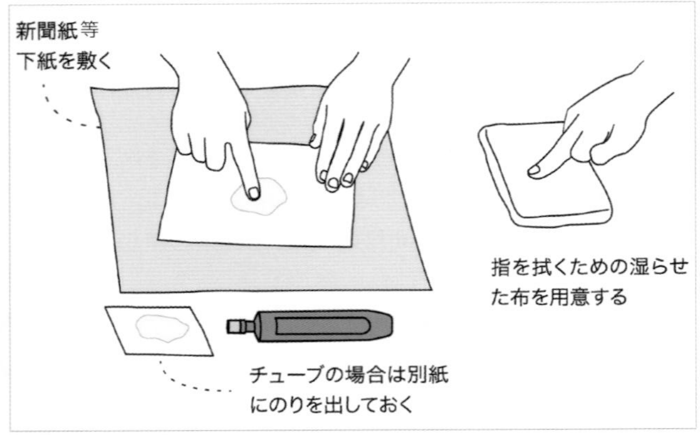

液体のり／スティックのり

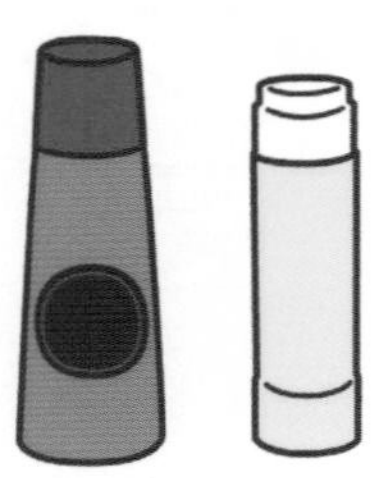

子どものり＝でんぷんのり、と考えがちですが、液体のりやスティックのりを使えないわけではありません。液体のりは接着力がありますが、のりをつけた面がふやけてしわになることもあります。スティックのりはのり面にしわはできにくいですが接着力はやや弱めです。

木工用接着剤

塗ったときは白色ですが、乾くと透明になります。木だけでなく、厚い紙や布、皮等の接着にも使います。水性でにおいも少ないので比較的安全で扱いやすく、接着力もありますが、乾くまで多少時間もかかります。使い終わったらキャップや蓋をしっかり閉めましょう。

接合する

紙をたくさん繋げていくような活動にはテープやホチキスで留めていく方が便利です。

セロハンテープを使う様子

ホチキスを使う様子

セロハンテープ

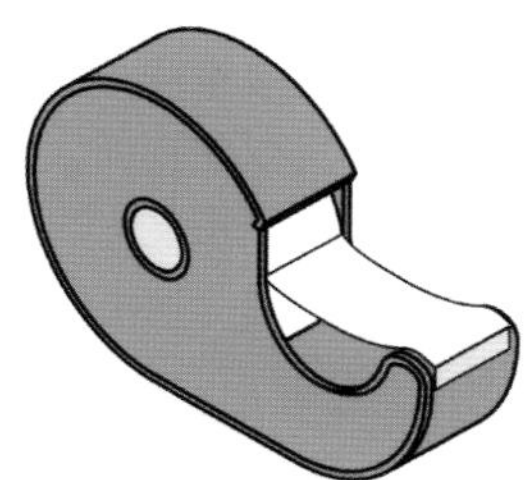

紙だけでなく、ビニール等も手早くくっつけることができます。ただし、熱に弱く、変色や劣化もしやすいので長期保存にはあまり向きません。また、使いすぎると見た目の美しさも損なうので、その点も気をつけましょう。

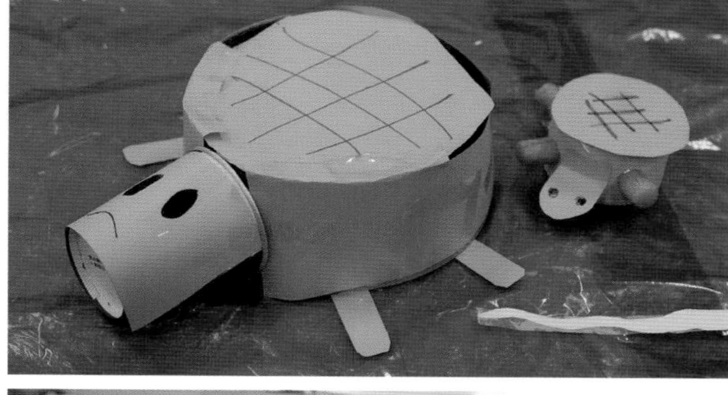

マスキングテープ

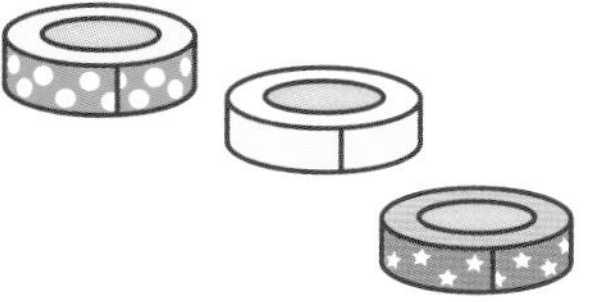

粘着力は弱めですが、手で切ることができ、剥がしても紙を傷めにくく粘着分も残りにくいのが特徴です。装飾性の高いカラフルな色や模様付きのものも豊富にあります。

ビニールテープ

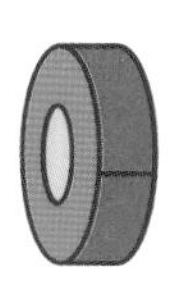

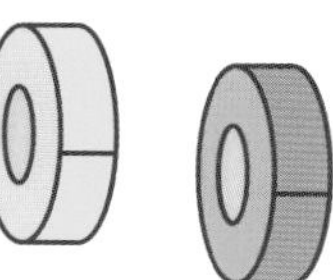

セロハンテープやマスキングテープに比べて厚みがあって、乳幼児にも比較的摘みやすく、よじれても元に戻しやすい。貼って剥がす遊びや身近な素材での活動に向いています。

ガムテープ

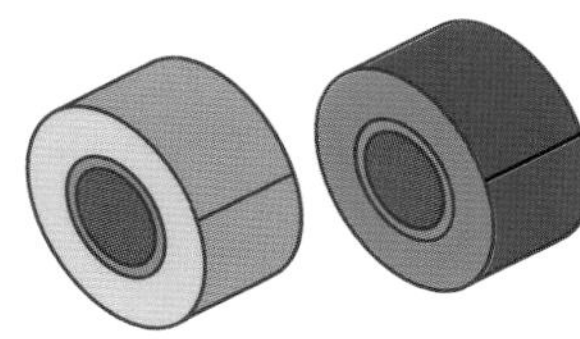

ガムテープには紙ガムテープと布ガムテープがあります。紙ガムテープは剥がすとテープが残ってしまうので、注意が必要です。カラーのガムテープもあります。

養生テープ

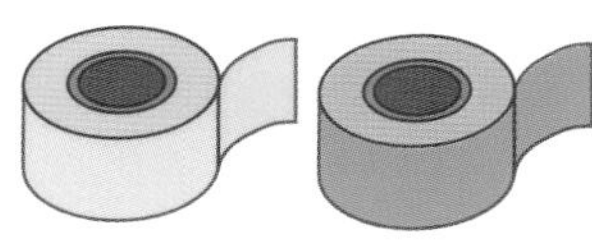

手で簡単に切れ、ガムテープよりも粘着力が弱くて剥がしやすいのが特徴です。床に敷いたシートなどを一時的に留めるのに向いています。

ホチキス

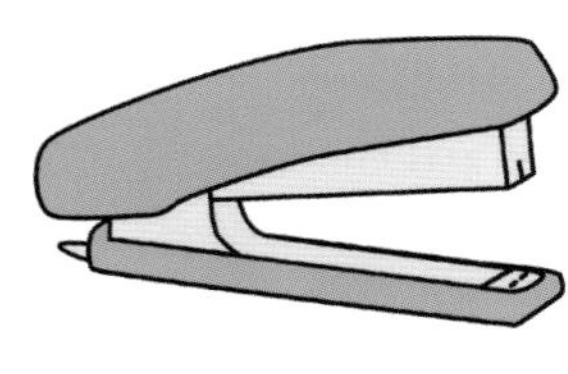

ホチキスはステープラーとも呼ばれます。子どもは指の力が弱いこともあり両手で綴じますが、指を挟まないように注意します。カッチャンと音がすると留まることを音を聞かせながら教えるとよいでしょう。

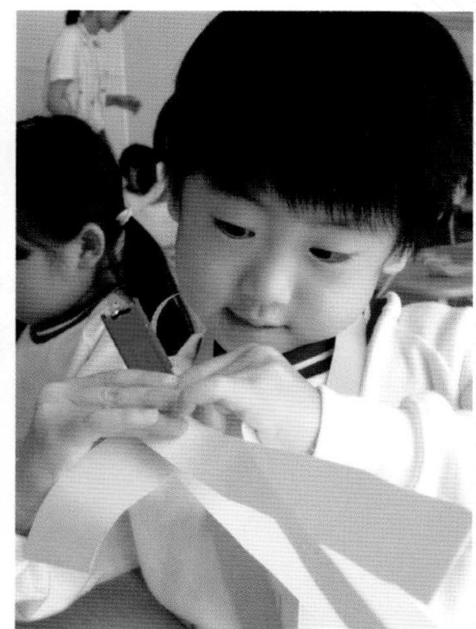

うつす

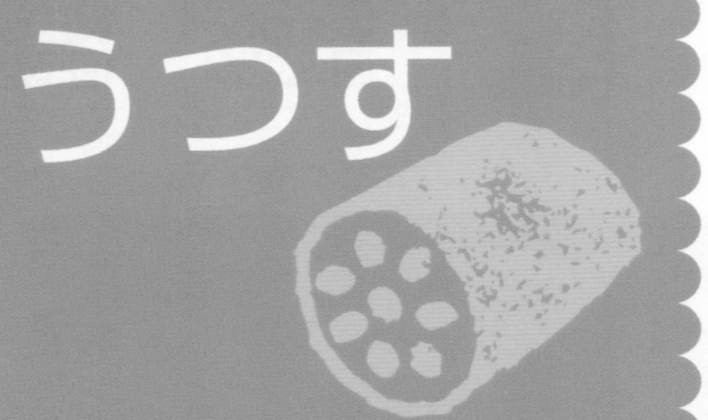

「うつす」活動には、目にしているかたちが反転してうつるなど、予想とのズレが子どもの好奇心をくすぐり、どうなるだろう、ちゃんとうつるかな、といったワクワク感が多分にあります。子どもの取り組みやすいスタンピングから始めて、いろいろな「うつす」活動にも広げいきながら、子どもと一緒に「うつす」活動の魅力を感じ、楽しみましょう。

1 スタンピング

スタンピングは「うつす」を楽しむ原初的な活動と言えるでしょう。うつしたかたちから身近なものを連想したり、かたちを組み合わせてアイディアを広げたりしやすく、描くことが苦手な子どもでも気軽に、自然と工夫しながら取り組めます。まずは手や指、身近にあるいろいろな材料を使って、「うつす」ことを楽しめるように配慮していきましょう。

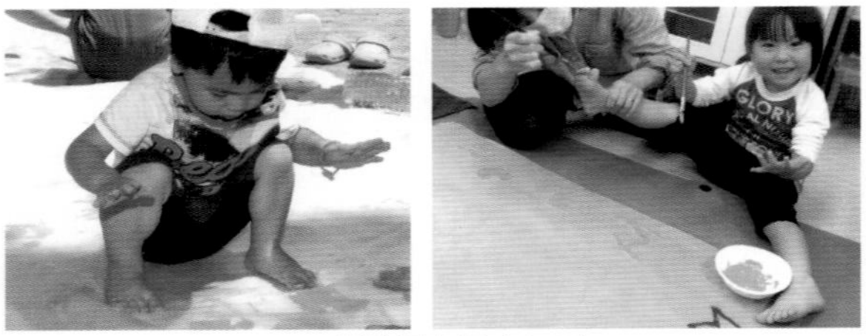

うつせそうな材料をたくさん集めてスタンプあそびを楽しもう！

飲料容器　プリンカップ　キャップ　スポンジ　ラップ等の芯　紙コップ　プチプチ　洗濯バサミ　網　ダンボール片　やさい・くだも　木片　葉っぱ

手や足をスタンプ

材料をスタンプ

みんなで大きな紙にうつすのも楽しい

絵の具のスタンプ台

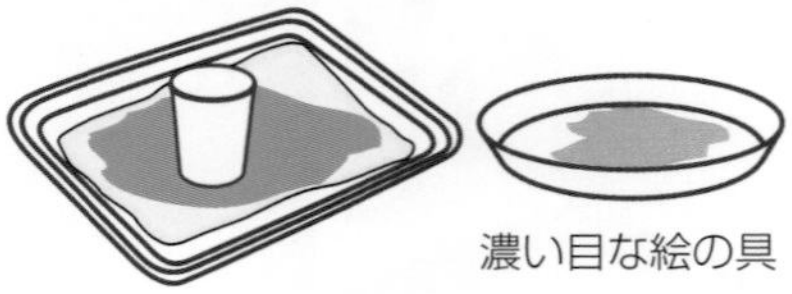

濃い目な絵の具

トレイや皿にペーパータオルやうすいスポンジを敷いて、その上に濃いめに溶いた絵の具を入れる

紙だけではなく、粘土などにもかたちをうつして遊べるよ。

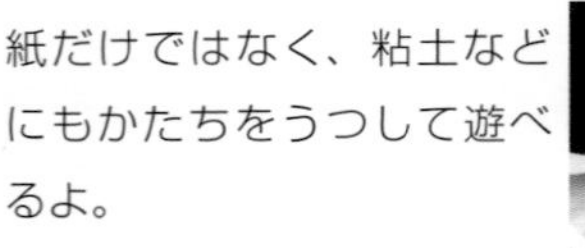

2 デカルコマニー（合わせ絵）

*5 章の 5 参照

半分に折った画用紙に絵の具で絵を描いたら、一度閉じて上からしっかりこすります。開いてみると反対側にも絵がうつっています！

3 こすり出し（フロッタージュ）

*5 章の 5 参照

コピー用紙などを上に敷いて、クレヨンなどでこぼこをこすりだそう

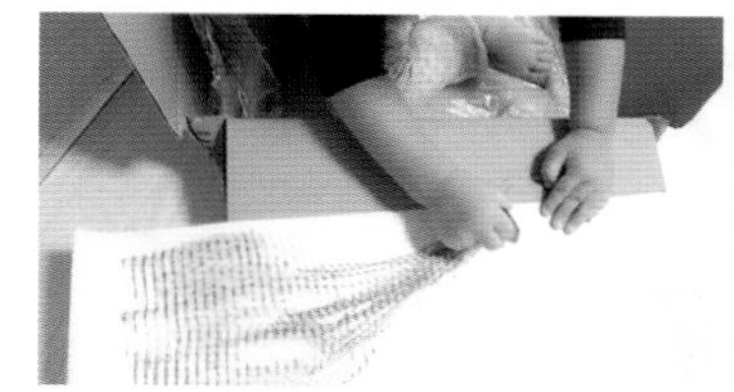

4 ステンシル

*5 章の 5 参照

型を使ったうつす遊びです。外側の型紙もくり抜いた紙も両方使えます。

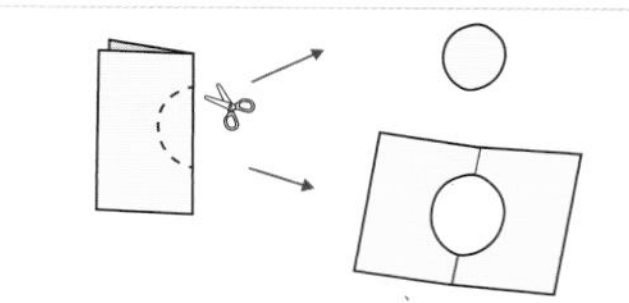

5 紙版画・コラグラフ

*5 章の 8 参照

紙や素材を貼り付けて、版画インクをつけてうつします。みんなで貼ってうつしても楽しい

6 スチレン版画・スチレンスタンプ

*5 章の 8 参照

スーパーなどでお肉などが入っていたスチレン容器（発泡トレイ）や、その加工前の板状のスチレンペーパーに鉛筆などで絵を描いて、インクをつけてうつしてみよう。小さく切ってスタンプもできるよ。

スタンプもつくれる

● 私たちの身近にある“版を使った「うつす」”

版を使った印刷の種類		造形や図工・美術で取り上げられる主な表現技法	身近にあるその印刷技法のもの
凸版（刷り紙、インク）	凸部分にインキをつけて、紙に転写します。スタンプや紙版画、木版画も凸版の仲間です。	紙版画、スチレン版画、木版画、スタンピング、コラグラフ	印鑑、スタンプ
凹版（版）	凹部分に残ったインキで紙に刷ります。	ドライポイント	紙幣
平版	現在、最も一般的な印刷方法で、目にしている印刷物の多くがこの技法です。	デカルコマニー、モノプリント、マーブリング	チラシ、ポスター、冊子、
孔版	インキを通す部分と通さない部分を作り、絵柄を印刷する方式です。	ステンシル、シルクスクリーン	衣服のプリント

版画用のインク

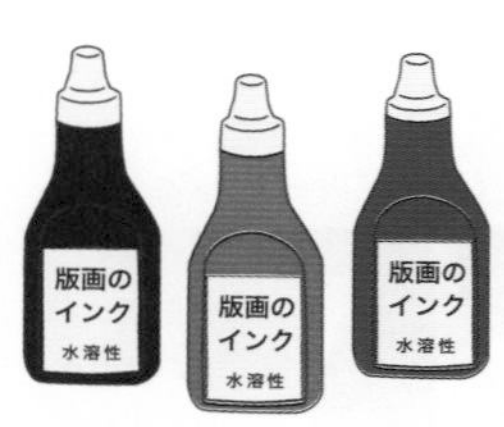

紙版画、スチレン版画などの版でうつす活動では、水性の版画用インクの使用を推奨します。水彩絵の具やポスターカラーでは、紙が貼り付いて取れにくく破れてしまったり、版が絵の具をはじいて写りが良くなかったりするためです。うつり具合の良し悪しは、子どもの意欲や満足度にも大きく影響しますので、考慮していきましょう。

「版画インク」と「絵を描く絵の具」での違い（刷り紙は和紙）

紙版（シール・ビニールテープ）

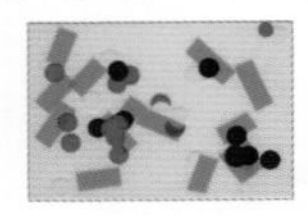

ポスターカラー

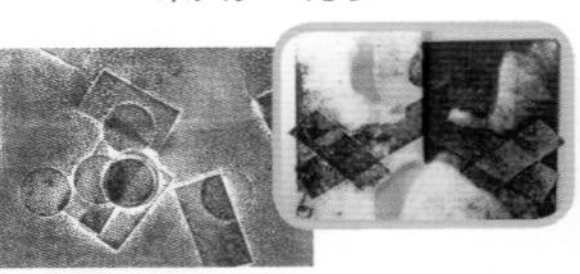

紙を剥がしにくく、破れてしまうこともある

版画インク

スチレン版

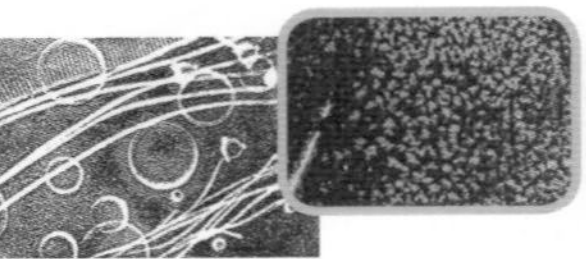

スチレンは絵の具をはじきます

刷り紙について

版画用の和紙が適していますが、コスト面から習字用半紙や障子紙など和紙の性質をもった柔軟性のある紙を用いる方法もあります。 画用紙やコピー用紙でも可能ですが、凸凹した版には紙が硬いため凸凹への対応が難しい面もあります。刷り紙の違いで、刷り上がりの表情も違いますので、いろいろ試してみましょう。

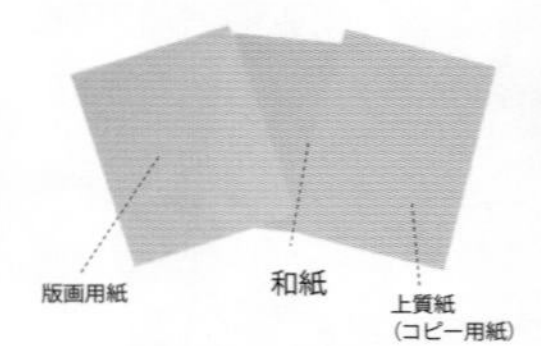

刷り紙が違うと刷り上がった表情も変わってきます。いろいろな紙を試してみましょう。

刷り紙でのうつりの表情の違い

	和紙	コピー用紙	画用紙
紙版	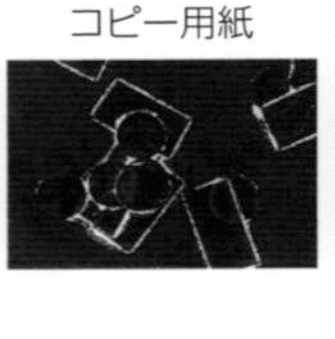		
コラグラフ 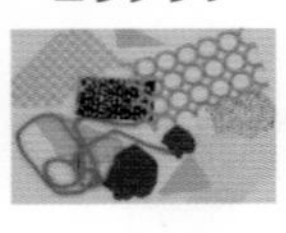	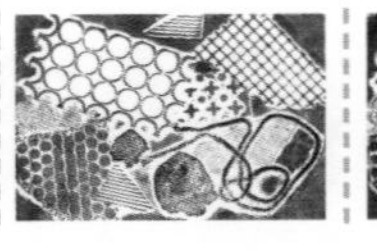		

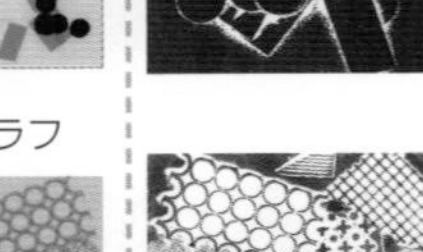

ローラーでのインクの付け方

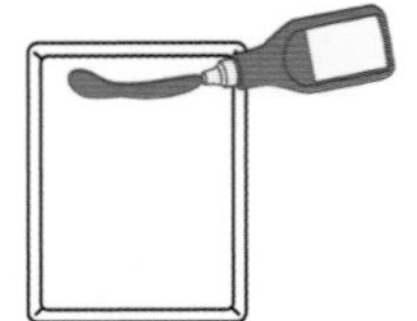

インクをバットの上側に長く出します。

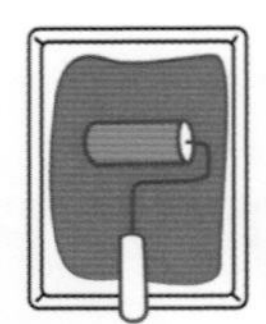

むらがなくなるように均一に伸ばします。

版にインクを付けます。

作業のスペースや導線を確保しよう

刷り方

バレンで刷る

バレンは竹の皮でできた刷るための道具。版の凹凸が大きいとインクがうまく付かないことがある。

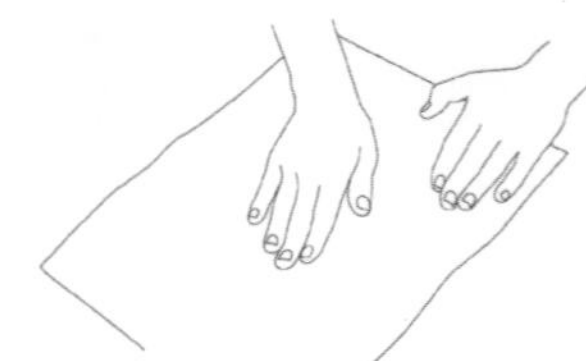

手で刷る

インクの付き具合を感じながら手で刷るのも楽しい。版の凸凹が大きくても対応できる。

台紙付き版と切り取り版

台紙付き版

四角い台紙に材料を貼り付けて版をつくる。台紙も含めた全体がうつし取られる。

切り取り版

かたちを切り取った台紙に材料を貼りあわせるなどし版をつくる。版の周囲には色がつかない。

保育者のための カッターの使い方

カッターを子どもが造形活動で使うことはほぼありませんが、保育者は制作や題材の準備等で日常的に使用します。しかし、カッターの刃を一度も折ることなく使い続けている等、意外に正しい使い方が知られていないようです。この機会にカッターの使い方を見直してみましょう。

Chapter 03

カッターの持ち方

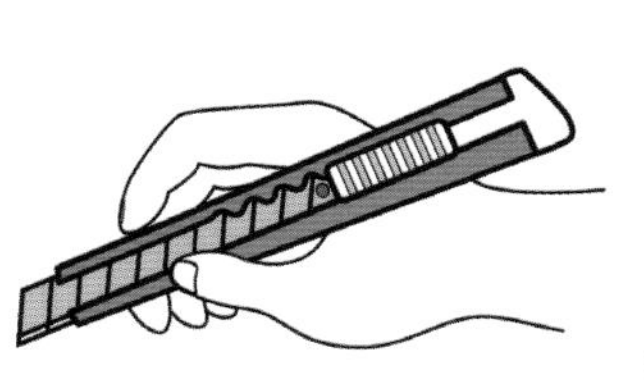
薄もの用のカッター（鉛筆持ち）

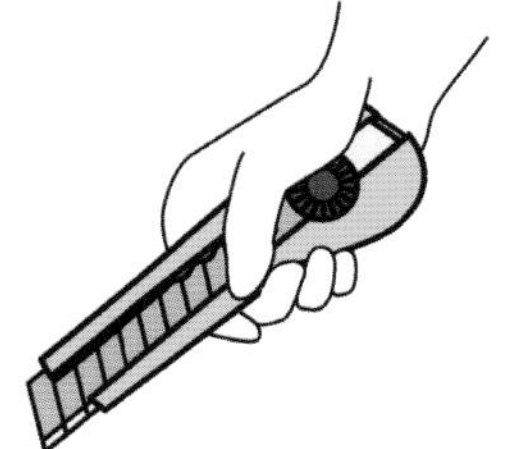
厚もの用のカッター（握り持ち）

必ずカッターマットを敷こう

刃は出しすぎない

○ 1、2目盛り程度出して使う

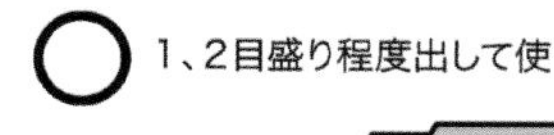

× 出し過ぎは折れやすく危険

刃を折って使おう

刃先が欠ける等した切れないカッターを使うことは、余計な力を必要としてケガに繋がります。刃は常に良い状態にしておきましょう。

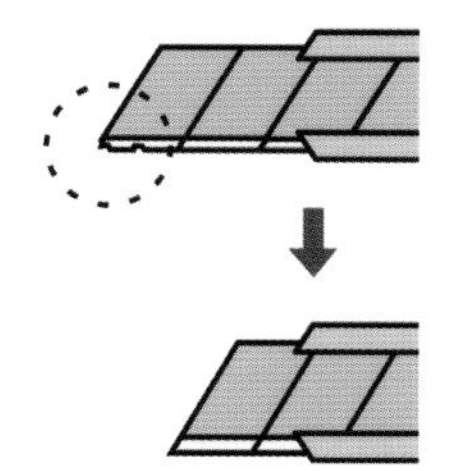

刃折機能で折る方法

カッターのお尻の部分（クリップ）の刃折機能を使う

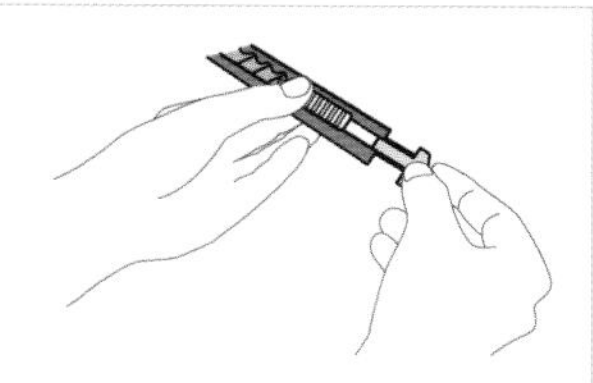
クリップを外します（刃折機能の溝がついている）

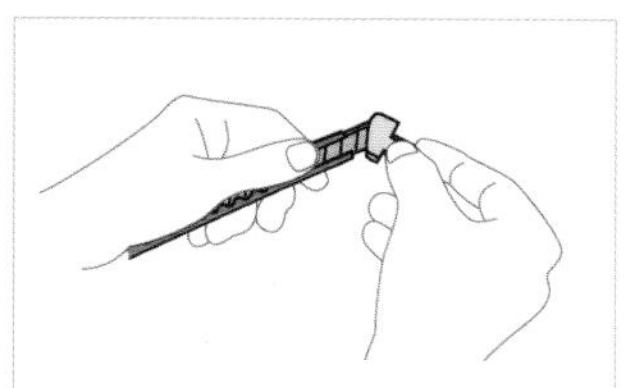
溝に一目盛りだけ出した刃を差し込み、折れ線に沿って曲げ折ります

ペンチで折る方法

ペンチやラジオペンチ等を使う

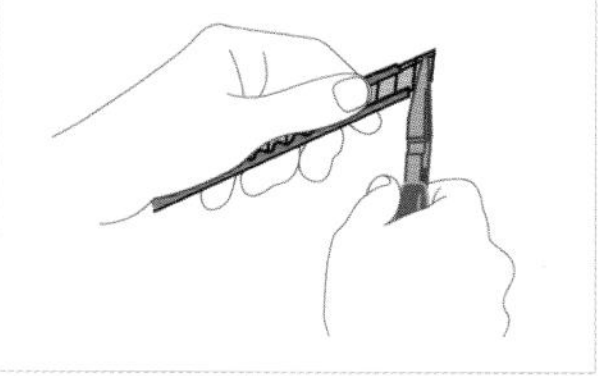
刃を一目盛りだけ出し、折れ線に沿ってペンチではさみ、曲げ折ります

折った刃は専用の容器に入れましょう

厚紙やスチレンボードの切り方

厚いものを切るときは立って作業しよう。

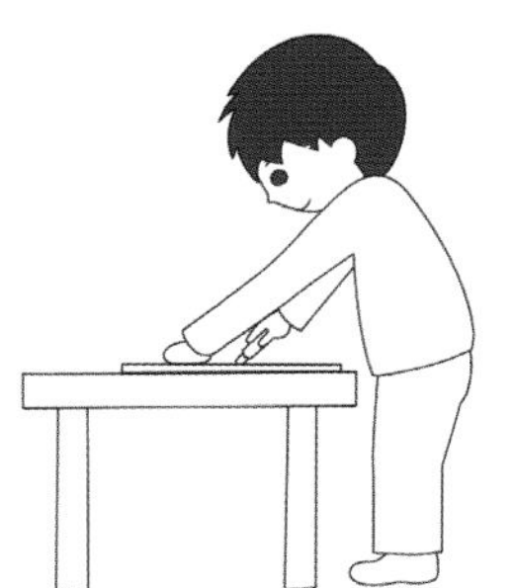

厚いスチレンボードやダンボールは１回で切りきろうとせずに２、３回引いて切ります。

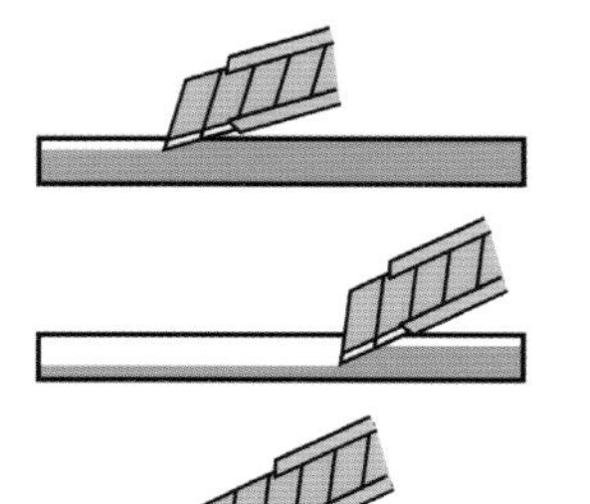

様々なカッター

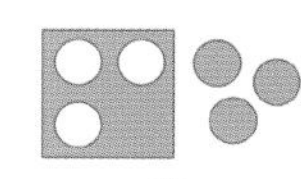
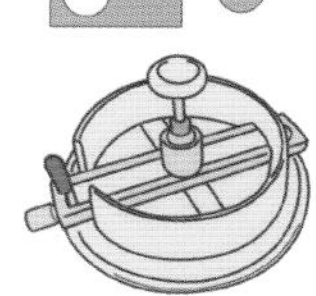
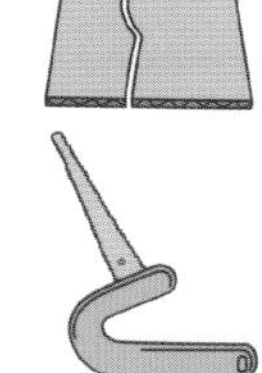

デザインカッター
細かいかたちや曲線を切り出すのに便利

サークルカッター
きれいな円が切れる

ダンボールカッター
子どもでも比較的安全にダンボールが切れる

保育者のための金づちのこぎりの使い方

金づちとのこぎりは小学校の中学年で扱いが明記される道具で、子どもの通常の活動の中で使わせることはほとんどありません。しかし、保育者が題材のために木片を用意することや、木枠の看板制作、お遊戯会での背景制作等、簡単な木工作をおこなう場面も考えられます。そこで、金づちとのこぎりの基本的な使い方について触れていきます。

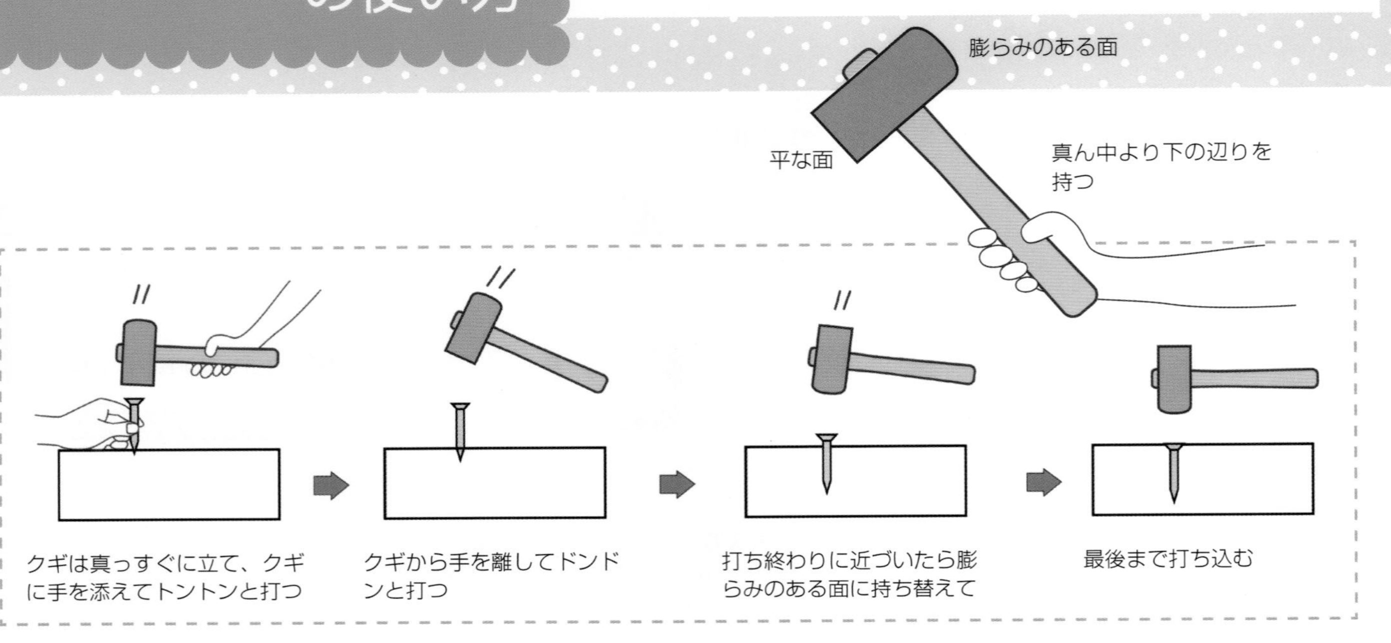

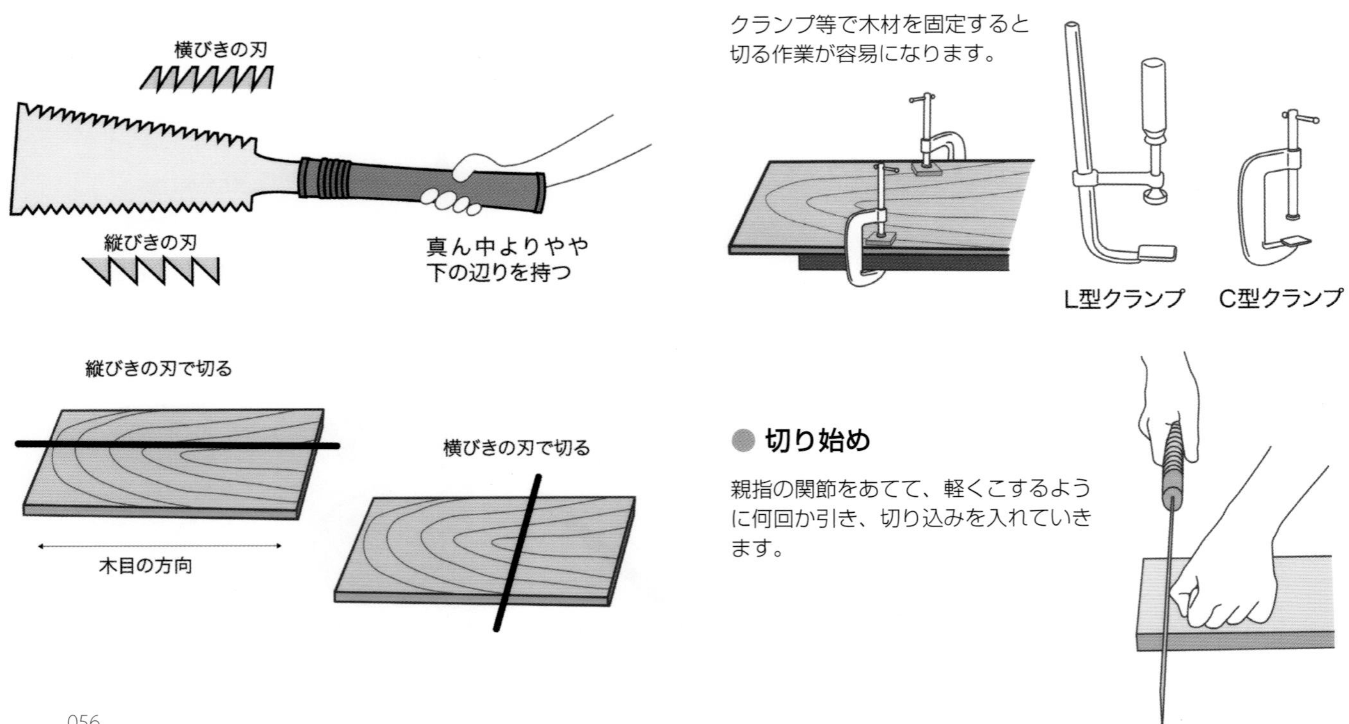

● 道具（クランプ）で木を押さえて切る

クランプ等で木材を固定すると切る作業が容易になります。

● 切り始め

親指の関節をあてて、軽くこするように何回か引き、切り込みを入れていきます。

保育者のための写真の撮り方

子どもの活動の様子や作品を写真撮影し、記録に残しておくことも保育者の大切な役割です。しかし、写真を撮るとしても、ただ感覚的に撮影しているケースも多いようです。ここでは、子どもの立体の作品を撮影する場合を例に、いくつかのポイントを挙げてみました。それらを気にかけることで、写真での作品の見え方が違ってきますので、参考にしてみましょう。

手ブレを防ごう

手ブレはカメラのシャッターが降りている途中に手やカメラが動いてしまうことで起こります。

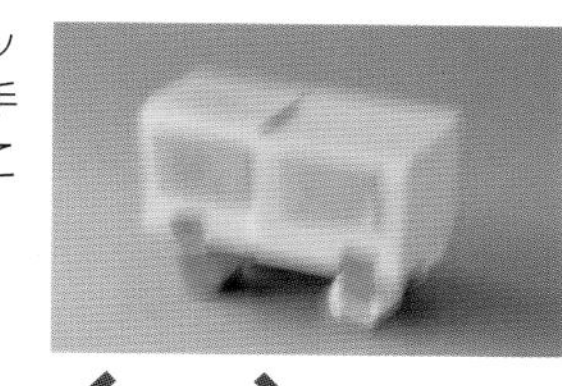

三脚を使う

スマホではホルダー＋三脚を使う

脇を締めしっかり握る＋セルフタイマー

特にスマートフォン撮影での手ブレ防止にはセルフタイマーを使っての撮影が有効です

光に配慮しよう

光は構図と並ぶ重要なポイントです。どのような光がどの向きで来て、どう影ができているか意識しましょう。

順光

斜光

サイド光

逆光

太陽の光を「自然光」と言いますが、室内や廊下などで直射日光ではない午前中の自然光の元での撮影がオススメです。

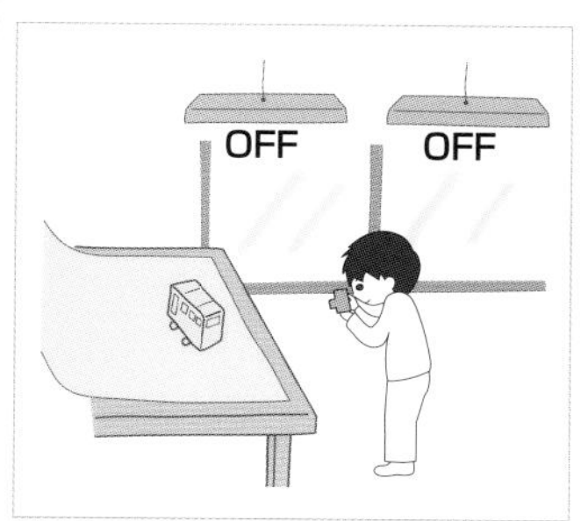

構図を意識しよう

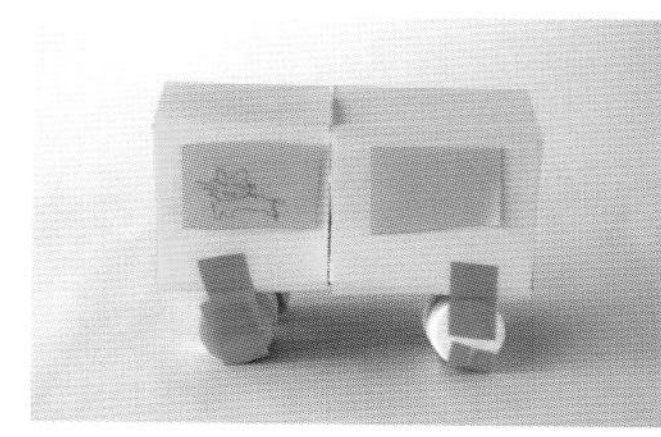

立体を正面で撮影すると、側面が見えないので立体感が出にくくなります。

少し斜めに置くことで、側面が見えてより立体感が表現できます。

背景紙を使おう

背景紙を敷くとバックがスッキリし、作品だけに目がいきやすくなります。背景紙の色は白やグレーが一般的です。

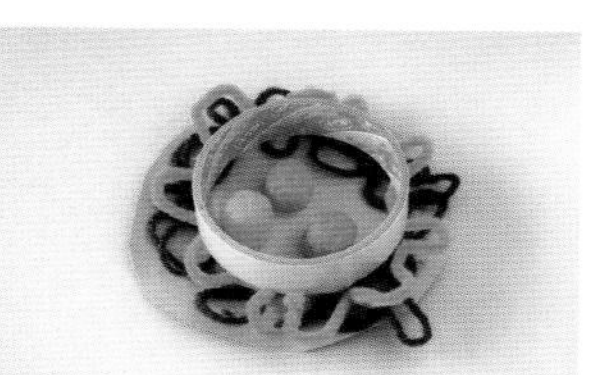

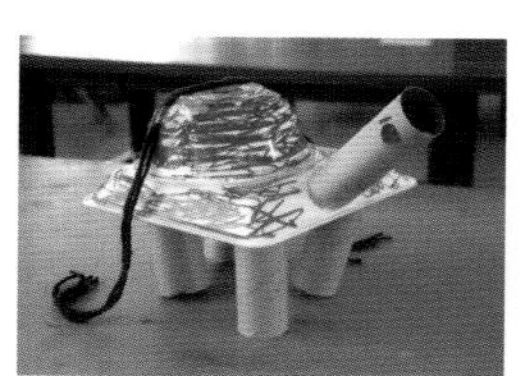

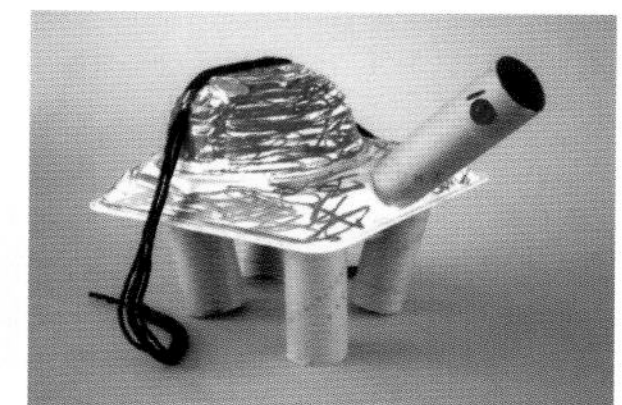

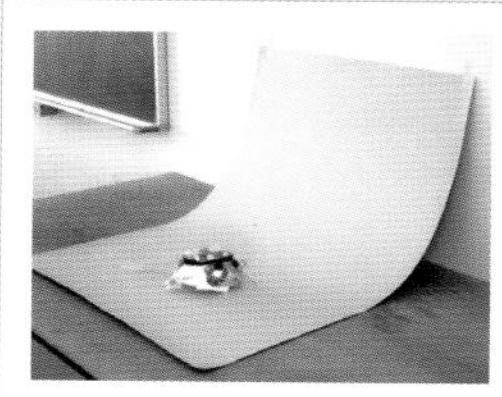

立体的な作品では、背景紙を立ち上げます。折り曲げずに曲線をつくります。

Chapter 05 Column

ドキュメンテーションで子どもの姿を観察する No.1

最終的な表現のかたちだけでなく、過程での子どもの姿にこそ注目してみましょう。ここでは、「リサイクル素材で自由につくろう」での R くん（4 歳）の姿に注目しました。さまざまな素材と関わり、友だちとも関わりながら、次々に表現や関心が変わっていく様子や、つくったものから思いつき、遊びへと展開していく様子が見られました。ドキュメンテーションを行うことは、そうした子どもの造形表現での特徴を発見することにも繋がっていきます。

R くん　4 歳

さまざま素材を手に取って、どれにしようか選んでいます

木工ボンドでダンボールに紙筒をくっつけています

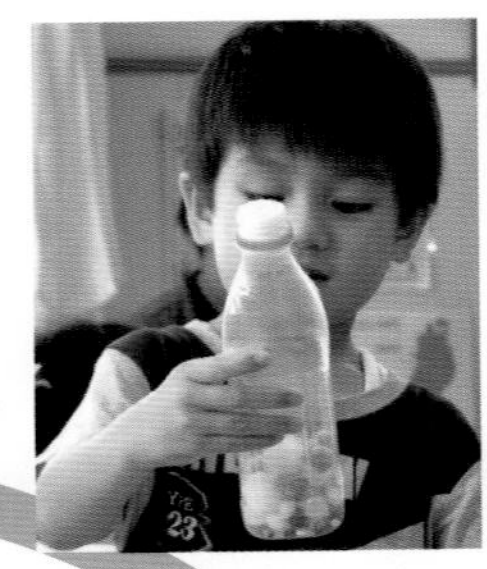

今度は、ペットボトルにカラフルなボール等を入れるのに夢中です

H くんが洗濯バサミを使っている様子を見て、気になっています

一旦完成です。
タイトルは「お菓子屋さん」

それを見た R くんも早速発泡スチロールを取り入れます

隣の B くんが発泡スチロールで何かを思いついています。とても楽そうです

R くんも洗濯バサミを使うことにしたようです。どんないいことを思いついたのかな

お友だちと、お菓子屋さんごっこ遊びが始まりました。「お金ありますよー」

遊び終わった後のかたちです。「ママにも見せる！」

第４章

見て・感じて・楽しむ　鑑賞

造形表現は、作り出し伝える喜び（表現）と見て感じる楽しみ（鑑賞）が一体となって発達していきます。

ここでは、会話を楽しみながら、作品について自分が思ったこと感じたことを自由に発言し合い、仲間の意見を聞いて考え楽しむ鑑賞活動を中心に体験します。

Chapter 04

1 見つけて話して楽しむ

鑑賞の方法はいくつかありますが、ここでは仲間と一緒に一つの作品とじっくり向き合い、語り合いながら作品を楽しむ対話による鑑賞について学びます。

対話による鑑賞は、まず、一つの作品を囲むようにグループで座り、くつろいだ雰囲気で作品をじっくり見ます。ファシリテーター（進行推進役）との会話を楽しみながら、作品について気がついたことや、感想を自由に発言しましょう。ファシリテーターの発問や他のメンバーの意見や感想から、更に作品についてのイメージを深めたり広げたりと、自由に楽しみながら作品への理解に結びつけましょう。

1 ねらい

① 子どもと楽しむことを想定した鑑賞活動を体験し、その留意点について考える。
② 子どもの絵に関心を持ち、読みとる力を身につける。
③ コミュニケーションをとりながら、鑑賞し、作品の良さを共に味わう。

2 子どもと鑑賞する

保育の環境として日常から美術作品を飾るとよいでしょう。時には普段から飾られている絵の前で、または色々な作品を保育室に持っていき、みんなでじっくりと作品を見る時間を設定して、対話による鑑賞を楽しみましょう。その場合は保育者がファシリテーターになります。作品に描かれているものをよく見て、何が描かれているか見つけ合うことから始めます。子どもは、楽しくなればなるほど他の子の発言を遮って発言をする場面が見られる場合があります。「発表する時は手を挙げましょう」「他の子がお話ししている時は聞きましょう」等、事前に約束し特定の子だけではなく、みんなで会話を楽しめるような配慮が必要です。目から、耳からイメージを広げ、みんなで見つけ合う楽しさを一人一人の子どもが感じられるように心掛けましょう。

子どもは、楽しい面白いと感じたことは大人顔負けの集中力を発揮します。また、自分が楽しいと感じたことは「見て」「見て」と身近にいる大好きな人に伝える姿をみなさんも目にしたことがあると思います。

対話による鑑賞が行われた日の降園時には、迎えに来た保護者を絵の前に連れて行き、楽しかった想いを話している子どもたちの姿が見受けられるでしょう。

3 子どもの絵を鑑賞する

実際に子どもの絵をじっくりと鑑賞してみましょう。一見しただけではわからなかった絵に込められた思いに触れたり、面白味を感じたりできるでしょう。

また、友達と一緒に鑑賞することで新しい発見があるかもしれません。

1 やってみよう！

① **この絵は 3 歳の男の子（左利き）がクレヨンで描いた絵です。じっくりと見てください。**

② **この絵には何が描かれているのでしょうか。あなたなりの見方で感じたことを書きましょう。**

③ **4 ～ 6 人のグループで絵について話し合い、友人の意見をメモし、友人の意見からさらにイメージしたこと等を書きましょう。**

Chapter 04

Chapter 04

2 子どものの絵の見方

保育者が子どもの表現をどのように感じ、捉えるかにより、子どもの「表現する」目的に影響を与えることがあります。ここでは子どもの表現した結果（絵）の見方と評価について学びます。ローダ・ケロッグ著『児童画の発達過程─なぐり描きからピクチュアへ─』[1)]の中の「教師の好む絵、好まない絵」も参考にしましょう。

下の絵は、同じクラスで生活をしている5歳児が、進級直後の4月に「自分」を描いたものです。これらの絵を見ながら子どもの絵の見方について考えてみましょう。

1 ねらい

① 子どもの描画表現と評価について話し合い多様な見方に気づく。
② 描画表現を通した子ども理解について考察を深める。
③ 一人一人の描画表現に関心を持ち、その良さを伝える方法について検討する。

2 やってみよう！

左の絵を見ながら子どもの絵の見方について考えてみましょう。

① これらの絵、全体を見て感じたことを書きましょう。

② 左の絵について自分がコメントしやすい絵・どちらともいえない絵・コメントしにくい絵に分け、それぞれの絵の良いところを探して書いてみましょう。

記号	コメントしやすい絵	記号	どちらともいえない絵	記号	コメントしにくい絵

③ 今まで学んだことを踏まえ、一人一人の子どもの絵のよさを保護者や身近な大人に伝えるにはどのような方法があるか、グループで話し合ってみましょう

1）ローダ・ケロッグ　著　深田尚彦　訳『児童画の発達過程―なぐり描きからピクチュアへ―』黎明書房、（1998）pp.157-160

Chapter

04 3 模写してみよう

子どもの絵には、その時の心の動きや、大好きな人やもの、楽しかったこと悲しかったこと等、周囲の人に伝えたい思いがたくさん込められています。子どもの絵を読み取り共感することは、保育者として子ども理解を深める有効な手立ての一つです。

ここでは、子どもの絵の鑑賞に留まらず、模写を通して観察を深め、発達段階なりの表現のよさに気づき、子どもの絵や絵を描いた子どもの思いに関心を持ちましょう。

1 ねらい

① 身近な子どもの絵から発達段階に応じた表現への理解を深める。
② 描き順、筆圧などを意識し模写することを通して、子どもの思いに関心を持つ。
③ 発達段階に合わせたねらいの設定、描画材・紙の大きさなど指導法について研究する。

2 準備

身近にいる就学前の子どもや自分の子どもの頃の絵を題材に、描いた順番、筆勢、筆圧等をよく見て模写してみましょう。紙の種類・大きさ、描画材料は、できるだけ子どもの絵と同じものを準備します。

◆ 材料を揃える

描画材　クレヨン　・　鉛筆　・　色鉛筆　・　マーカー　・　水彩絵の具　（その他　　　　　　）

紙の種類　　　　　　　　　　　**大きさ**

◆ 絵を描いた子どもについて記録する

年齢　　　　歳　　　ヵ月　　**性別**　　男　・　女　　**利き手**　　右　・　左

3 手順

① 子どもの絵を鑑賞する。
- 近づいて見る。　● 筆圧・筆勢等を意識しながら描いた順番をたどる。
- その子の表現したこと（表現したいこと）を考える。

② 観察を基に模写をする。
③ 子どもの絵と模写した絵を比較できるように並べて造形ノート等に添付する。
④ 模写してみて気がついたこと、絵を描いた子どもについて考えたこと、子どもの年齢と描画材・紙の種類・大きさについて考察したことを振り返りとしてまとめる。

Chapter 04

4 アートカードを使って

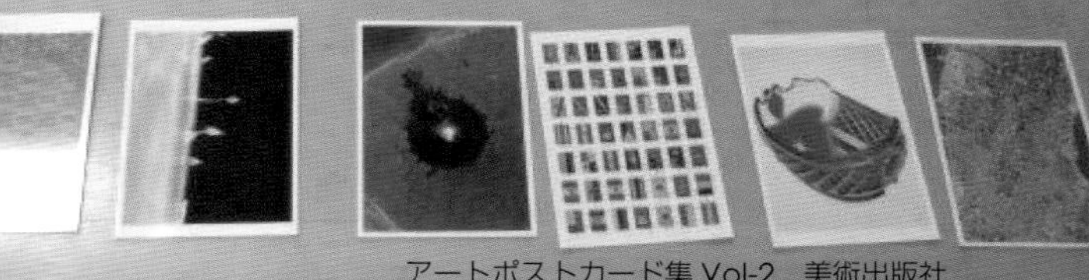

アートポストカード集 Vol-2　美術出版社

アート作品をカードにしたアートカードという教材を用いて、ゲーム感覚で楽しみながら美術作品に親しみます。ゲームをしながら、細部を観察し、作品の印象について会話を楽しみましょう。一つでもお気に入りの作品が見つかるといいですね。

1 子どもと遊ぶ

子どもがアートカードを使ったゲームを行う場合、ゲームに慣れるまでは、保育者がファシリテーターとしてグループに入り、ルールをかみ砕いて説明する、子ども一人一人の発言を促す等、集団づくりを援助する必要があるでしょう。

3 やってみよう！
アートカードを使って遊んでみよう

実際にアートカードで遊んでみましょう。遊んでみた後に、何人くらいで、何歳くらいから楽しめるか、ゲームをする際に配慮することなどについて話し合ってみましょう。

仲間でつながろう

（ねらい）作品の共通点やつながりを理解する
（遊び方）1枚の核となるカードを選ぶ。その作品と共通する内容のあるカードを選び、連想ゲームのように並べ、つなげていく。並べる時に、共通する内容について説明する。
＊作品に関する視点が変わったときは、上下や反対方向に並べ、多視点で捉えていくようにしてもよい。

ポーズで教えて

（ねらい）言葉とは異なる理解ができる
（遊び方）ジェスチャーゲームのように、出題者が、身振り（動作）や表情で作品の特徴を示して、どの作品かを探す（p.65）。

ペアをみつけよう

（ねらい）作品を細部まで観察し、親しむことができる
（遊び方）同一作品のカードを2枚ずつ用意し、場に伏せる。2枚選び、カードをめくり同じ作品であれば2枚のカードを手元に置く。トランプ遊びの神経衰弱のようにして遊ぶ。

名探偵ゲーム

（ねらい）言葉を基に、作品を分析する
（遊び方）準備：作品についての内容（作者名、描かれた時代等ではなく、描かれているもの、色、かたち、印象等）を書いた読み札を用意する。
かるたのように読み手を決め、読み札に当てはまる作品を取り合う。
＊読み札ではなく即興的に3～5個くらいのヒントを出してもよい。

ジグゾーパズル

（ねらい）作品の構造を理解する
（遊び方）準備：大きめの作品図版を台紙に張り、いくつかに分割してピースを作る。色や線のつながり等を意識しながら、ジグゾーパズルのようにして遊ぶ。

【対話による鑑賞】

ここで体験した見つけて、話して、楽しむ対話による鑑賞は、対話型鑑賞ともいわれています。1984 ～ 96 年にかけてニューヨーク近代美術館教育部の講師として活動していたアメリア・アレナス（Amelia Arenas）が体系化した鑑賞メソッドです。

日本では 1998 ～ 99 年にかけて、アレナスの指導のもと美術館と地元の教師とボランティアが協力して、ギャラリートークを開催、以後、多くの美術館や教育現場で取り入れられています。

【やってみよう！ ① 解説】

この絵は、「初めての運動会」を描いた絵です。それまで「かけっこ」では何度も遊んでいましたが、友達と一斉に並んで走るのが初めての経験でした。画面右上には並んでスタートの合図を待つ子ども、その少し下にはスタート地点でピストルを持っている先生、画面の左側の大きな人物は担任の先生です。

保育者は、一緒に生活しているからこそ子どもの絵に込められた思いやその表現から様々なことを感じ取ることができます。しかし、絵を見る時に最も大切なことは、まず、鑑賞者が自由に感じイメージを広げ、表現された世界を楽しむことです。それは、大人の絵も子どもの絵も同じです。

【やってみよう！ ② 解説】

p.62 の 9 枚の絵は、同じクラスの子どもの絵です。担任の先生に絵からは読み取れない子どもの様子について聞きました。子どもの姿を想像しながら改めて絵を見てみると、見え方が変わってくるかもしれませんね。

a ちゃん	姉と弟との 3 人兄弟です。月齢が高くしっかりしていて物静かな女の子です。普段から折り紙や絵を描いたりものをつくったりするのが大好きです。	b くん	生まれたばかりの妹がいます。月齢は低くおっとりした性格で、いつもにこにこしています。年下と遊ぶことを好み、ごっこあそびでよく遊んでいます。	c くん	ひとりっ子で、引っ込み思案な男の子です。運動能力が高く、数や文字への関心も高いです。ブロックや積み木を使い自分で作ったものでよく遊んでいます。
d くん	兄と姉との 3 人兄弟です。お話し好きで体を動かして遊ぶことも大好きです。じっくり取り組む活動はや表現あそびは少し苦手な男の子です。	e ちゃん	妹が 1 人います。口下手なところがありますが、ごっこあそびが好きです。ピンク色やフリルのついた布などかわいらしいものが大好きな女の子です。	f くん	姉が 1 人います。口数が少なくおとなしい性格です。描いたり作ったり歌ったりするのは好きではありませんが、ごっこあそびが大好きな男の子です。
g ちゃん	兄が 2 人います。食べること、かわいいもの、お話することが大好きです。お絵かきや歌等の表現遊びも好きで、天真爛漫で素直な女の子です。	h くん	5 歳離れた兄がいます。甘えん坊ですが、本当にやりたいことは主張できます。お絵かきは少し苦手ですが、工作や歌や踊りが好きな男の子です。	i ちゃん	兄が 1 人います。何事にも積極的、理解力や状況を把握する力が高い女の子です。ごっこあそびや歌、お絵かき等、表現あそび全般が大好きです。

【アートカード】

1998 年アメリカで開発された鑑賞プログラム「アートゲーム」を基盤に、1990 年代に美術館の学芸員と学校の教員が研究開発した鑑賞学習教材です。トランプのようなゲーム遊びを通して、美術作品を比較・分類しながら、作品に親しむことができます。

また、ゲーム遊びのため、友達や保育者とコミュニケーションをとりながら、言葉や社会性の発達を促します。アートカードは柔軟性の高い教材のため、子どもや保育者の工夫次第で幾通りもの遊びが展開できます。美術館で販売しているポストカードを利用したり、自分たちでつくったものを活用したりしてもよいでしょう。

Chapter 06 *Column*

子どもの表現を鑑賞しよう

ある園の 5 歳児の表現です。油ねんどで立体をつくったりマーカーを使って絵を描いたりしています。使い慣れた道具や素材による子どもの表現は、素朴さの中にも細かいところまで丁寧に仕上げられていて見応えがあります。

子どもの表現を真ん中に、一緒に見て、話して、楽しい時間を過ごしたいものですね。

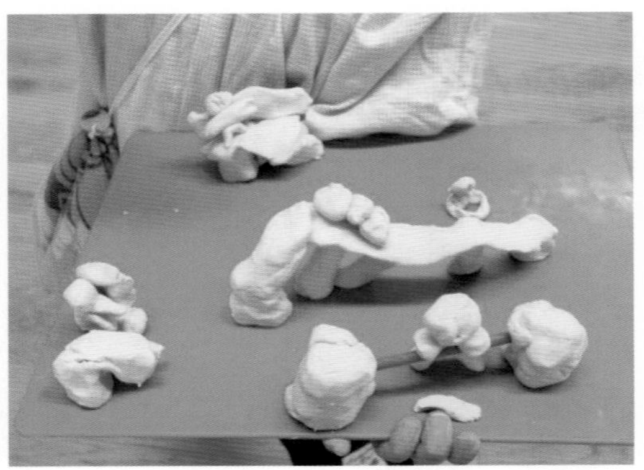

卒園を数週間後に控えた頃、毎日のように粘土で遊んでいた S 君。滑り台や鉄棒でたくさん遊んだ思い出を仲良しのお友達と一緒に作っていました。
完成したこの日、「先生、写真撮って！」と作品を見せてくれました。
（6 歳　男児）

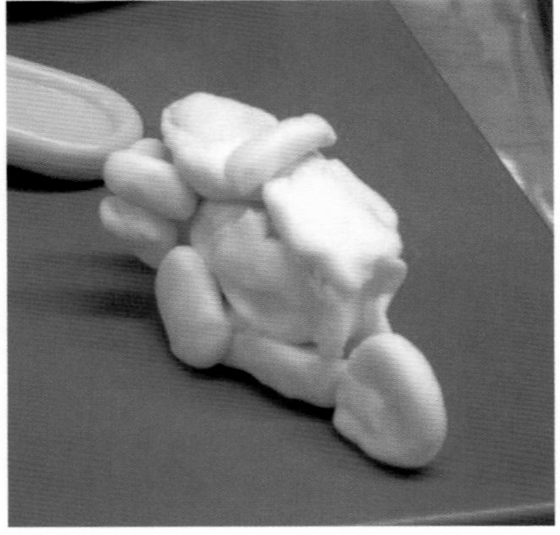

いつも元気な T 君が真剣に黙々と何かを作っています。
「先生～！お父さんのバイクを作ったよ。かっこいいでしょう！」
完成した瞬間に大きな声で先生を呼んでいました。
（5 歳　男児）

前園長先生の一周忌をみんなで偲んだ後、大きな声で泣きだした A ちゃん。しばらくして、「先生見て」と左の絵を見せてくれました。A ちゃんの園長先生への思いだけでなく、園長先生の思いが伝わってくるような 1 枚ですね。
（6 歳　女児）

体を動かすことが大好きな Y ちゃん。冬休みにおばあちゃんのうちの前でおかあさんと竹馬の練習をしているところを描きました。
坂道だったけれど頑張ったね。
（5 歳　女児）

都内のホテルまでお出かけした R 君。
キラキラしたガラスのビルがとても印象に残りました。
3 日間かけて完成！大喜びかと思ったら…
「疲れた」ですって。
完成した作品をお部屋に飾ると、この絵の近くにいる子に「キラキラしたビルが…」。1 日 1 回、違う絵に変わるまで毎日お話ししていた R 君でした。
（6 歳　男児）

第 5 章

ワークシートで学ぶ

この章は、子どもへの実践的な指導の事例と、保育者として必要な知識や技法、技術が身につけられるような課題をワークシートで学びます。また、ここに示した事例や課題は基礎的な内容であり、現場では子どもの発達段階や実態に合わせて柔軟に展開し、ここから発展した内容や題材を考えられるようにしましょう。

 マークは乳児でも楽しめる題材です

Chapter

05 1 変身カード

開くと絵が変身するカード「変身カード」をつくりましょう。絵の一部を変身させて違った形を考えていくことは、発想力のトレーニングになります。保育者を目指すみなさんの学習のスタートとして、柔軟な発想力を鍛え、まわりの人に絵で伝える力を養います。この課題を保育の現場で展開する場合は、カードとしても、子どもが描く遊びとしても行うことができます。カードが仕上がったらみんなで鑑賞して、互いの作品の良さを味わいましょう。

1 ねらい

① 身近な材料や道具で表現する。
② 制作を通して、造形的な見方・考え方を養い、発想力を伸ばす。
③ 互いに鑑賞しあい、良さを味わう。

2 準備

材料  画用紙各色　マーカー  色鉛筆  のり　等

道具  はさみ

学生作品

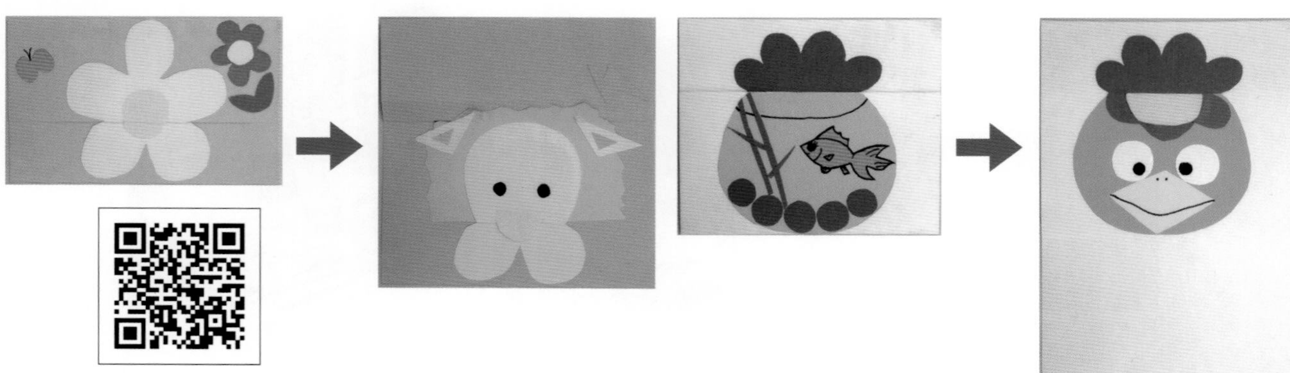

変身カード学生作品

3 ウォーミングアップ

下の図形に描き足して、2 つの違う絵を描きましょう。図形は、紙を上下左右自由に回して考えても良いです。

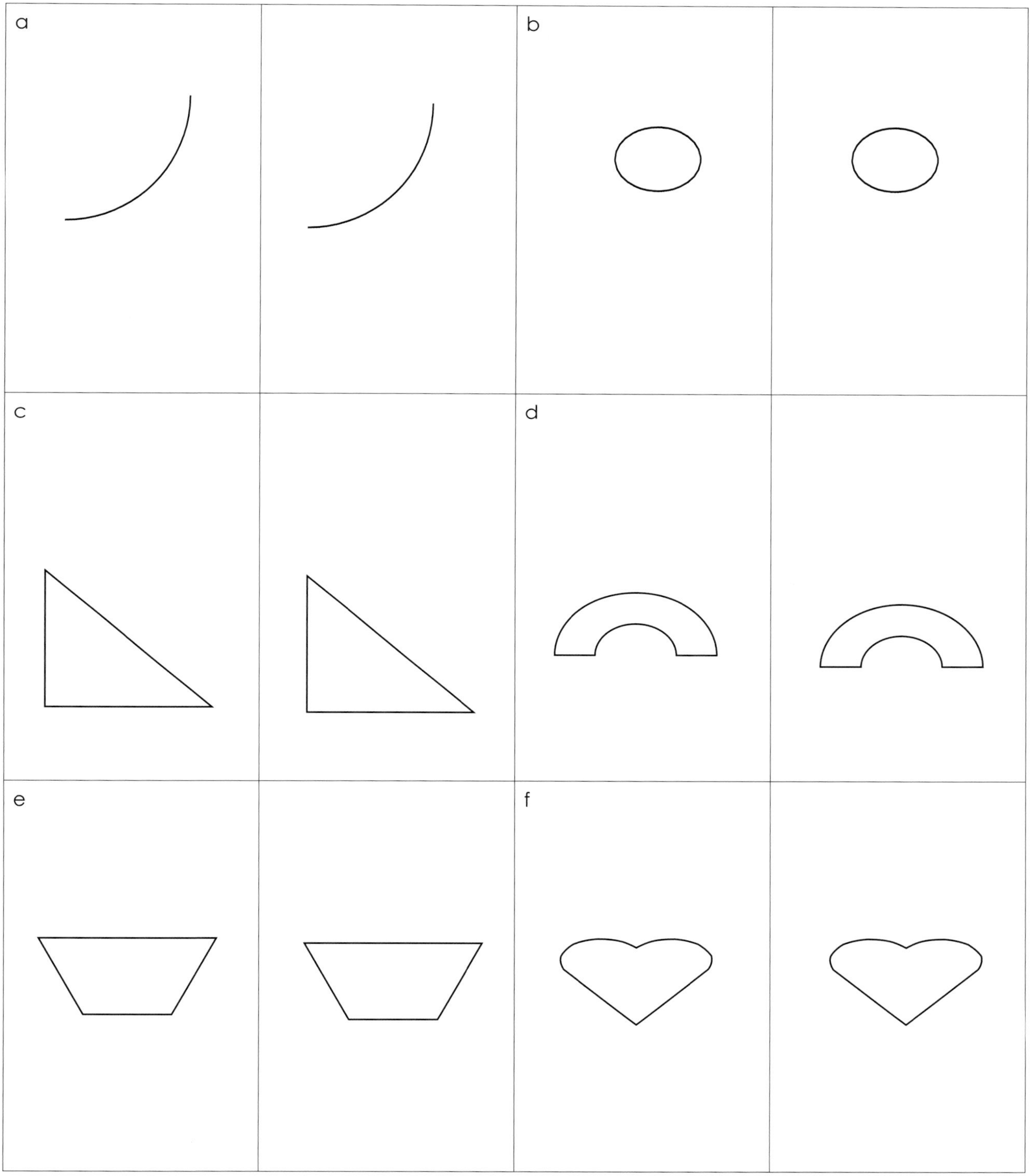

a		b	
c		d	
e		f	

4 アイディアスケッチ

下の枠にアイディアスケッチをしましょう。上または下のどちらかに同じ形、一方に違う絵を描いてください。
（画面は縦横自由）

① → ②

5 制作

① 画用紙をずらして折る。（画用紙の色、形は自由）
② アイディアスケッチをもとに、下書きをする。
③ 着色する。マーカーや色鉛筆で着色するか、色画用紙等を貼って制作しても良い。
　色鉛筆で着色した場合、形がはっきり見えるように、サインペンで輪郭線を描くと良い。
④ 仕上がったら互いに鑑賞し合い、良さを味わい参考にする。

子どもの姿

変身カードは、何枚かつくって、子どもに見せて遊ぶ教材としても、5歳児であれば作って遊ぶこともできます。

5歳児が制作した変身カード

Chapter 05 2 紙芝居 DE 自己紹介

関連ページ
色の見え方 p.23 ～ 26

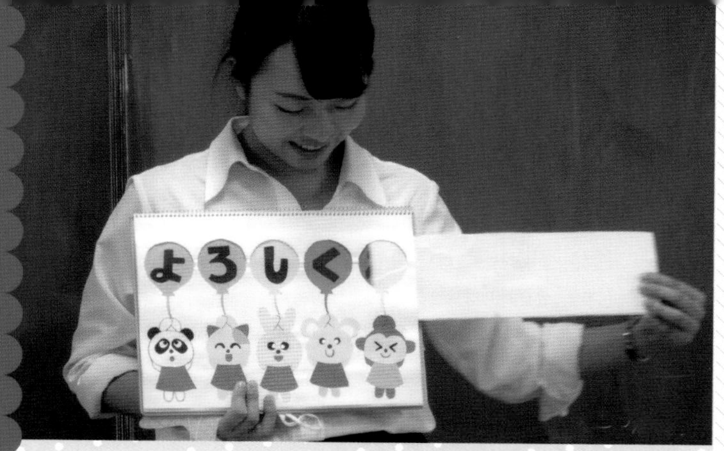

紙芝居で自己紹介をしましょう。スケッチブックを利用して、めくりながら自己紹介をします。発表では、声の調子、テンポ、表情等も工夫して、伝えたいことを総合的に伝える方法を考えましょう。自己紹介の内容は、ポイントを絞って、初めての人に自分をアピールできるよう考えます。実習等で自己紹介をする時に利用できると良いですね。

1 ねらい

① 簡単な仕組み、身近な材料や道具で表現する。
② 伝えるための表現や構想を練る。
③ 互いの発表を見て、良さや楽しさを味わう。

2 準備

材料  スケッチブック　画用紙各色　ボール紙　マーカー　マジックテープ　先割れピン　タコ糸
のり　ボンド等

道具 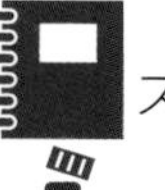 はさみ  カッター　目打ち  定規
 カッターマット

3 制作

4 ～ 5 ページ程度　　＊縦横自由 、見開きで制作しても良い
① 対象は幼児
② 構想を練る（アイディアスケッチ）
● 紹介する内容
（ア）名前　（イ）内容　（ウ）あいさつ
［内容の例］
家族、出身地、趣味、学校、クラブ、好きな食べ物、好きな音楽　等

紹介したい内容を考えよう

（ア）名前

（イ）内容

（ウ）あいさつ

相手が興味を持って、共感できるような内容を考える。

- 仕組みを考える

  p.79 の事例を参考にして、内容を効果的に紹介でき、見る人を惹きつけられるような仕組みを工夫する。

  （ア）引き抜く　（イ）開く　（ウ）動かす（輪ゴム、先割れピン）（エ）つけたり取ったり（マジックテープ）

  （オ）その他

③ 制作する。動きのある仕組み等は、厚紙等で補強しながらつくると良い。

4 アイディアスケッチ

絵とセリフ、仕組み等も考えてアイディアスケッチをしましょう。

スケッチ	
セリフ等	
スケッチ	
セリフ等	
スケッチ	
セリフ等	

【仕組みを考えるの事例】

（ア）枠を切り抜き、間に紙を挟んでおき、抜き取って中の文字や絵を見せる。

（ア）紙の間から引っ張って出す。

（ア）袋から引き抜きながら出していく。

（イ）紙で覆いをして、開くようにする。

（ウ）先割れピンで固定し、輪ゴムを付けて、動かす。

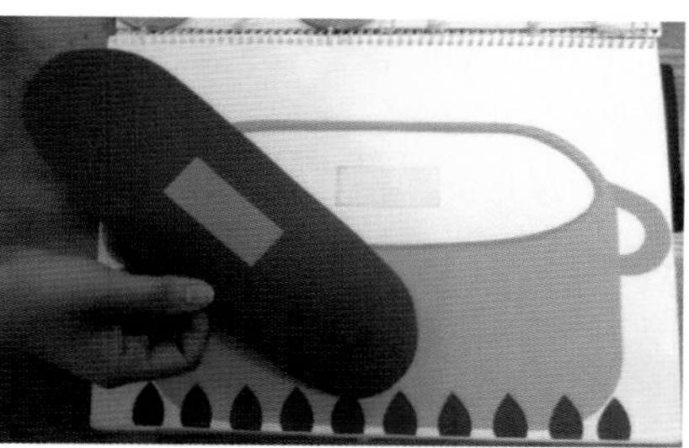
（エ）マジックテープをはがしたり、つけたりして紹介する。

（オ）文字の書いた紙を吊るしておき、後ろに隠しておく。１つずつ見せながら話す。

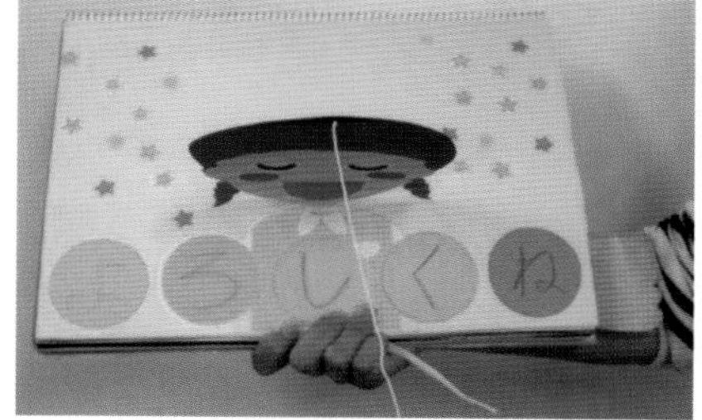
（オ）紐で引っ張り、お辞儀をさせる。

Chapter 05

5 発表会

見る人とコミュニケーションを取りながら発表しましょう。

[発表方法の工夫例]

見る人に呼びかけながら、コミュニケーションを取れるように工夫する。
内容をクイズ形式で進める。
テンポよく進める。
その他、表情、声の調子、身振り手振り、スケッチブックの持ち方等も工夫する。
裏にセリフを書いておくと落ち着いてできる。

子どもの姿

子どもたちの前で演じて遊びましょう！

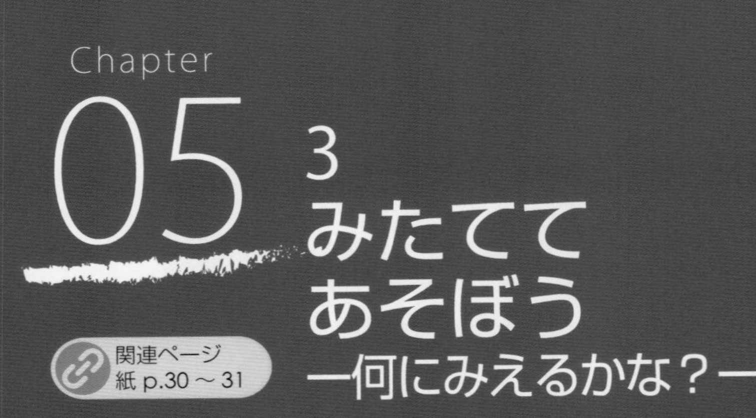

Chapter

05 3 みたてて あそぼう —何にみえるかな？—

関連ページ 紙 p.30 ～ 31

雲のかたちが、食べものにみえたり動物にみえたりしたことはありませんか。人にはあるかたちを見た時に、知っているものや顔などをみることで理解しようとする回路があるようです。無作為に千切った紙切れを一枚手に取って、じっと見てみましょう。見ているうちに何かに見えてきませんか。さらに、見えてきたかたちにちなんだ描き込みをしてみましょう。子どもの自由な発想や空想の世界に入ったように感じられますよ。そんな見立ての世界を一緒に楽しみましょう。

1 ねらい

① 紙を破ったり切ったりするときの感触や音にも注目し、その違いや気づきを楽しむ。
② かたちから豊かに発想し、イメージを広げながら表したり伝えたったりする。
③ 身近なものや環境を生かした見立てる遊びについて考える。

2 準備

折り紙 、ペン 、クレヨン 、のり 、画用紙、丸シール、石、空き箱、ハサミ 

3 進め方の例

❶ 折り紙を一枚手に取って、音や感触に注目しながら、揺らしたり、千切ったり、破いたりしてみよう。
折り紙を五感で感じてみよう。破いてみる時は、スピードを変えたり耳元で破いたりしてみましょう。
身近な存在の折り紙にも、新たな発見があるでしょう。

❷ 千切ったなかから一枚を手に取ってみよう。何に見えるかな？

じっと見てみよう、何に見えてくるかな。

角度を変えて見てみよう。同じ紙切れでも違ったものが見えてくるかも。

❸ 何に見えたか、伝え合ってみよう

友人との連想の違いも楽しもう。

❹ 千切った紙に加筆したり貼ったりしてみよう

描いたり貼ったりすると楽しい世界が生まれるよ。

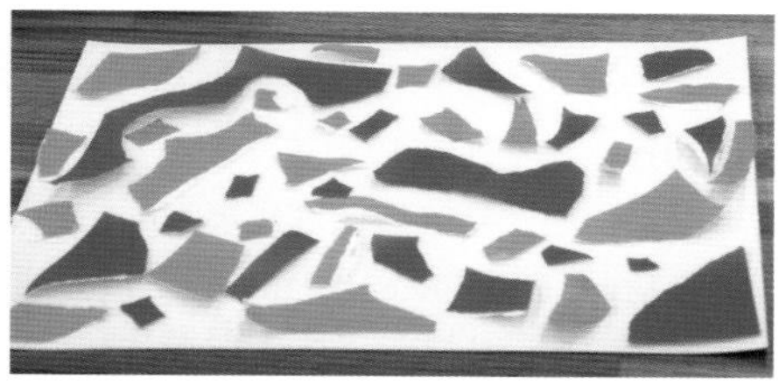

身のまわりにあるものを見立てて楽しむ活動

発展例 1：お目目ちゃん

シールや紙に目を描いて貼ると不思議な生き物に変身！

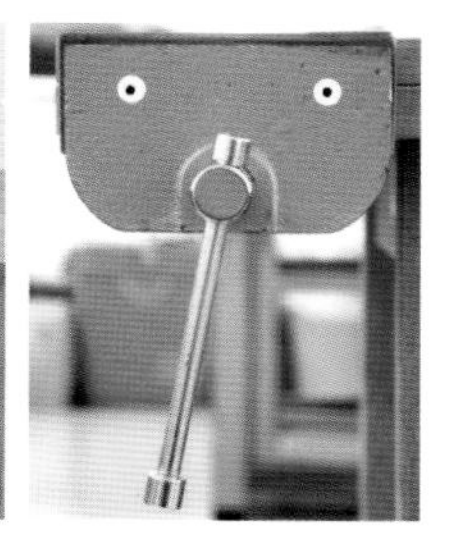

発展例 2：この石 何になる？

石のかたちから発想し絵の具やポスカで変身させよう！

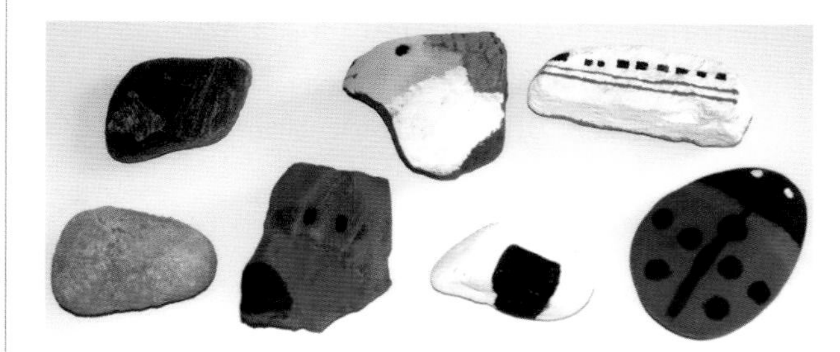

発展例 3：空き箱を開いて描いて貼ってみて

① 空き箱を選び、ハサミで切って開きます。

② 印刷されていない面を上にして、じっと見てみます。何かに見えるかな。

③ 見えてきたものにちなんで、クレヨンやマーカーで描いてみましょう。

④ できあがったら、発表したり飾ったりしてみんなと共有しましょう。

空き箱を用意して

切って開きます

かたちから見立てて描こう

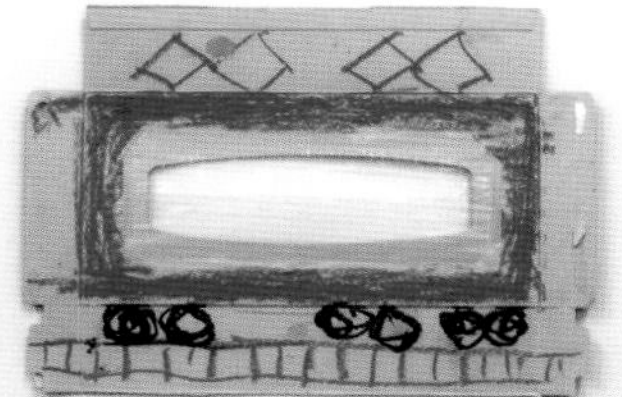

Chapter

05 4 アートであそぶ ーいろいろな技法ー

関連ページ
絵の具 クレヨン ペン p.34 ～ 41
うつす p.52 ～ 53

公園で、全身を使ってモダンテクニックで遊ぶ（2011 アートパーク えのぐらんどの風景）

絵の具やクレヨン、色鉛筆等身近な描画材料を使って遊びましょう。筆で描くだけではない、いろいろな方法で表現する技法を工夫します。偶然できる新鮮な表現は、子どもの制作意欲を刺激し活発な活動につながります。ここで挙げるいろいろな技法は代表的なものですが、自分でも工夫して試してみましょう。

また、できたものから発想して「題名」を付けてみるのも良いでしょう。子どもたちはいろいろなものからイメージし、命名して遊びます。その感覚を体験してみましょう。

1 ねらい

① 身近な描画材料を使ったいろいろな技法を知る。
② いろいろな技法の作例を制作し、できた形からイメージを広げる。
③ それぞれの技法の良さを味わい、幼児への指導法を研究する。

2 準備

材料  水彩絵の具一式  クレヨン  色鉛筆  マーブリング用絵の具　洗剤   のり
スケッチブック　等

道具  はさみ　ストロー　ぼかし網　ブラシ　タコ糸　刷毛　爪楊枝　ビー玉　等

3 いろいろな技法の種類と説明

① スタンピング

いろいろなものを版にして押し作品にする。

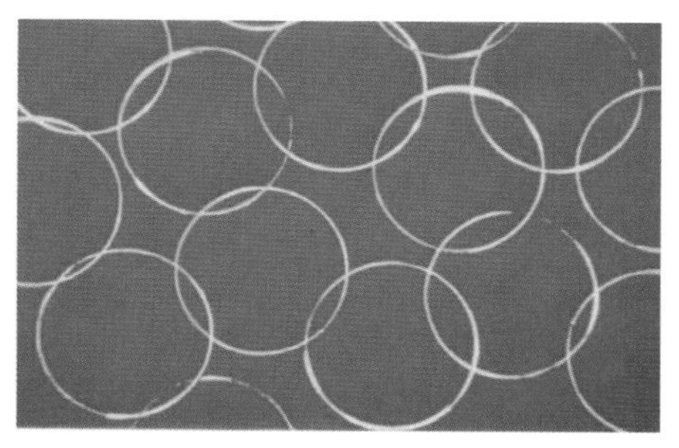

※ 紙コップの底に白の絵の具を付け、青い紙にスタンピングしたもの。

子どもの姿

プチプチ、段ボール、スポンジなど、身近なものを版にしています。スタンピングできる素材を探すことから始めましょう。

② バチック（はじき絵）

クレヨンで下塗りをした上に水彩絵の具を塗り重ねる。クレヨンが水彩絵の具をはじくことによる効果を生かす。

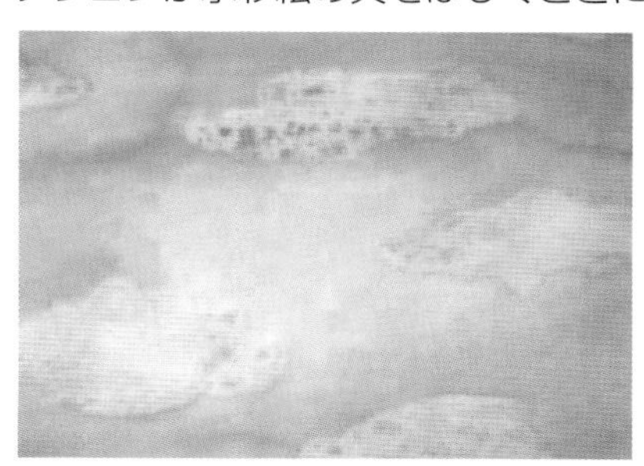

※ 白のクレヨンで雲を描き、青の絵の具に水を多めに溶き、上から塗った。

子どもの姿

子どもにとっては、クレヨンで描くのも、絵の具を塗るのも楽しい活動です。年齢を問わず遊ぶことができます。

③ **フロッタージュ（こすりだし）**

木・金属・繊維等の面の凹凸の上に薄い紙をのせ、色鉛筆等でこすりつけて写しとる。

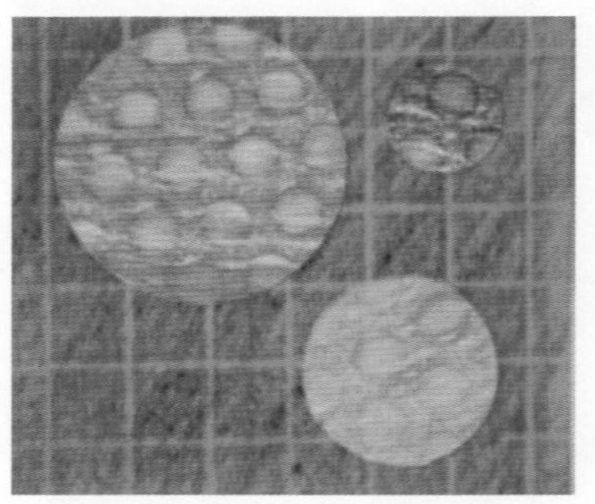

※ 色紙に色鉛筆でフロッタージュしたものを、貼り合わせた。

④ **スクラッチ（ひっかき絵）**

あざやかな色のクレヨンで下塗りをして、その上に黒等暗い色を塗り重ね、割り箸ペンや先のとがったもの、ヘラ等で引っかく。下の色が表面に出てくる効果を生かして描く。

※ クレヨンを塗り重ねたのち、爪楊枝でひっかいた。

⑤ **ドリッピング**

画用紙に絵の具をたらして、できた絵の具のはん点を作品にする。また、できた水玉を強く吹いて移動させると、思いがけない方向に線がのびたりして様々な形ができる。

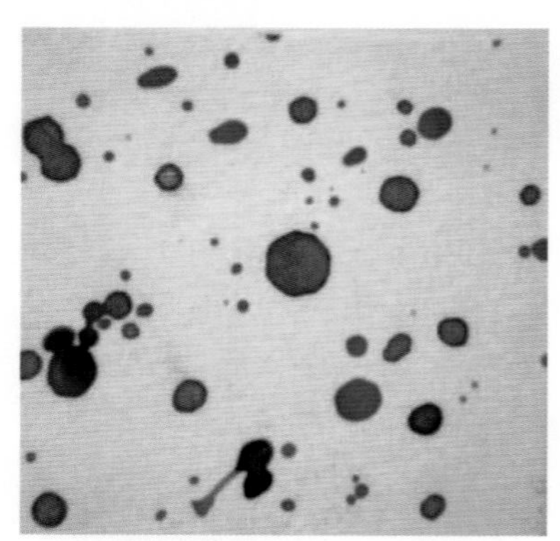

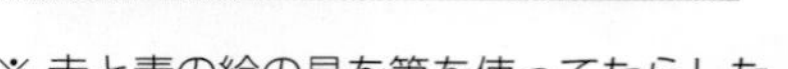

※ 赤と青の絵の具を筆を使ってたらした。

⑥ デカルコマニー（あわせ絵）

画用紙を２つに折り、開く。開いた面に絵の具を出し、閉じた後、絵の具を伸ばすようにこする。画用紙を開き、出来上がった形を見る。

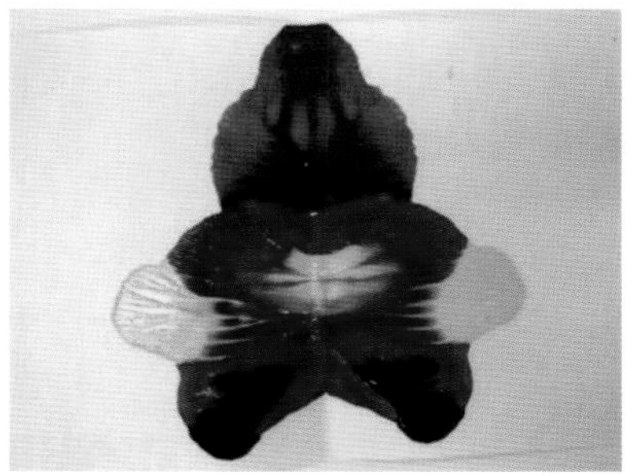

※２つに折った画用紙に、赤、青、黄色の絵の具をのせ、閉じてからこすって開いた。

子どもの姿

思わぬ模様ができて、にっこり！

⑦ スパッタリング

金網の上でブラシに絵の具をつけてこすりつけ、霧のようにして画面に撒き散らす。霧をさえぎる物（型紙）を置くと紙の白地が残る。ものや型を使い、形の回りを霧のようにぼかした幻想的な絵を作ることができる。

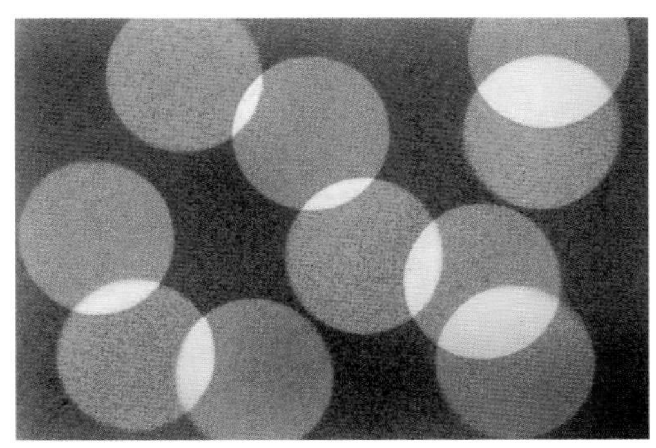

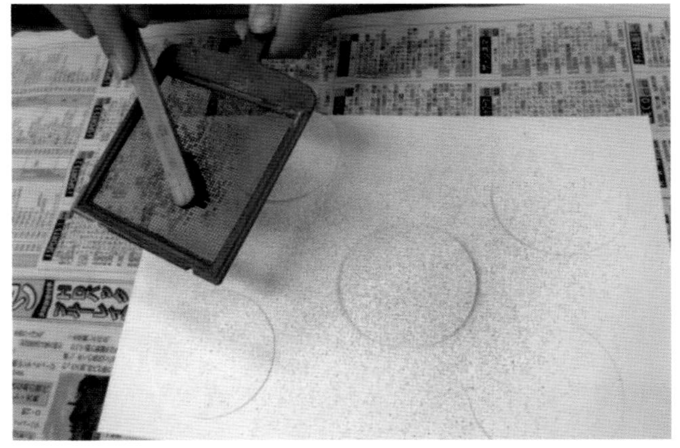

※丸い型紙の位置をずらして、青と赤の絵の具でスパッタリングをした。

スパッタリングの技法

子どもの姿

発達に応じて、ブラシで擦るか、スプレーに絵の具を入れ、吹きかけて表現することもできます。

Chapter 05

⑧ マーブリング

水にマーブリング用絵の具、墨汁等をたらして、水面にできた模様を紙に写しとる。

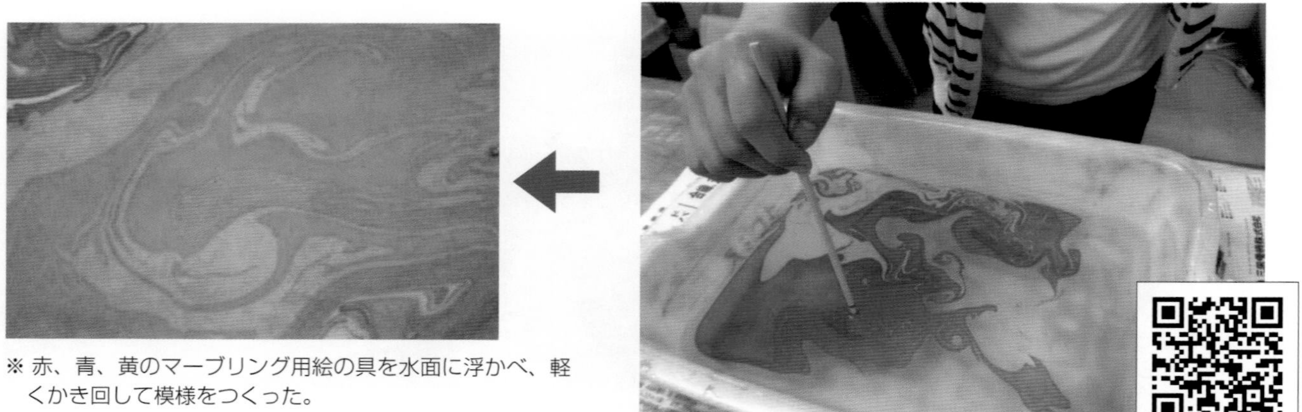

※ 赤、青、黄のマーブリング用絵の具を水面に浮かべ、軽くかき回して模様をつくった。

マーブリングの技法

⑨ シャボン玉版画

コップに水を多めにして絵の具を溶き、洗剤を入れる。ストローで吹いて泡を作り、紙の上にのせる。または、シャボン玉のように吹いて、紙の上に落ちた模様を楽しむ。

※ 赤と青のシャボン玉の泡を重ねた。

⑩ 染め紙

何回か折った和紙を薄めに溶いた絵の具に浸して開いてみると、思わぬ模様が表れる。紙の折り方や色の組み合わせ、絵の具の付け方などを工夫する。

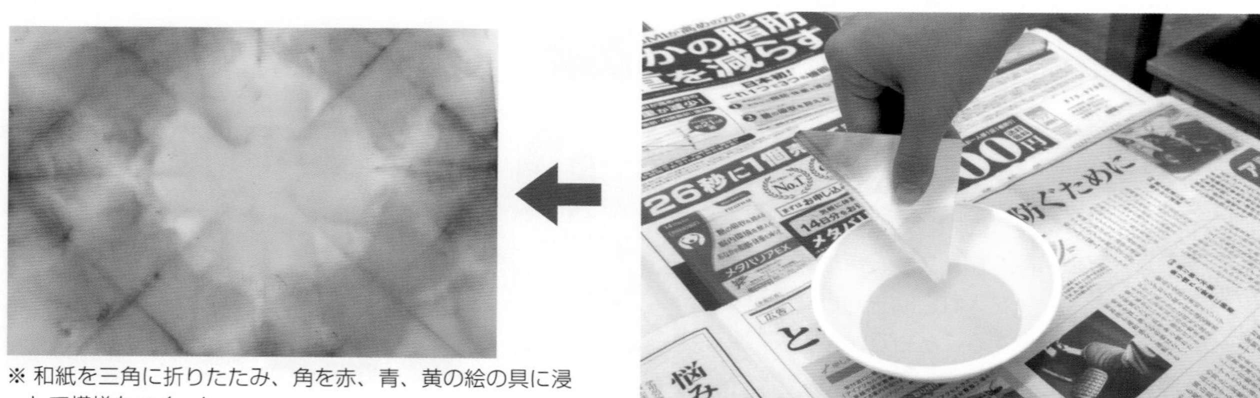

※ 和紙を三角に折りたたみ、角を赤、青、黄の絵の具に浸して模様をつくった。

⑪ ビー玉ころがし

ビー玉に絵の具をつけ、紙の上にのせ、転がす。

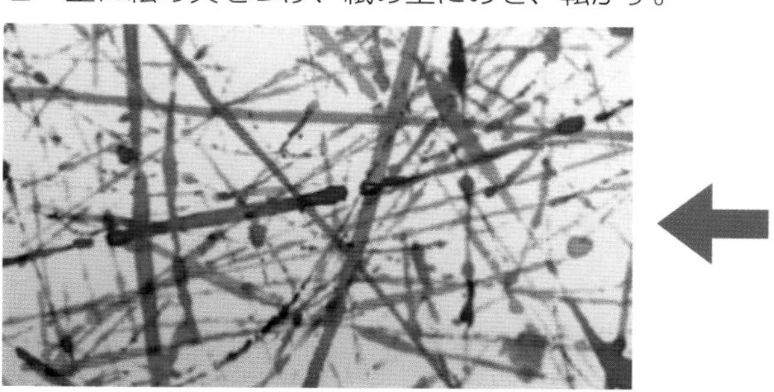

※紙を傾けてもビー玉が落ちない様、箱等で行うと良い。

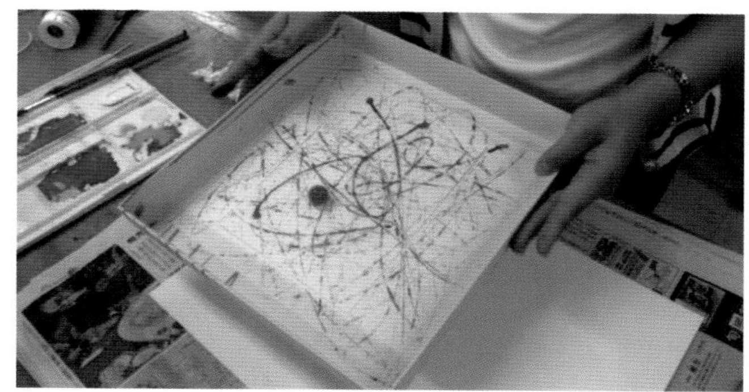

⑫ 糸引き絵

紙を半分に折り、絵の具を付けた糸を挟む。紙を押さえながら糸を引っ張って抜く。

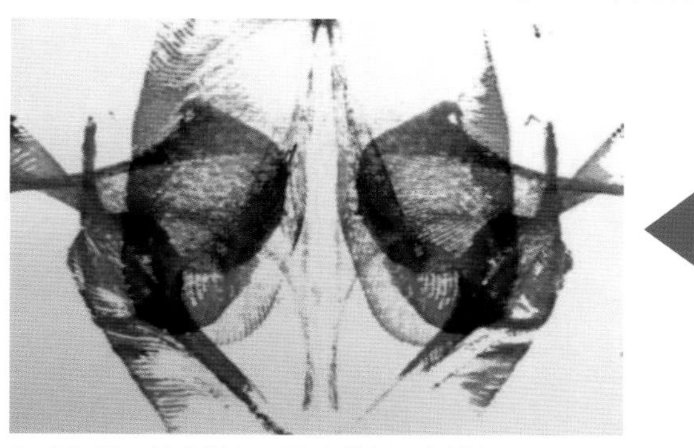

※ 糸には、絵の具をつけすぎない方が良い。

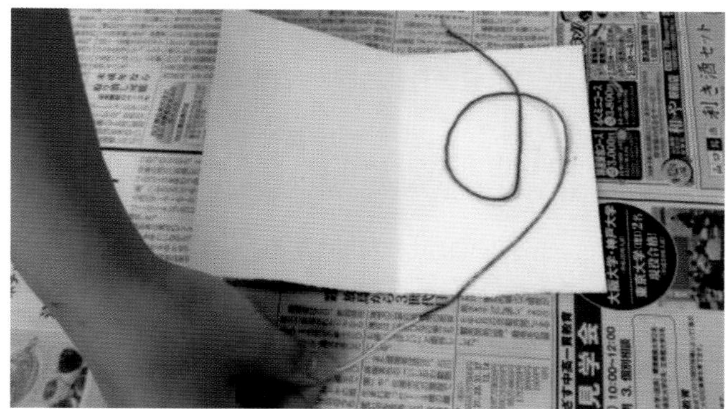

4 制作

① いろいろな技法の作例をつくる。
② 出来上がった作例を見て、題名を付けてみる。
③ 造形ノートにまとめ、学んだことを振り返り、考察する。

【事例】

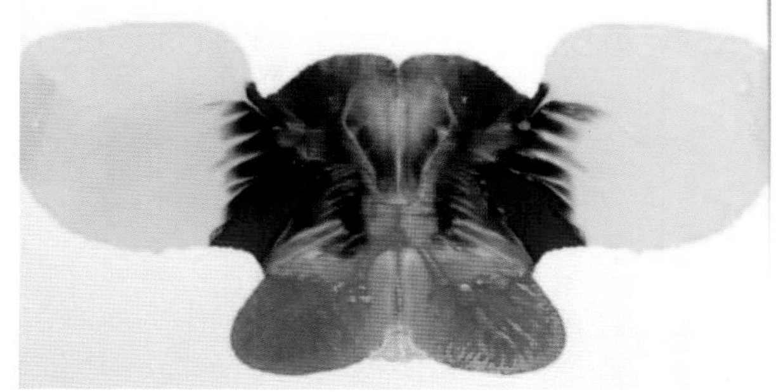

題　名）パピヨン
デカルコマニーをやってみたら、色鮮やかな蝶に見えてきました。
技法名）デカルコマニー

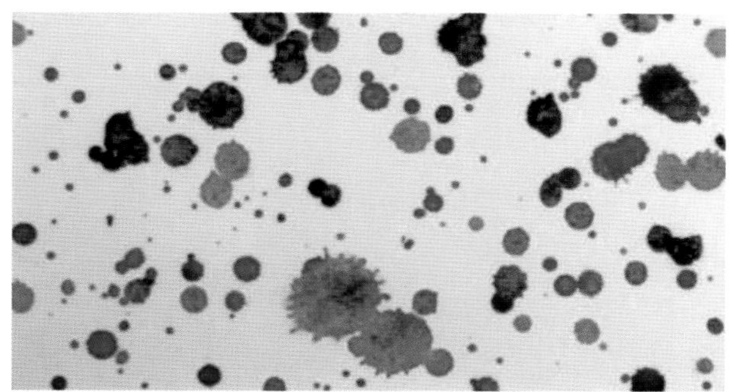

題　名）雨跡
絵の具や水を垂らしてできた部分等、地面にできた雨のあとのように見えました。
技法名）ドリッピング

Chapter

05 5 見てえがこう

造形活動は、形や色などの造形的な見方や考え方を働かせながら展開します。形や色は、目で見ることによってイメージを広げ表現することができるので、見ることは表現のスタートであると言えます。子どもたちの見る体験から出発した、造形表現について考えてみましょう。

私たちは、生活の中で、見たことから様々な情報を得て、心を動かされたり、考えたり、行動したり、表現したりしています。みなさんの中には、見ること（観察）は「本物そっくり」に描くことと考えている人も多いかもしれません。子どもたちは、86ページの「カメを描こう」のように、好奇心を充たすことに出会うと、見たこと、体験したことからイメージを広げ、その体験やイメージしたことをストレートに表現します。みなさんも、五感を使って見たこと、気付いたことを、様々な方法で表現してみましょう。

1 ねらい

① 対象物を、五感を働かせて観察する。
② 観察したことからイメージして、自分なりに表したいことを表現する。
③ 鑑賞会を行い、それぞれの見方の違いや良さを味わう。

2 準備

対象物　身近な自然物（果物や野菜、植物など）

画材　画用紙　鉛筆　水彩絵の具　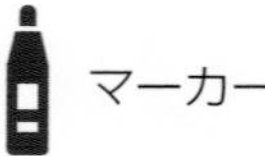マーカー　クレヨン　など

3 制作

① 何を描くか決まったら、見ないで描いてみましょう。

対象物＿＿＿＿＿＿＿＿＿＿

② 対象物を出して観察します。見ないで描いたものと比べて気付いたことをメモしましょう。

③ 見る（形、色）、たたいた時の音を聞く、触る、嗅ぐ、味わうなどの観察を通して発見したこと、気付いたことをメモしましょう。

- 形、色
- 音（叩いてみた時の音など）
- 触りごごち、匂いなど
- その他、観察を通して発見したこと、気付いたこと

④ 観察を通して発見したこと、気付いたことからイメージを広げ、好きな画材（色鉛筆、水彩絵の具、クレヨン、マーカー等）で表現しましょう。

- 表現したこと

1 やってみよう！

A さん、B さんがリンゴを見て描きました

A さん、B さんは、見ないで描いた絵と実物を比べてみて、リンゴの色は真っ赤ではなく、緑や黄色などの部分があり、形も丸くないことなどに気付きました。気づいたことをもとにイメージを広げ、表現しました。

見ないで描きました

A さん

B さん

観察したことをもとにイメージを広げ、描きました

よく見ると真っ赤ではなく、赤黒い色やオレンジ色っぽい赤など、いろいろな赤や黄色、黄緑が混ざっていることに気付きました。見ているうちに、このリンゴがなっていた果樹園を思い浮かべたので、そのイメージを描きました。

左右対称の形ではなく、中心も傾いていることに気付きました。色も黄色や黄緑の線が混ざり合って重なっていることに初めて気付きました。そして、見ているとガブリとかじりたくなったので、その様子を描きました。

Chapter 05

「カメを描こう」

子どもたちは、五感を働かせながら、見たもの、心を動かされたものと豊かに関わり、表現を行っています。

保育室に「カメ」がやってきました。「カメと仲良くなりましょう！」という保育者の掛け声で、子どもたちはカメを取り囲み大興奮！！「カメの甲羅は堅いね」「足は、どこから出てるんだ？」「赤とか黄色とか、カメのもよう、きれいだね！」などと、カメと遊びながら観察していました。

足には爪もあるね。

3 歳女児　折り紙や塗り絵が好きな子どもで、普段から色鉛筆やクレヨンを使って細かく表現しています。緑色はカメを見ている自分の顔で、青は水で、カメが泳いでいる様子を表現していました。

画用紙に仲良くなったカメを描きます。

4 歳女児　普段は塗り絵とおままごとが好きで友達と一緒に遊んでいます。「カメの甲羅はカラフルだと可愛いからクレヨンの色、全部使う」と言って、甲羅を丁寧に塗っていました。

カメの甲羅！

5 歳男児　普段は制作が好きで恐竜図鑑を見てクレヨンで描いています。また、廃材を使ったりしておもちゃや動物を制作し、友だちと遊んでいます。カメをじっくりと観察し、「カメのほっぺは赤いんだ」等と様々な発見をしていました。

感性って育つもの？

「子どもは豊かな感性を持っている」と、よく言われますが、感性は生まれながらに備わっているものなのでしょうか？

感性とは、様々な対象や事象を心に感じ取る働きの事です。例えば、「水」は「冷たい」ですが、私たち大人は、経験によってそれを知っています。実際に水を触り、「冷たい」という感覚を五感で感じ取らない限り、「水は冷たい」という言葉は、単なる知識になってしまいます。このように「感性とは、体験でしか身につけられない」ものですが、指先でほんのちょっと触ってみて冷たかったのか、川や海で全身で感じ取ったのかでは、感じ取り方の質が違いますね。子どもには、全身で関わり、質の高い豊かな体験から感じ取る力を身につけることが重要なのではないでしょうか。

保育者を目指すみなさん自身も、様々な課題を通した体験から感性を高めていくことが重要です。表現や鑑賞の課題の学修から、保育者としての感性を身につけ、子どもたちの豊かな創造力を育んでいけるような保育者を目指しましょう。

キャラクターって描いても良いの？

子どもはキャラクターが大好きです。ディズニーやアンパンマン、ドラえもん等、子どもたちの大好きなキャラクターを見せると子どもは喜びます。そこで、保育の現場では、キャラクターを複製して保育教材を作り、保育が行われている場面を目にします。しかし、保育の場でのキャラクター使用に関しては、著作権の侵害にならないように十分気をつけて欲しいと思います。

著作権とはコピーライト（英語：copyright）とも呼ばれ、創作された言語、音楽、絵画等の著作物に対する財産的な権利です。著作権は特許権や商標権にならぶ知的財産権です。正しく理解して保育で使用する必要があります。

大好きなキャラクターを自分でも描いてみたいと思うのは自然の事でしょう。個人的に描いて楽しむ事に問題はありません。しかし、業務（保育）上使用する場合は、私的使用とはなりません。みなさんが無断でキャラクターを複製するのも厳密にいえば著作権の侵害になります。

保育者としての感性や発想力、創造性を伸ばすことがねらいの造形表現を学ぶ学修者として、キャラクターを安易に使用せず、自分で創作した表現を目指して学んでほしいと思います。

Chapter

05 6 なんでも版画 モノタイプ版画 / スチレン版画

関連ページ
うつす p.52 ～ 53

版画表現は 3 章の「うつす」で取り上げたように、「紙版画」「コラグラフ版画」「ステンシル版画」など様々な技法があります。ここでは、幅広い子どもたちが楽しめる「モノタイプ版画（クリアファイルによる）」と「スチレン版画」を体験して学びましょう。子どもたちの活動をより楽しく豊かにするには、保育者が自ら表現する楽しさを味わうこと、指導の際の準備や配慮事項などをしっかり把握していることが大切です。自ら楽しんで制作してみましょう。

1 ねらい

① 版画の表現の特徴を生かして楽しみ、工夫して表す。
② 保育現場での活動の配慮等を理解し、発達に応じた子どもへの指導法を研究する。
③ 共に作品を鑑賞しあい、作品の良さを味わいながら工夫したところや作者の思いなどを読み取る。

2 準備

刷る道具　水性版画インク（ポスターカラーにでんぷんのりを加えたもの）、ローラー、インク板やバット、版画用紙または和紙やコピー紙、バレン、新聞紙、手拭き雑巾やぼろ布等

3 版のつくり方

①モノタイプ版画（クリアファイルによる）

版をつくる材料・道具　クリアファイル（切り開き、二枚にしたものを使う）、綿棒やウエットティッシュ、雑巾、水性版画用インク（ポスターカラーにでんぷんのりを加えたものでも可）

● 版のつくり方

① クリアファイルと同じ大きさの紙を複数枚用意し、記名しておきます。

② クリアファイルの下に刷る紙を敷くと、描いたものも見えやすく、紙も取り出しやすい。

③ インクを取りすぎないように指につけ、クリアファイルに描きます。

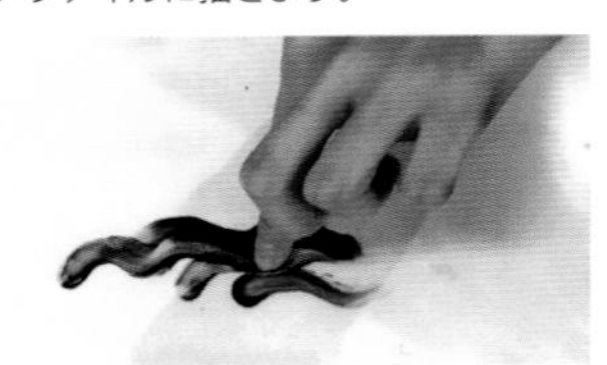

④ 版の上に刷り紙を重ねてバレンや手で刷ります。

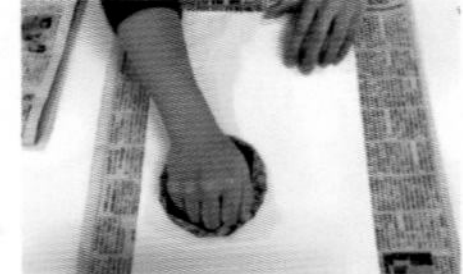

⑤ 刷り上がりの作品は「版」が反転したものになります。

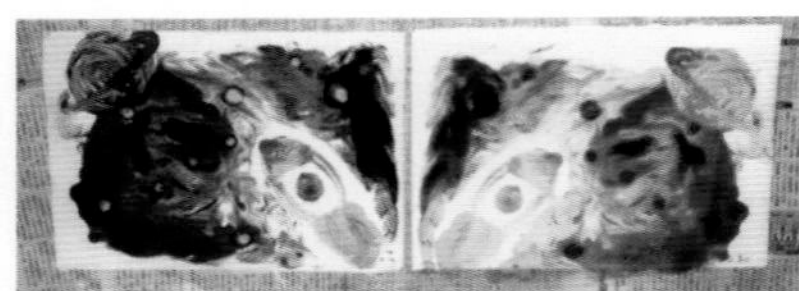

⑥ 題名をつけてみましょう。作者の思いや意図が伝わります。

② スチレン版画

版をつくる 材料・道具　スチレンボードまたは野菜などのスチレンのトレイ、割り箸（尖らせたもの）、フォーク、油性ペン、鉛筆、粘土ベラ、櫛、などの溝のつけやすいもの

● 版のつくり方

① スチレンボード（スチレンのトレイ）に割り箸や粘土ベラ、油性ペン等で絵を描きます。溝の部分にはインクが付かないので紙の色がでます。いろいろな線や型等で溝をつけて、工夫して表現してみましょう。

尖らせた割り箸による線描き

ペットボトルのキャップによる丸の型押し

フォークによる平行線

油性ペンによる線描き

② 版にローラーでムラなくインクを付けます。

③ 版の上にする紙をのせて、バレンや手で刷ります。

※ 版の下に刷り紙と同じサイズの紙を敷き、その上に余白のバランスを考え版を置いて、それを目安に刷り紙をのせるとよい。

④ 題名をつけると、作者の思いや意図が鑑賞者に伝わります。

展開例

同じスチレン版画でも様々な技法があります。

● 掘り進み版画

彫り進めてインクの色を変えて刷ってゆく版画

● 一版多色版画

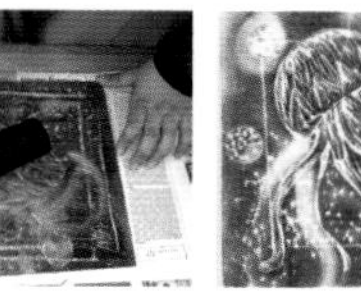

「版」に色を様々のせて刷る版画

● 回転版画

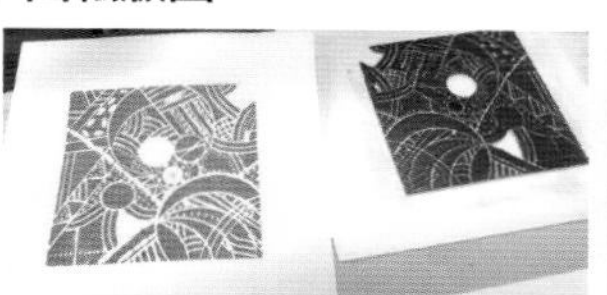

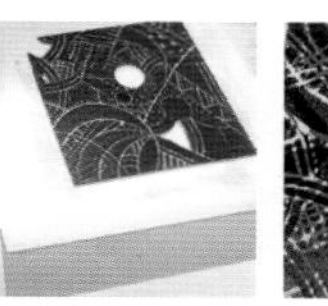

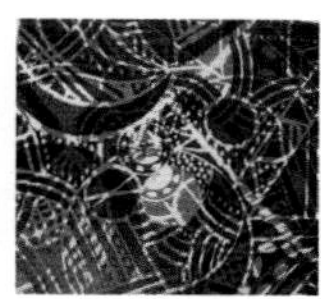

一度刷った作品のうえに「版」の色を変えた「版」を回転させ、刷り紙をのせて刷る版画

4 制作

① それぞれの版画の特性を生かした作品アイデアを練る
② 版を制作する
③ 刷り上がりをみてインクのつけ方やバレンや手のひらの圧を変えて刷る
④ お互い作品を鑑賞してそれぞれの作品の意図や良さや工夫を感じ取る

その他の版画例

● 紙版画

紙切って貼り、重ねた層で表現する版画

● コラグラフ版画

様々な凹凸のある素材を貼り表現する版画

Chapter 05

7 ねんどで何する？ 個々でつくろう、みんなとつくろう

関連ページ
粘土 p.32 〜 33

粘土は、そっと押したらそっと凹み、強く握れば強く握ったかたちが現れるというように、働きかけがかたちになって現れます。バンバン叩いても上から落としても、その行為をかたちを変えながら受け止めてくれます。このように、粘土は子どもの働きかけに応えてくれる素材です。また、楽しんでつくることで、巧緻性や創造性、空間把握能力などが自然に養われていきます。さらに、大量に粘土を用意すると、みんなでダイナミックに遊んだり、協力しながらつくったりする姿が見られるようになります。このような、粘土の魅力を体感しながら、個々で、みんなでつくってみましょう。

1 ねらい

① 種類の異なる粘土や個人制作と共同制作とを体験し、その特徴や制作方法や活動のねらいの違いについて考える。
② 手だけでなく板や棒などの身近な道具を工夫して使ったりしながら、表現を探求してみる。
③ 粘土で制作することの楽しさや、それぞれの表現の工夫や良さを感じ取る。

2 準備

粘土板、へら、棒、ビニールシート、土粘土、テラコッタ、油粘土、軽量粘土等。

3 進め方の例

① 手でちぎる、丸める、紐状にするなどいろいろな関わりをしてみる。また、板や棒などの身近な道具を工夫して使い、さまざまな表現を探求してみる。
② テーマを決めて各自の表現を追求したり、みんなで話し合いながら協力して制作したりする
③ みんなで鑑賞し、それぞれの表現の工夫や良さを感じ取る。

● かたちをつくる前に、粘土でたくさん遊んでみよう

踏んだり

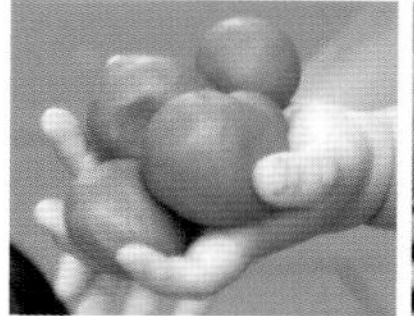
丸めたり

広げたり

落としたり

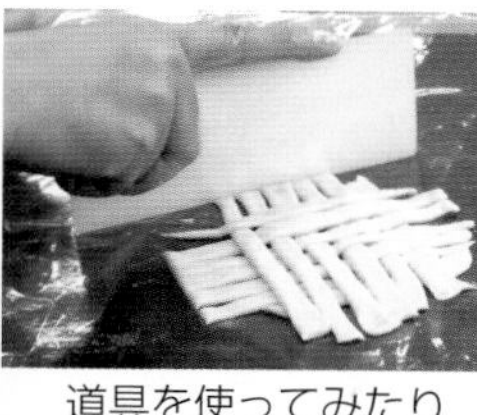
道具を使ってみたり

凸凹やかたちを写したり

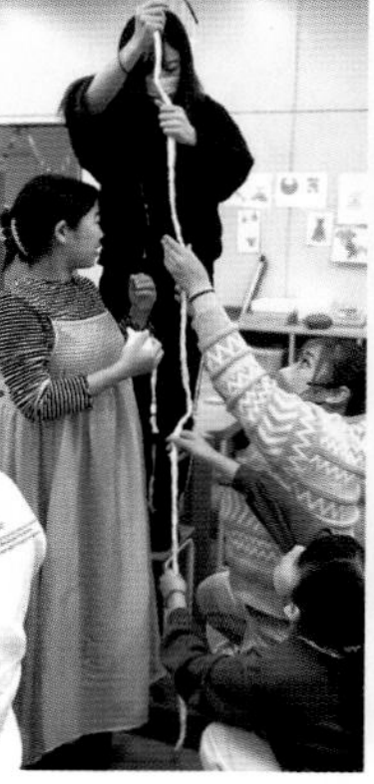
どこまで伸びる？

高く積めるかな？

● 個々でつくろう、みんなとつくろう　活動例

具象的につくる活動

イメージをかたちに表す活動
「○○な国」

ねんどで表現「オノマトペ」

4 アイディアスケッチ

制作するテーマのアイディアスケッチをしよう。

テーマ：

Chapter

05 8 なんでもねんど ー身近な素材で感触あそびー

関連ページ
粘土 p.32 ～ 33

まずは純粋に素材に働きかけて、その感触を味わったり、音を聞いたり、形状や手触りが変化することを楽しんだりしょう。私たちの馴染みのある素材でも、新たな発見があることでしょう。小さな子どもにとっては、その素材との触れ合うことが初めてのケースも多いでしょう。まさに未知の世界との遭遇であり冒険です。こんなこともできる、こうしたらどうなるかな、といったように楽しく気づいたり試したりできる豊かな感触あそびの体験を積み重ねていくことにより、工夫したり表現したりチャレンジしたりすることの素地が築かれていきます。

1 ねらい

① 身近な素材に働きかけて、感触を味わったり、音を聞いたり、形状や手触りが変化することを楽しんだりしながら、新たな発見をする。
② さらに遊びや表現が広がるにはどのような方法があるかを考え、積極的に試してみる。
③ 感触あそびを通して気づいたり発見したりしたことを共有し、感触あそびの意義や違う素材での感触あそびの可能性について考える。

2 準備

机の上の場合

机の上を透明のビニールで覆いテープで留めます。ビニールの下に、色付き寒天などの際は白模造紙を、白い粉素材なら黒い紙を敷くと素材の色がより映えます。

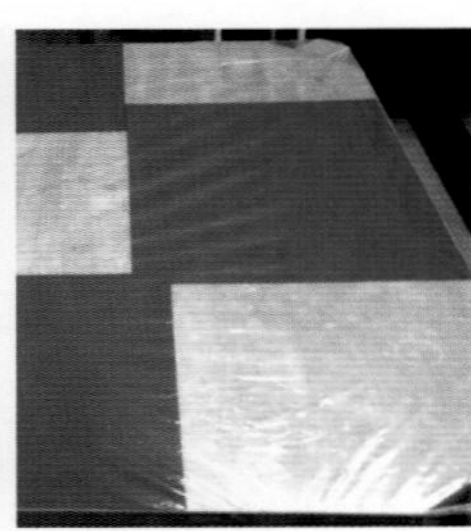

床の上の場合

養生シートを広めに敷き、床との境目やシートの重ね目で子どもが躓かないようにテープでしっかり留めましょう。

3 進め方の例

① 粘土にする前の状態の素材に働きかけて、感触を楽しんだり遊んだりする
② 粘土にする過程や粘土にした後の触感や形状の変化を楽しむ。
③ どのような遊びや表現ができるかを考え、試してみる。
④ 感触あそびを通して気づいたり考えたりしたことを共有する。また、感触あそびに活用できそうな他の素材とその展開について考えてみる。

粉からねんど

片栗粉
小麦粉（米粉）など

粉の状態での感触も味わおう

粉をかけあう

指で絵を描く

手形を取る

粉を固める

少しずつ水を混ぜる。触感がどう変化する？

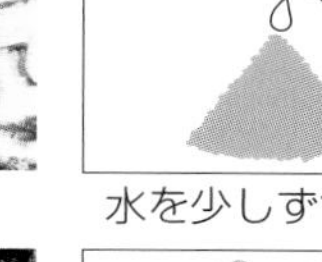
水を少しずつ入れ

よく混ぜます

片栗粉
固まっては溶け出す「ダイラタンシー」現象を楽しもう

小麦粉（米粉）
小麦粉粘土の触り心地や特徴を感じよう

着色して表現あそびにも発展

紙からねんど

トイレットペーパー
薄葉紙（お花紙）など

紙の状態でもたくさんあそぼう

トイレットペーパー
水を入れて、こねてみよう

薄葉紙（お花紙）
霧吹きで濡らしてみよう

水の入った容器でかき混ぜるとトロトロになるよ

透明なねんど

寒天
スライムなど

寒天
全身で触れ合えるように場を設定しよう

スライム
伸ばしてみよう

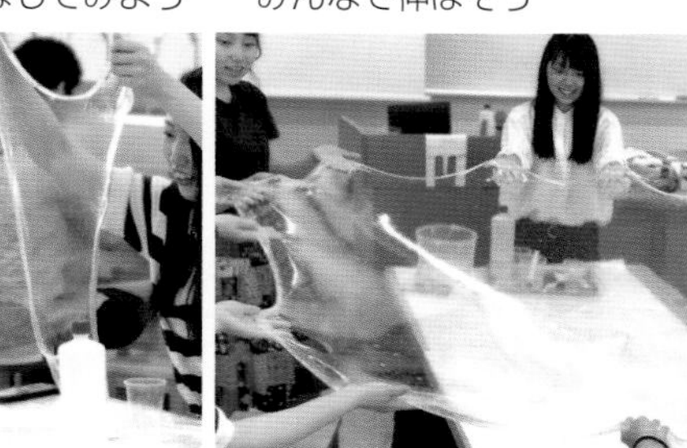

みんなで伸ばそう

色や目を付けてみよう

スライムのつくり方

PVA のりとお湯を混ぜ、さらにホウ砂水溶液を加え、よくかき混ぜます。

PVAのり
(バルーンスライムのり)

＋

お湯
40°～45°

＋

ホウ砂（シャ）水溶液

1 : 1 : 0.2
例（50ml : 50ml : 10ml）

ホウ砂（シャ）水溶液のつくり方

ホウ砂（シャ）(20g)

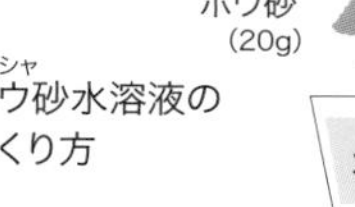

＋
水
(200ml)

→

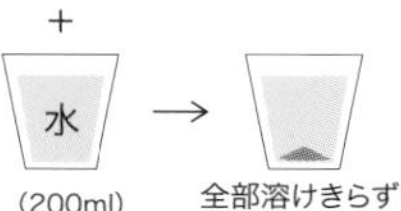

全部溶けきらずに沈殿するがそれでOKです

粉からねんど

スライムあそび

Chapter 05

Chapter 05

9 お弁当をつくろう

関連ページ
粘土 p.32 ～ 33

紙粘土で、子どもが大好きな「お弁当づくり」をしましょう。紙粘土に絵の具を練り込んだり、表面を着色する等、表現方法や身近な道具を工夫して使ったりします。また、毎日の食事で見ている食材を観察し、思い出しながら一つ一つを制作することで、観察力を養い、出来上がった食材を、お弁当箱の中に彩りよくつめ込むことで、配色や構成をする力が身につきます。ごっこ遊びの発展にもつながるお弁当つくりの楽しさを味わいましょう。

1 ねらい

① 身近な道具を工夫して使い、粘土の表現方法を研究する。
② 制作した作品を、彩りやバランスを考えてお弁当箱に盛り付ける。
③ 互いの作品を鑑賞しあい、それぞれの良さを味わい指導の参考にする。

2 準備

材料　紙粘土（軽量紙粘土）　ビニール袋　弁当箱  水彩絵の具一式  色鉛筆　水性ニス　等

道具　粘土べら　のし棒　おろし金　爪楊枝  はさみ　カッター　粘土板  カメラ　等

3 アイディアスケッチ

子どもが喜ぶようなお弁当や、食べる人をイメージしてメニューを考えてみましょう。彩りや盛り付け等も考えます。まずは、自分が作りたいお弁当のアイディアスケッチをしてみましょう。

4 制作

① アイディアがまとまったら、粘土をつくるものの大きさに見当を付けて取り分ける。紙粘土は乾きやすいので、使わない分は袋に入れておきます。紙粘土に絵の具を練り込んで着色する方法と、先に造形をしてから表面に絵の具を塗る方法との色の見え方の効果を考えて、着色の仕方を決める。

- 絵の具を練りこんで制作していく場合、発色の様子を見ながら少しずつ練り込んでいくようにする。
- 細かい部分は、爪楊枝やカッター等身近な道具を工夫して使い、制作する。

制作例

［粘土の着色方法］

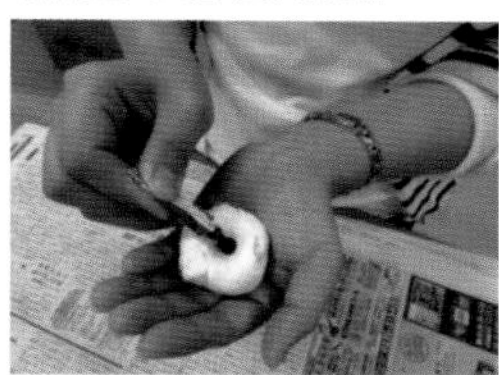

① 粘土を丸めて真ん中にくぼみをつくり、絵の具を出します。粘土に絵の具を練り込み着色します。

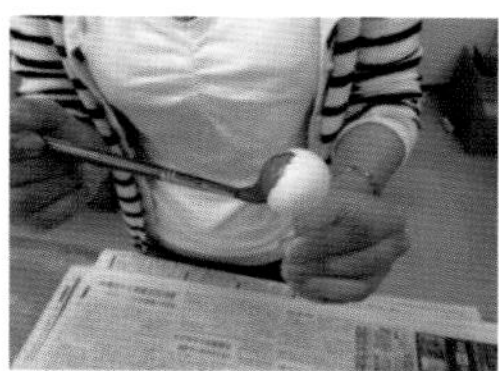

② 粘土で形をつくってから、表面を着色します。

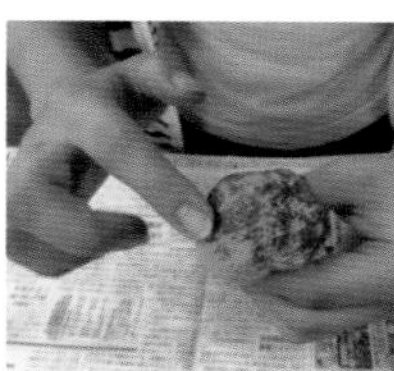

③ 指で直接、着色します。

［テクスチャーを工夫する］

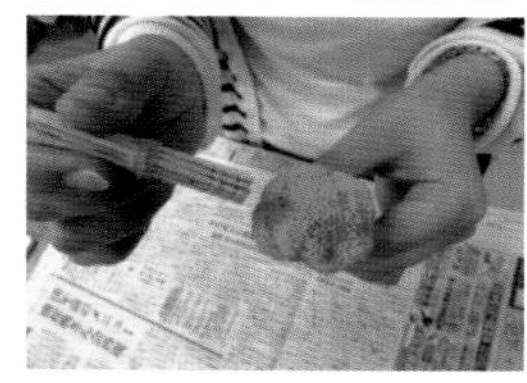

④ テクスチャーとは、表面の凹凸や手触りのことです。身近なものを工夫して道具にし、表現しましょう。爪楊枝を輪ゴムでまとめ、つついてぶつぶつを表現しています。

［乾燥の方法］

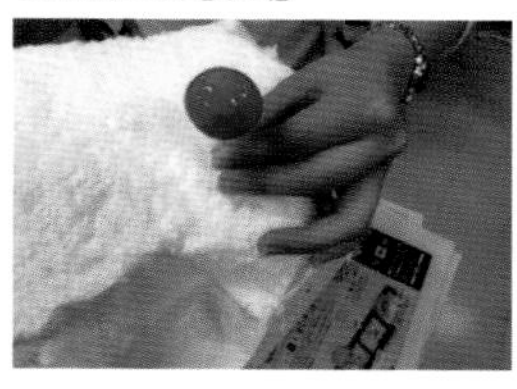

⑤ 表面を全体的に着色する場合は、爪楊枝に刺して着色すると塗りやすくなります。そのまま発泡スチロール等に刺して、乾燥できます。

② 食材の照り等は、ニスを塗って表現すると良い。

③ 出来上がったら、彩りや配色を考え、お弁当箱に盛り付ける。バランやアルミカップ等も利用すると、お弁当らしさが引き立つ。粘土のみにこだわらず、いろいろな素材を組み合わせて工夫してみるのも良い。

④ 互いの作品を鑑賞する。

Chapter 05

子どもの姿

お弁当をつくる遊びは、発達に応じて、色画用紙や身近な素材でつくったり、好きな食べ物をつくる遊びに発展することができます。

ペットボトルでつくったパフェの容器

Chapter 05

10 折って切って見つけて素敵なかたち －切り紙－

紙を折って切ることで様々なかたちが表れる切り紙技法を修得します。切り紙には様々な折り方があり、ここでは星折り、六角折り、三角折り、四角折りの四つの折り方を取り上げています。切り紙は、この折り方と切る図案の工夫次第でいろいろなかたちが生まれます。はじめは作例に沿ってかたちが表れる楽しさを体感し、徐々にテキストにはないオリジナルなかたちを生み出すことにチャレンジしてみましょう。

1 ねらい

① 切り紙に関心を持ち、代表的な折り方や生み出されるかたちを理解する。
② どのように切ったらどんなかたちが表れるか、豊かに発想を膨らませながらオリジナルなかたちの表現に挑戦する。
③ かたちや色の組み合わせ等を工夫しながら表すとともに、互いに鑑賞し、それぞれの工夫や良さを感じ取る。

2 準備

材料　折り紙

道具　はさみ　のり

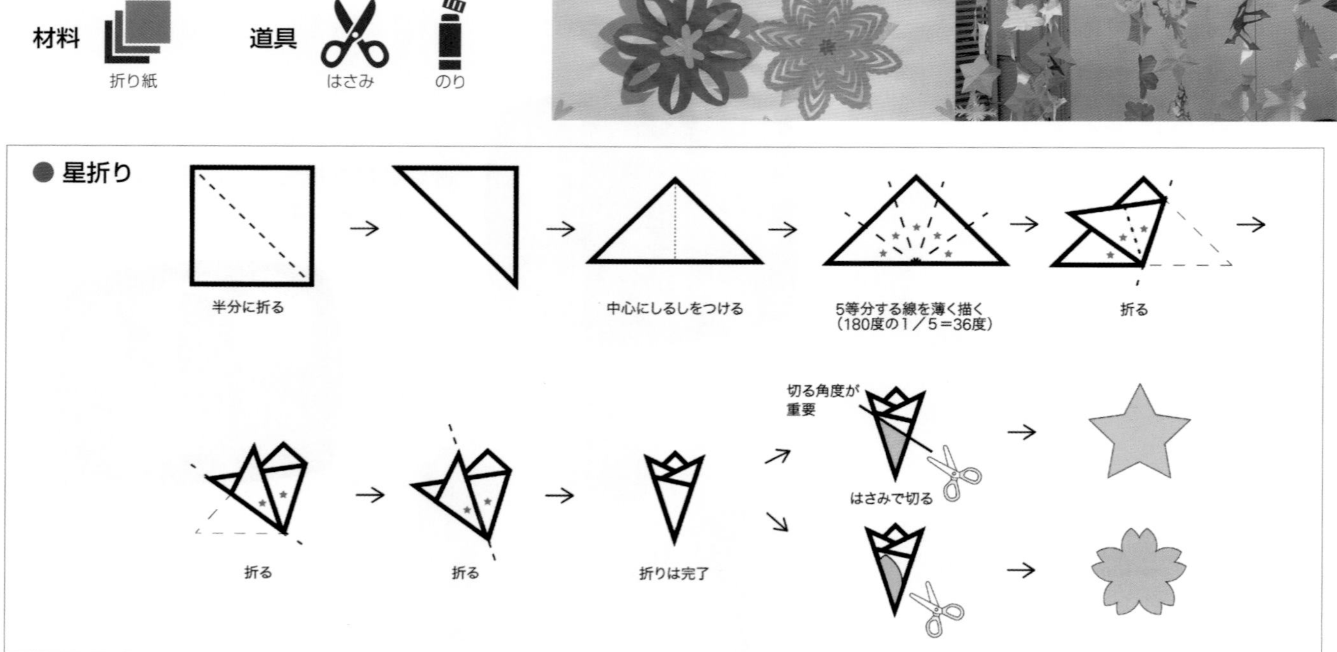

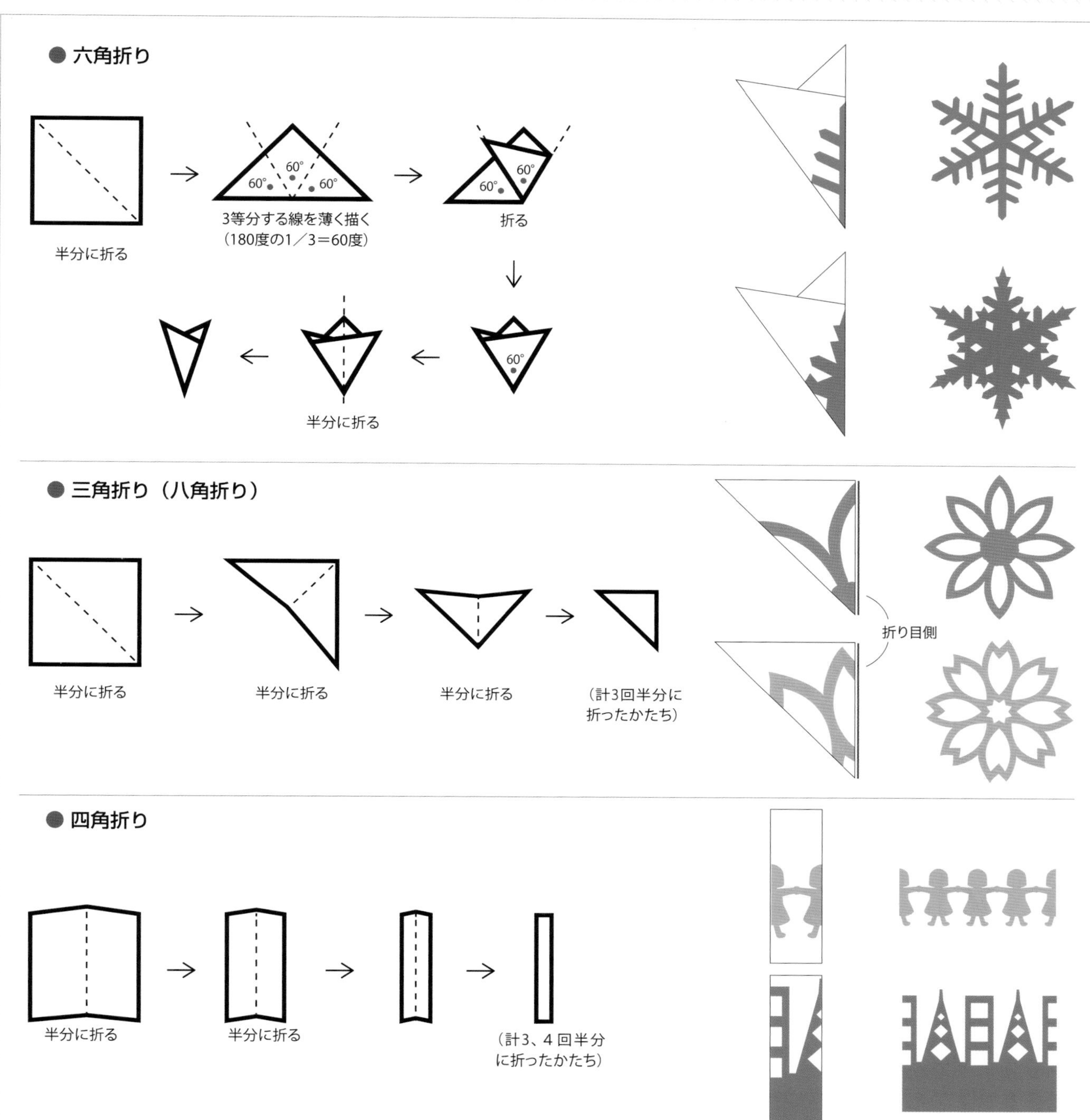

Chapter 05

3 制作

① 星折りから星や桜のかたちを切り出す。
② 六角折りや三角折り、四角折りから作例にあるような雪や花等のかたちを切り出す。
③ 豊かに発想して、オリジナルなかたちの切り出しにチャレンジする。
④ 切り出したかたちやその組み合わせ、色の重なり等を工夫しながら飾ったり貼付けたりし、みんなで鑑賞する。

Chapter 05

11 どこに連れてこ？ペーパーアニマル

一枚の色画用紙を折って、丸めて、ホチキスで留めて立体的な動物をつくります。動物が出来上がったら、教室の外に散歩に連れ出しましょう。そして、屋内外の様々な環境の中に置き、魅力的な写真を撮影します。友達の動物と一緒に撮るのも面白いです。撮影が終わったらお気に入りのカットを選び、スライドショー等で鑑賞しましょう。

1 ねらい

① 紙から立体的な動物を表現することや周囲の環境の中で写真撮影することに関心を持ち、進んで取り組む。
② 工夫して動物を表現するとともに、周囲の環境の中で豊かに発想しながら、写真撮影をする。
③ 制作した動物や写真での表現から、それぞれの工夫や面白さなどを感じ取る。

2 準備

材料  色画用紙  コピー用紙（試し作り用）

道具  はさみ  ホチキス  のり  カメラ

● アニマルのつくり方

B4サイズ程度の色画用紙を用意して、

半分に折ります。

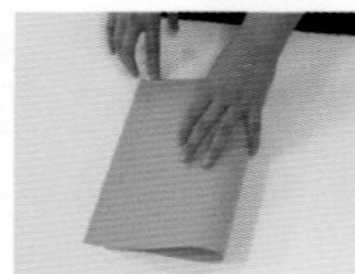

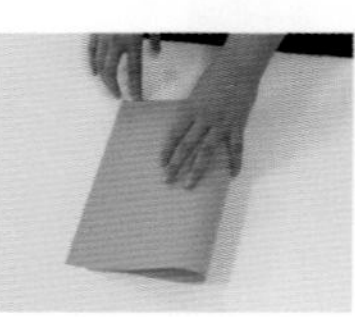

もう一回半分に折ります。

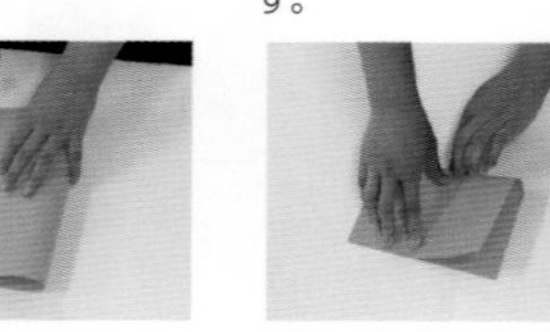

足の切り込みを二本入れます。

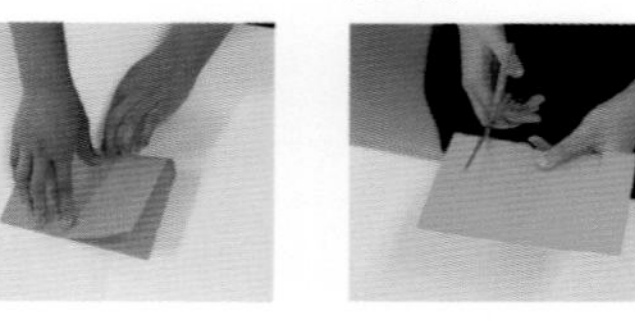

一度開いて、

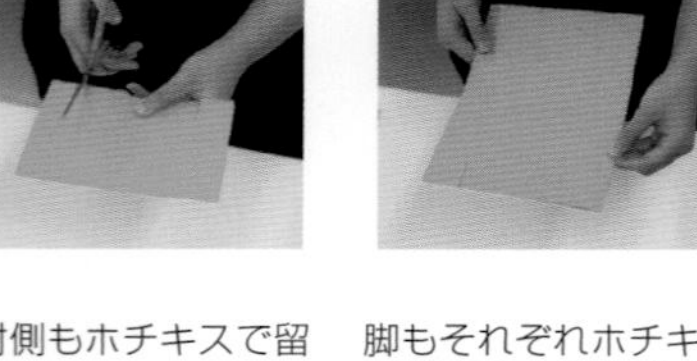

真ん中の折り目に2cm程切り込みを入れ、

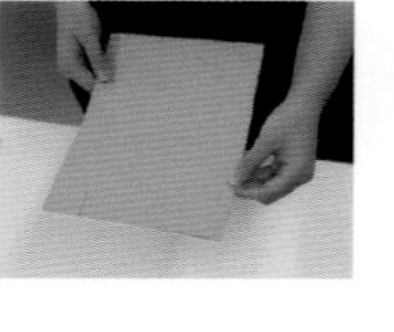

切り込み部分を三角形に折ります。

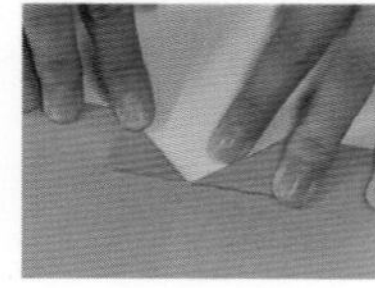

胴になる部分を丸めて、

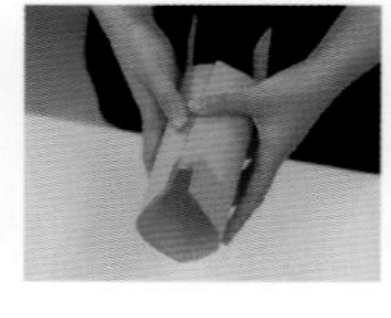

ホチキスで留めます。

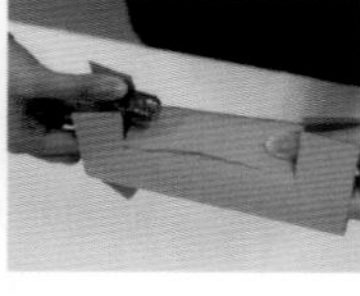

反対側もホチキスで留めます。

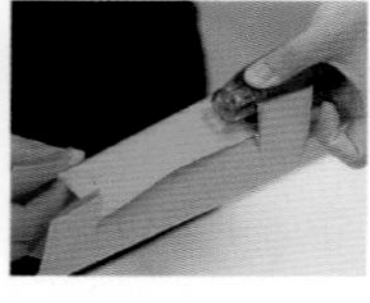

脚もそれぞれホチキスで留めて、補強します。

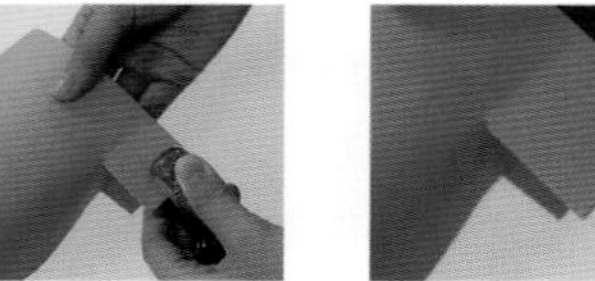

胴体部分は完成です。

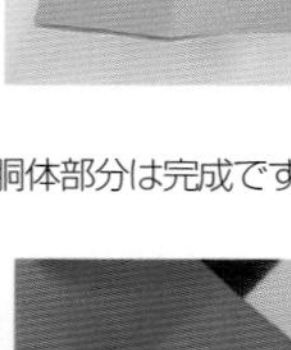

顔の形を切り出して、目や口等を貼ります。

胴体の三角形に折った部分にのりを塗り、

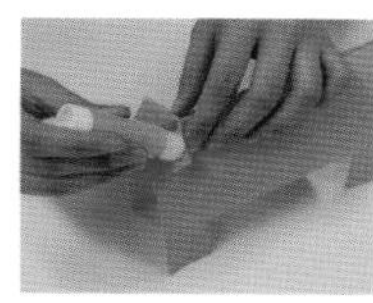

しっかり貼ります。

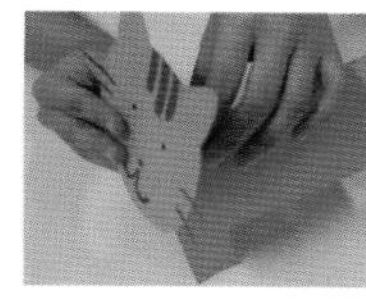

しっぽもつくって貼ります。

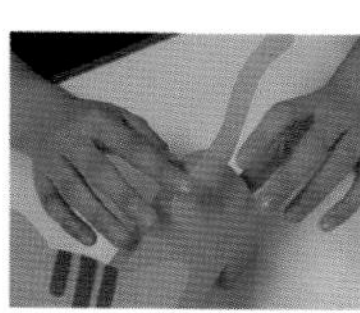

完成！

3 アイディアスケッチ

イメージを描いてみよう（色も塗ってみよう） ＊既存の動物キャラクターものは避けましょう

4 制作

① コピー用紙等を使って試しづくりをし、基本となるつくり方を理解する。
② 豊かに発想して動物を表現する。顔やからだの模様もなるべく紙で表現する。
③ 動物が出来上がったら教室の外に連れ出し、環境の中で魅力的な見せ方を考えながら写真を撮る。
④ みんなの動物を集合させたり、スライドショーをしたりして、鑑賞する。

ペーパーアニマル図鑑

Chapter 05

Chapter 05

12 おもちゃの研究

関連ページ
身近な素材 p.42~43

物のない時代の子どもたちは、身のまわりにある物（木、竹、缶、公告紙、石等）で工夫しておもちゃをつくり、遊んでいました。現代は、便利になった分「つくる楽しさ」そして「自分でつくったもので遊ぶ楽しさ」を味わうことが難しい時代になっています。時間をかけて自分でおもちゃをつくって遊ぶ楽しさを伝えることは、子どもの創造力、発想力だけでなく、巧緻性、集中力等、様々な力を育てることになります。

ここでは、身近な材料を使って、簡単なおもちゃをつくってみましょう。出来上がったら、みんなで遊び、手作りのおもちゃの魅力や工夫した点等を伝え合いましょう。

1 ねらい

① 道具を工夫して使い、身のまわりの物を材料にその特徴を生かしたおもちゃをつくる。
② 自分でつくるおもちゃに関心を持ち、指導法を研究する。
③ 出来上がったおもちゃを使い、みんなで遊んで手作りのおもちゃの良さを味わう。

2 準備

材料　古新聞　包装紙　各種芯材　空き箱　ビニール袋　輪ゴム　ストロー　タコ糸　毛糸　スズランテープ　カラーセロファン　竹串　等

道具　 はさみ　 カッター　目打ち　ボンド　 のり　各種テープ類　 絵の具　カメラ　等

学生作品

コマを回してみた動画

【仕組みの事例】

開く・隠す・合わせる―牛乳パック―

箱の角にゴムをかける。

噴水回りで画面を開くように動かす。

揺らす―紙皿―

紙皿を半分に折る。

揺らして遊ぶ。

跳ぶ―輪ゴム・厚紙―

指で押さえ、離す。

跳び上がり、図のように着地する。

いろいろなおもちゃで遊んでみました。

3 アイディアスケッチ

おもちゃの名前	
遊び方など	
材料	

4 制作

① 何をつくりたいか？材料から何がつくれるか？から考え、アイディアスケッチをする。
② 材料の特徴を生かして制作する。
③ 出来上がったおもちゃは、写真を撮る。
④ 鑑賞し合いながら、みんなのつくったおもちゃで遊ぶ。

Chapter

05 13 Happy ポップアップカード

誰かに贈ることを考えてカードをつくります。誕生日等の記念日に、クリスマスやお正月等四季の行事に、また、日頃の感謝の気持ちを込めて、等、カードには贈る人のメッセージや優しい心を込めることができます。ここでは、簡単な飛び出すカードの仕組み等を理解して、贈られる人の印象に残るようなデザインの工夫もしましょう。

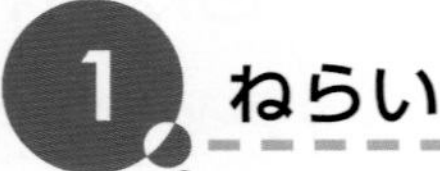

1 ねらい

① 贈る相手と伝えたい内容を想定し、伝えるための表現や保育への活用法を考える。
② 紙の性質を理解し、飛び出す仕組みを活かしたカードデザインの構想を練る。
③ 完成したカードをみんなで鑑賞し、互いの作品の工夫や良さを味わう。

2 準備

材料  色画用紙  コピー用紙（試しづくり用）

道具  はさみ  カッター  カッターマット  のり  サインペン  色鉛筆

● 飛び出す仕組み その1 ―ひな壇型カード（ダンダンカード）―

①B5サイズ程度の色画用紙を用意し

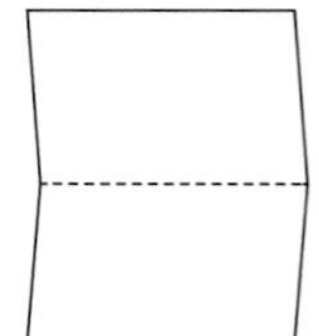

②半分に折る

③折り目の側から平行に同じ高さに切り込む

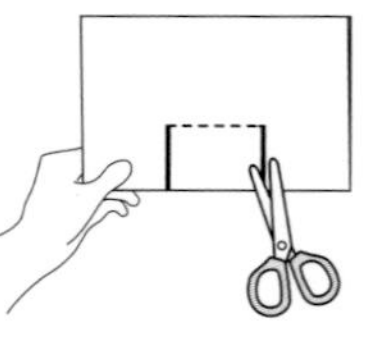

④切り込みを入れた部分を折り返して

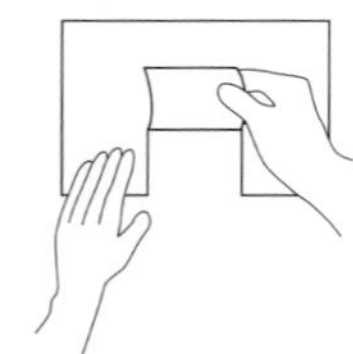

⑤折り目をつける

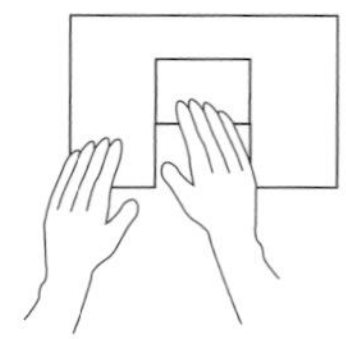

⑥カードを開いて折った部分を反対側に押す

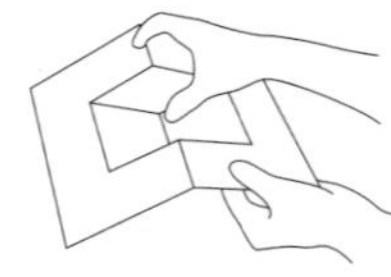

⑦カードを畳んでしっかり押し折り目をつける

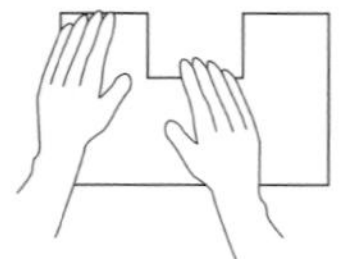

⑧カードを開く（完成）

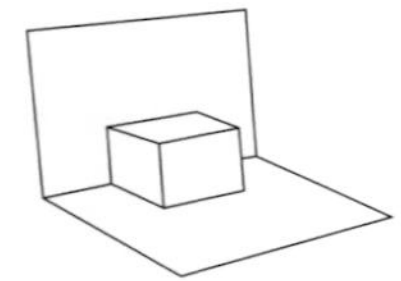

応用編①

片方を斜めに切り込みます

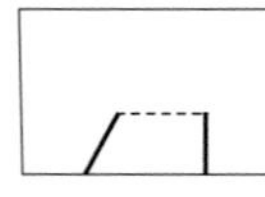

家のかたちに飛び出します

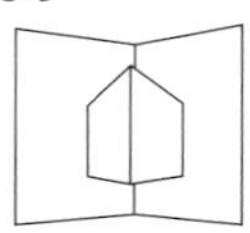

応用編②

左図の⑦の片側に平行に切り込みを入れ、折り目をつける

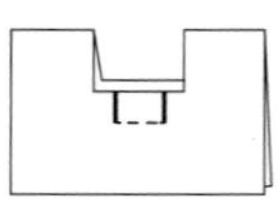

カードを開き、先ほど折った部分を反対側に押す

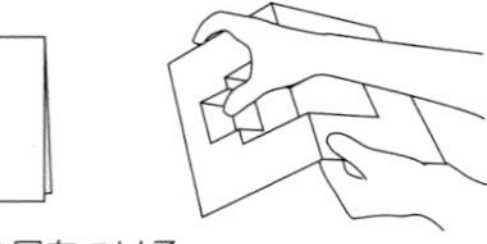

カードを畳み折り目をつける

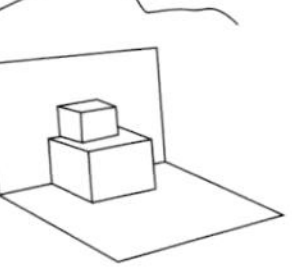

● 飛び出す仕組み その 2 ―くちばし型カード（パクパクカード）―

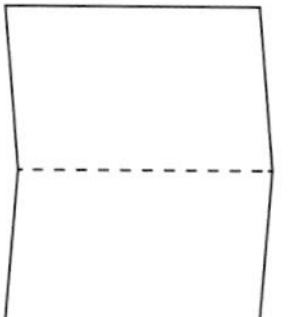

②折り目の中心から切り込みを入れる

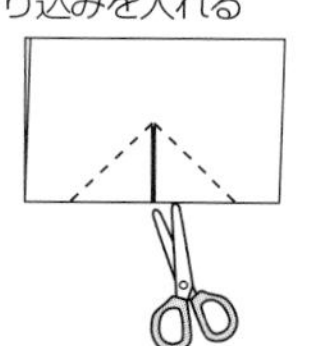

③切り込みから三角形に折り曲げる

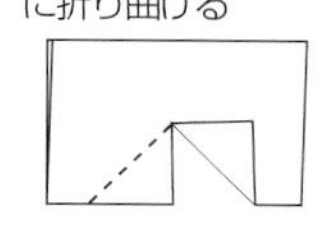

④もう片方も折り曲げ折り目をつける

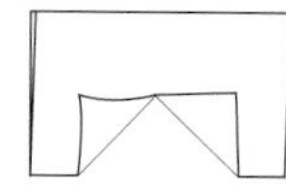

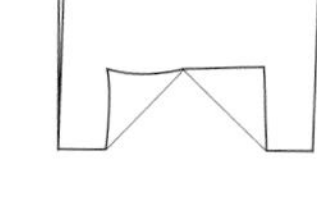

⑤カードを開く

⑥三角形を内側に押し込む

⑦カードを閉じてしっかりと押す

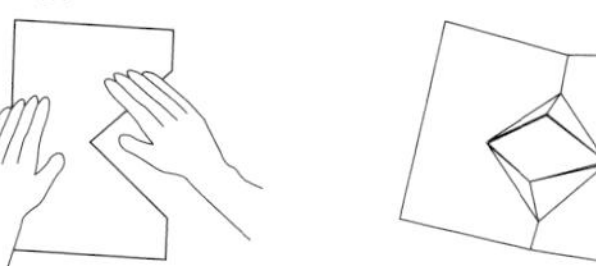

⑧カードを開く（完成）

応用編

ジグザグに切り込みを入れる

歯形の口ができる

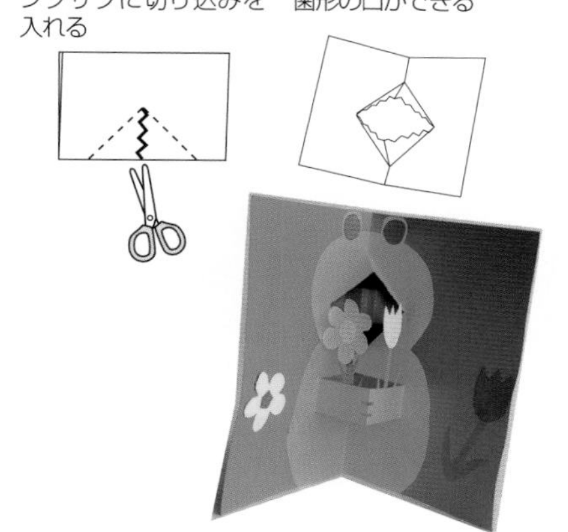

3 アイディアスケッチ

誰に贈ろう？

どんなこと、どんな気持ちを伝えよう？

イメージを描いてみよう（色も塗ってみよう）

4 制作

① ひな壇型とくちばし型の飛び出す仕組みを理解する。
② 贈る人と伝える内容を設定して、飛び出す仕組みを生かしたカードデザインの構想を練る。
③ 紙の性質を理解しながら、はさみやカッター等を使って制作する。
④ 完成したカードをみんなで鑑賞し、互いの作品の工夫や良さを味わう。

Chapter 05 14 ファッションショーをしよう

　デザイナーになったつもりで、自分が着てみたい服や変身してみたいものの衣装をつくって遊びましょう。マントや帽子、剣などもつくるのも良いでしょう。カラーポリ袋や身近な素材を使ってつくります。完成したら、会場づくりや音楽、歩き方などを工夫してファッションショーを企画し、みんなの衣装を鑑賞しましょう。

1 ねらい

① カラーポリ袋や身近な素材を使って、着てみたい服や変身してみたい衣装をつくる。
② ファションショーを企画し、造形表現と音楽表現、身体表現と関連させながら装う楽しさや変身する面白さを味わう。
③ みんなで鑑賞し合い、それぞれの良さや工夫を味わう。

2 準備

材料　カラーポリ袋（各色）、カラーポリチューブ、新聞紙、不織布、リボン、毛糸、色画用紙、ボール紙、スズランテープ、カラービニールテープ、その他の素材

道具　 はさみ  セロテープ  のり、両面テープ、輪ゴム、平ゴム等

● **制作の仕方**

＊ 45L のカラーポリ袋などは、子どもの体型に合わせ、半分に切り分けるなどして使うと良い。

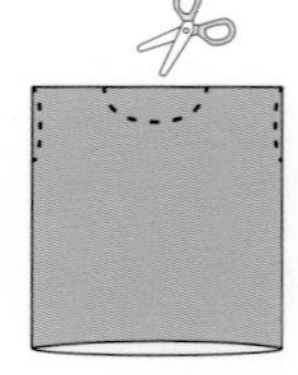
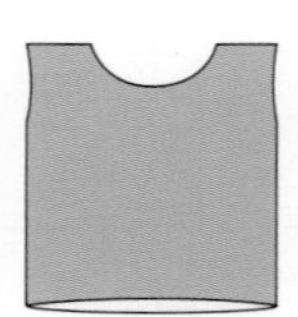

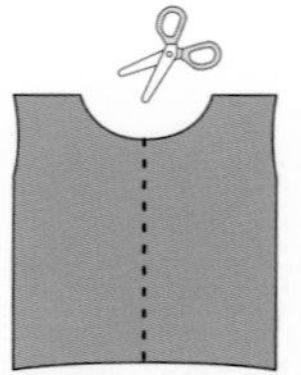

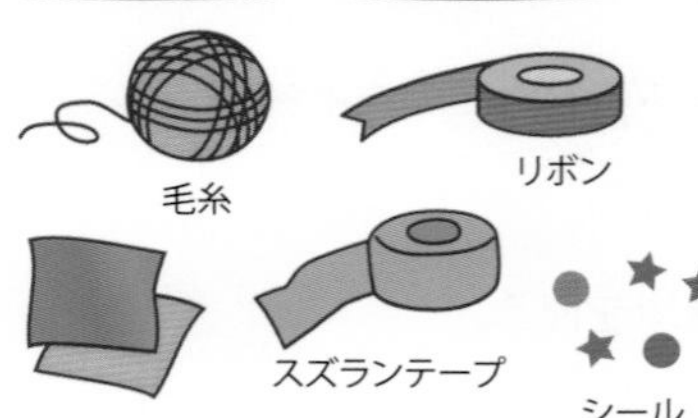

身近な素材で飾り付ける

新聞紙でつくった帽子

好きなものを貼り付けて衣装をつくります。

3 アイディアスケッチ

テーマ

4 制作

① 制作するテーマを考え、簡単にアイディアスケッチをする。
② テーマにあった色や素材を選び、工夫して表現する。
③ ポーズを取ったり、ファッションショーや音楽に合わせた身体表現を考え、演じる。
④ 鑑賞し、それぞれの良さや工夫に気がつく。

子どもの姿

学生が保育園に行って、一緒にファッションショーをしました。
アートパーク（p.144 ～ 145 参照）では、学生、保育士、保護者と子どもがワークショップ「もりのようふくやさん」で、衣装をつくってファッションショーをして遊びました。

ファッションショーの動画

Chapter 05

Chapter

05 15 素材発見！みんなでつくろう

身近にある段ボールや袋、空き箱等を使って、みんなで話し合いながら作る活動をしましょう。

アイディアを出し合い協力し、工夫して作る共同制作は、活動を通して社会性や協調性を育て、みんなでつくり上げる楽しさや達成感を味わうことができます。再利用できる素材や安価で大量にある素材の教材としての活用法についても考えてみましょう。加えて、子どもが活動する時には、一人一人が主体的に取り組めるように、テーマの設定や時間（期間）、制作をする空間への配慮も必要になります。

1 ねらい

① 素材の特性を生かして制作する。
② コミュニケーションをとりながら取捨選択し作り上げる活動の意義を考える。
③ 作品の発表方法を工夫して楽しく伝え合う。

2 準備

カメラ

各グループで必要な素材・材料、道具

＊身近な素材と道具について、下の表に書き込みながら整理しましょう。

	主な造形素材	くっつける道具	切る道具
紙類	例）ダンボール	例）ガムテープ	例）ダンボールカッター
ビニール			
布類			

3 制作 ―共同制作―

① グループに分かれ、どのようなものにするか話し合う。
② 企画書を書き、提出する。
③ 協力して作品をつくる。
＊制作過程を写真で記録する。作品完成後、造形ノートにこだわったところや体験して発見したことなどを写真と文章でまとめる。
④ 発表会をする。
＊グループごとに発表方法を工夫し、作品を鑑賞し合う。

素材発見！みんなでつくろう　企画書

＊コピーを取り、造形ノートに貼る。

グループ名	メンバー （チーフに○をつける）

テーマ	**進度計画・役割分担**　※（　　）に授業日を記入する。 ★（　　　　） ［内容］
使用する素材・材料（調達方法・担当）	★（　　　　） ［内容］
アイディアスケッチ	★（　　　　） ［内容］ ★（　　　　） ［内容］

Chapter 05

学生作品

Chapter

05 16 飾ってアート・吊るしてアート ーいつもの場所をもっとステキにしよう！ー

つくったものを上から吊るしたり、窓に貼ったり、リズミカルに置いたりして飾ってみましょう。また、場所から思いつき、つくって飾るのもいいですね。普段過ごしている教室、よく通っている廊下や階段、そんないつもの場所に働きかけることで、空間の雰囲気が変化し、飾った人のこころも見る人のこころも明るくします。また、飾られた制作物も卓上で見るとのは違った輝きを放ちます。何をどう飾ったらよりステキな空間になるか、みんなでアイディアを出し合い飾ってみましょう。

1 ねらい

① 吊るしたり飾ったりすることも念頭に置いて制作をする、または、場所などから、どのようなものを飾ったらよいか考えて制作する。
② 制作物をどう飾るとより良い見え方やより良い空間やとなるか、試行錯誤しながら飾る。
③ 飾ることで、作品の見え方が変わることや、空間の雰囲気が変化することを理解する。

2 準備

作品、カラーセロハン、カラービニール、色紙などの飾る素材、テグスや凧糸などの吊る道具、透明両面テープ、クリップ、強力磁石などの留める道具

窓に貼って飾る

巻いて飾る

壁に貼って飾る

空間に吊して飾る

部屋や廊下に吊るして飾る

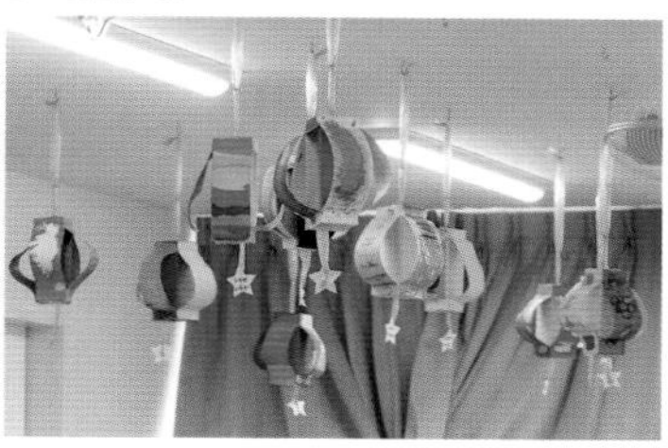

3 アイディアスケッチ

場所なども元に、制作したいテーマを考えて、アイディアスケッチをしましょう。

テーマ：

4 制作

① 飾ることも念頭に置いて制作をする、または、場所などから、どのようなものを飾るか考え制作する。
② 制作したものをどのように飾るとより良い空間となるか、実際に飾ってみながら検討する。
③ 鑑賞し、飾ることにより作品の見え方や空間の雰囲気が変化することを感じ取る。

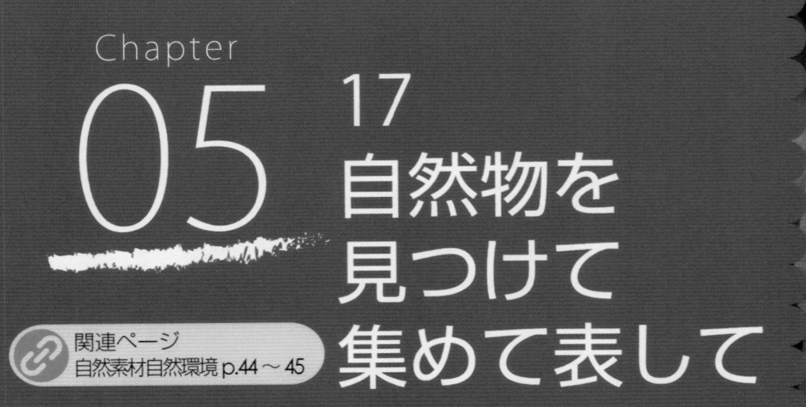

Chapter 05

17 自然物を見つけて集めて表して

関連ページ
自然素材自然環境 p.44 ～ 45

園庭や毎日の登下園の道、立ち寄る公園など、身の回りの自然の移り変わりは、子どもにとって発見と驚きに満ちた世界です。天気や季節の移りによる日の光や雨風、木々や生えている草花などの自然の環境、そして葉っぱや木の実などの自然物、それら自然を、見て、触って、音を聴いて、匂いを嗅いで、五感を通して十分に味わいましょう。そして、自然物の色やかたちの特徴やその違いに気くなどしながら、集めたり、並べたり、組み合わせたりし、表現してみましょう。また、場所や空間からも発想して、表してみましょう。

1 ねらい

① 学校の敷地や近くの公園を散策し、身のまわりにある自然や自然物に気がつく。
② 自然物の色やかたち、音や匂いなどの特徴や違いを五感を通して感じる。
③ 集めた自然物や、場所や空間などから豊かに発想して表現する。

2 準備

自然物を集めるためのビニール袋、のり  、木工ボンド、セロテープ  、台紙、ハサミ 

3 進め方の例

① 学校の敷地や近くの公園を散策して、身のまわりにある自然に気付いたり自然物を集めたりする。
② 自然物を集めながら、その色やかたち、音や匂いなどの特徴や違いを感じる。
③ 集めた自然物や、場所や空間などから発想し、並べたり組み合わせたり加筆したりして表す。
④ みんなの表現を鑑賞する。

Chapter 05

18 カラフル my 色水

関連ページ
マーカーフェルトペン p.40～41

透明感があるのが特徴な食紅からつくった色水で遊んでみましょう。まずは赤、青、黄の三原色の色水をつくり、次にそれらを混ぜてたくさんの色を生み出します。色がたくさん出来たら、積んだり並べたりしてみましょう。友達と共同で活動してみるのも楽しいでしょう。晴れた日は日差しの中で並べてみると、色水が地面や壁に映ったり、光の中でキラキラと輝いたりして、とてもきれいです。

1 ねらい

① 色づくりに関心を持って進んでつくり、それらを見たり並べたりする活動を楽しむ。
② 色の組み合わせやそれらを並べて感じたイメージを基に、自分なりの活動や表現を思いつく。
③ 自分や友だちの活動を見合ったり、話したりしながら、色の感じや面白さに気がつく。

2 準備

材料　食紅（赤・青・黄）、蓋付き透明カップ、水、
パステルカラーをつくるときは白の絵の具

道具　ビーカー型カップやペットボトル、スプーン、ぞうきん

3 制作

① 食紅を溶かして三原色（赤・青・黄）の色水をつくる。
② 三原色の色水を混ぜてたくさんの色をつくる。お気に入りの色や、あるテーマに基づいた色等もつくってみる。
③ 小カップに入れた色水から思いつき、並べたり重ねたりして表現してみる。友だちと共同で表現してもよい。
④ 自分や友だちの活動を見合ったり、話したりしながら、活動の面白さや色の感じに気がつく。

● 混ぜたら何色になるだろう？

赤・青・黄の三原色は他の色を混ぜてもつくることのできない色で、混ぜ合わせることにより広い範囲の色を表すことのできる基本的な三色です。

例に習い、どの色を混ぜるとどんな色が生まれるか記録しましょう。

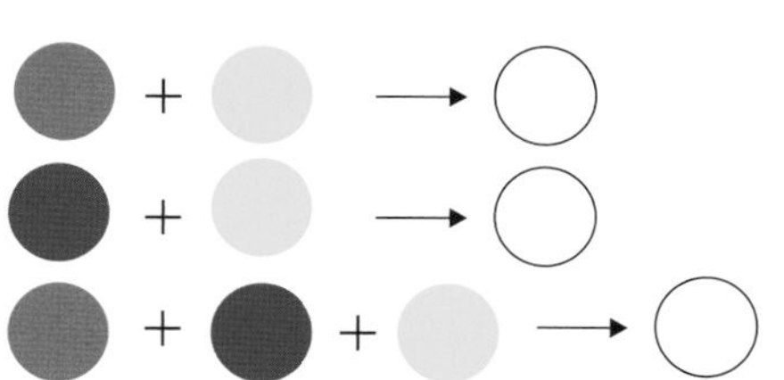

Chapter 05

19 開いて発見・にじみの世界

関連ページ 絵の具 p.43

何回か折った和紙を薄めに溶いた絵の具に浸して開いてみると思わぬ模様が表れます。この偶然性も伴い、開いてみる時のワクワク感が染め紙の魅力のひとつです。紙の折り方や色の組み合わせ、絵の具の付け具合を工夫してみましょう。また、染めた後に服のかたちに切り抜いたり、切り紙などを応用して模様をつくってみたり、本のカバーやちぎり絵などに発展させてみたりするとより楽しさが広がります。

1 ねらい

① 紙を染める面白さを発見し、自ら進んで取り組む。
② 紙の折り方や色の組み合わせ、絵の具の浸し方等を工夫したり、表したいイメージを持ったりしながら表す。
③ 自分や友達の作品の面白さや工夫しているところ、染め紙から感じるイメージなどを見つける。

2 準備

材料　障子紙（16 ～ 20cm 角にカット）、三原色（赤・青・黄）と白色を薄めに溶いた絵の具、カップ、スプーン、新聞紙　等

環境　染め紙を干す場所、洗濯バサミやクリップ　等

● **染め紙の仕方**

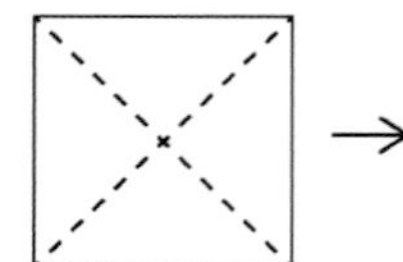

障子紙
（16～20cm 角程度）

→ 何回も三角形に折る

→ 角を絵の具に浸して染み込ませる

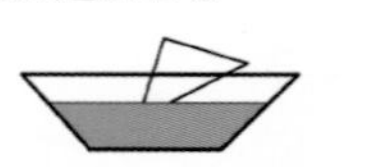

→ 別の角を違う色を染み込ませる

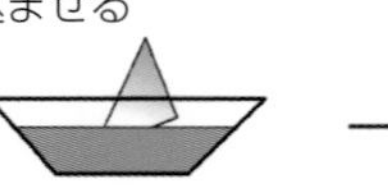

→ 最後の角に色を染み込ませる

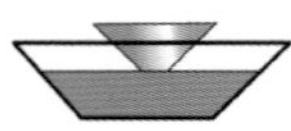

↓ 開いてみよう

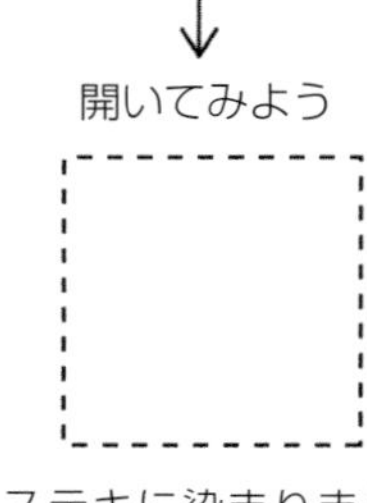

ステキに染まりましたか？

● 折り方も工夫してみよう
三角形に折るのが基本ですが、それ以外の折り方でも面白い模様が生まれます。

● 染め方や色の組み合わせも工夫してみよう
同じ三色を使っても染み込ませ方で印象が違ってきます。

3 アイディアを練ろう

染めて表したいイメージを持ちながら染めてみよう

第２章の３「色彩の基礎」でも学んだように色には連想するイメージがあります。また、複数の色を使っても伝わるイメージ群があります。

染め紙には偶然性の面白さも内包されていますが、今回は表したいイメージを持ちながら、複数の色を用いて、それを表現してみましょう。染めた後でイメージを変更しても構いません。

No.	表したいイメージ	使用する色
例）	夏	
例）	やさしい	
1		
2		
3		

4 制作

① 表したいイメージを持ち、必要な色をつくる。
② 絵の具の染み込ませ方や紙の折り方、色の組み合わせなどを工夫しながら染めると同時に偶然性も楽しむ。
③ 染めた紙から感じる自分のイメージとまわりが抱くイメージの共通点や相違点を伝え合う。
④（染め紙を使用した制作などに発展させる）

● 染め紙を用いた制作の発展例

服のデザイン

切り紙と組み合わせて表現

本やノートのカバー

ランプシェード（風船での張り子）

● 染める表現の例

叩き染

新聞紙などの上に布を広げて葉を置き、ラップを被せて、木づちなどでたたきます。

布を媒染液（ミョウバン水等）に浸して色素を定着させ、水洗いの後、乾かせば完成です。

藍染

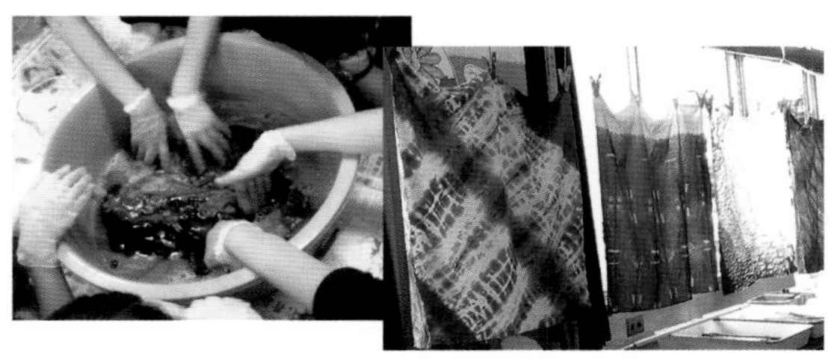
伝統的な「藍染」に挑戦するのも面白い！

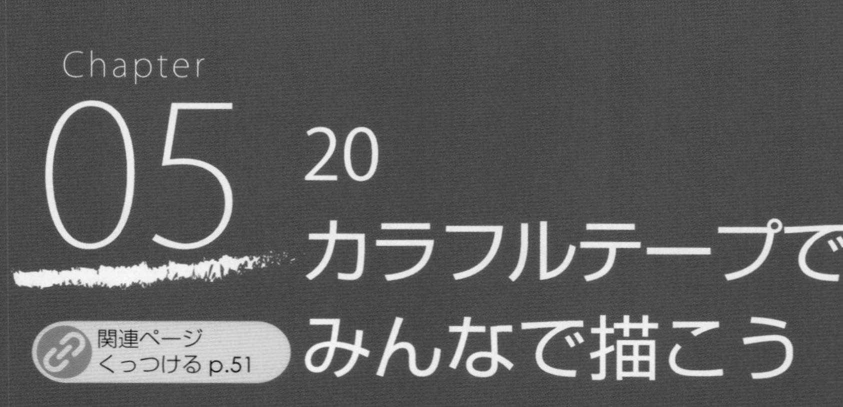

Chapter 05

関連ページ
くっつける p.51

20 カラフルテープでみんなで描こう

ビニールテープ、養生テープ、ガムテープなど、実用的なこれらのテープにも、最近ではカラフルな色が用意されています。これらのテープの主用途は、ものを止めたり貼ったりすることですが、発想を変えると、短く切れば「点」が表せ、長く切れば「線」になります。さらに点や線が集まれば「面」になります。このテープによる点・線・面を活かして、窓や壁、床、階段などをキャンパスに、見る人も楽しい世界をみんなで協力して表してみましょう。

1 ねらい

① 使い方を工夫することで、テープが描画材として活用できることを理解する。
② アイディアを出し合い、協力しながら表現することや大きな面に表すことの楽しさを体感する。
③ 完成した表現を鑑賞し、良さや工夫に気づくとともに、空間の雰囲気が変化することを理解する。

2 準備

ビニールテープ、養生テープ、ガムテープなど色付きのテープ 6 ~ 8 色程度。ハサミ、カッター、カッターマット

実用的なテープにもカラフルな色が用意されている

テープの使い方を工夫して、表現の幅を広げよう

点

曲線

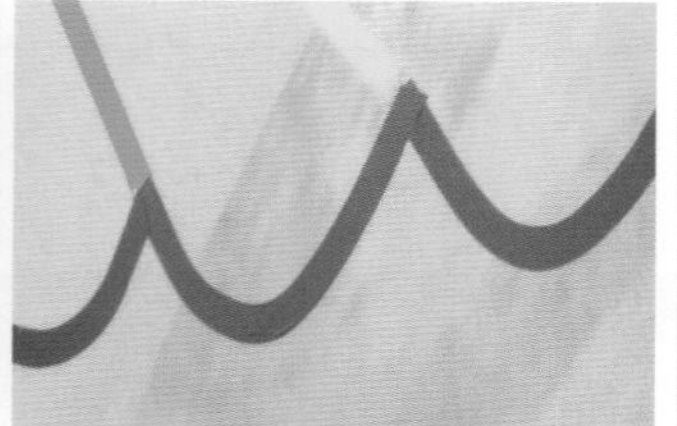

面

盛り上げる

色を重ねる

輪っかにする

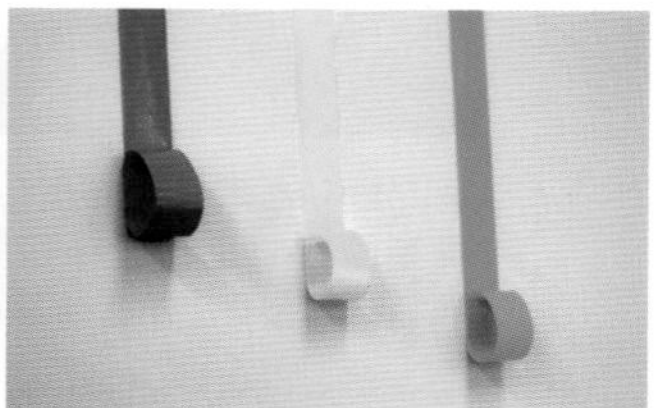

3 アイディアスケッチ

場所なども元に、制作するテーマを考えて、アイディアスケッチをしましょう。

テーマ：

制作

① 表す場所なども元にして絵のテーマを決め、その構成を話し合う。
② アイディアを出し合い、テープの使い方を工夫しながら協力して表す
③ 完成した表現を鑑賞し、感想や気づいたことを伝え合う。

Chapter
05

21 大量の素材であそぼ

関連ページ
身近な素材 p.42 ～ 43

子どもが 10 個の紙コップを目にしたときと、1,000 個のときでは、その反応や遊びが変わってくるでしょう。非日常的な量があると、目にしただけでワクワクし、全身で素材の特徴を感じるような大胆な素材との関わりや遊びが生まれやすくなります。また、年中、年長と成長するにつれて、友だちと関わり合いながら活動するようになりますが、そうした協同性も自然と促されていきます。まずは、みなさん自身が素材を感じながら大量の素材で遊び、その良さや特徴を体感してみましょう。そして、自分たちや園で大量に集められるものにはどんなものがあり、そこからどのような遊びが始まるか、一緒に考えてみましょう。

1 ねらい

① 全身で大量の素材と関わり、素材の特徴を感じ取りながら、遊びや表現の可能性を探求する
② 量がたくさんあることでの遊びや表現の特徴や、心持ちなどについて考える。
③ 大量に集めやすい素材にはどのようなものがあり、それからどのような遊びの可能性があるか考える

2 準備

紙コップ、お花紙、アルミホイル、ストローなど、比較的安価で大量に集めやすく扱いやすい素材

3 進め方の例

① 用意した大量の素材に全身で関わってその特徴を感じ取り、気づいたことを共有しながらあそぶ。
② その素材でできる遊びや表現の可能性を話し合い、さらに遊びや表現を探求する。
③ 量がたくさんあることの良さや、遊びや表現の特徴などについて話し合う。また、他の素材での遊びの可能性について考えたり試したりしてみる。

アルミホイル

新聞紙

ストロー

紙コップあそび

お花紙あそび

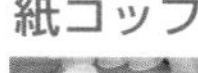

大量の素材での遊びの例

紙コップ

お花紙

● 考えよう

量がたくさんあることの良さや、遊び方や心持ちについて考えてみよう。

大量に集めやすい素材は、他にどのようなものがあるでしょうか。また、それを使ってどのような遊びができるでしょうか。

素材	思いつく遊び

Chapter

05 22 光と影の世界であそぼう

光や影を使った遊びは、非日常的な世界を出現させます。光や影からできる形や色の美しさは、子どもたちの心にどのように映るのでしょうか？ OHP 機器や LED ライトなどを利用すると、全身の感覚を使って光や影の世界で遊ぶことができます。セロファンやペットボトル容器など光を通す素材に直接触れたり光の前に置いたりしてできる、光や影の美しさに触れる体験をしてみましょう。

1 ねらい

① 光や影の美しさを感じる。
② ライトの当て方、素材の置き方などを試行錯誤し、光や影のでき方の違いを体験する。
③ できた光の表現や影の形から自分なりのイメージを広げる。

2 準備

OHP 機器*  LED ライト  記録用カメラ・ビデオ

＊ OHP 機器の代わりに、箱を準備し、中に LED ライトを入れて、上にアクリル板をのせ、簡易的な投光器をつくることができます。この場合、光は天井に移ります。

3 進め方の例

影であそぼう

壁の前に、光を通す素材（ペットボトル、卵パック、ガラス瓶等）、通さない素材（紙筒、空き箱等）を置き、LEDライトを当てる。光によってできる様々な影の形を試行錯誤しながら発見する。素材の置き方やライトの当て方を工夫し、光と影の様々な表情を、カメラや動画で記録を撮る。

影であそぼう

手軽にライトBOXあそび

簡単オーロラBOXあそび

光であそぼう

OHP機器の上に、光を通す様々な素材を置き、投影される光の様子を試す。

- いろいろな色のセロファン、カラープラスチック、スライムなどの素材を置いてみる。
- シートを置き、インクを垂らしてにじみの様子を観察する。
- 水槽を置き、水にインクやセロファンを落としてみたり、ビー玉などを入れてみたりする。
- 投影された光の前に立ち、光の表情にあったポーズを考える。
- 光の表情と影絵を組み合わせて作品をつくったり、お話を考えたりする。

● 活動事例

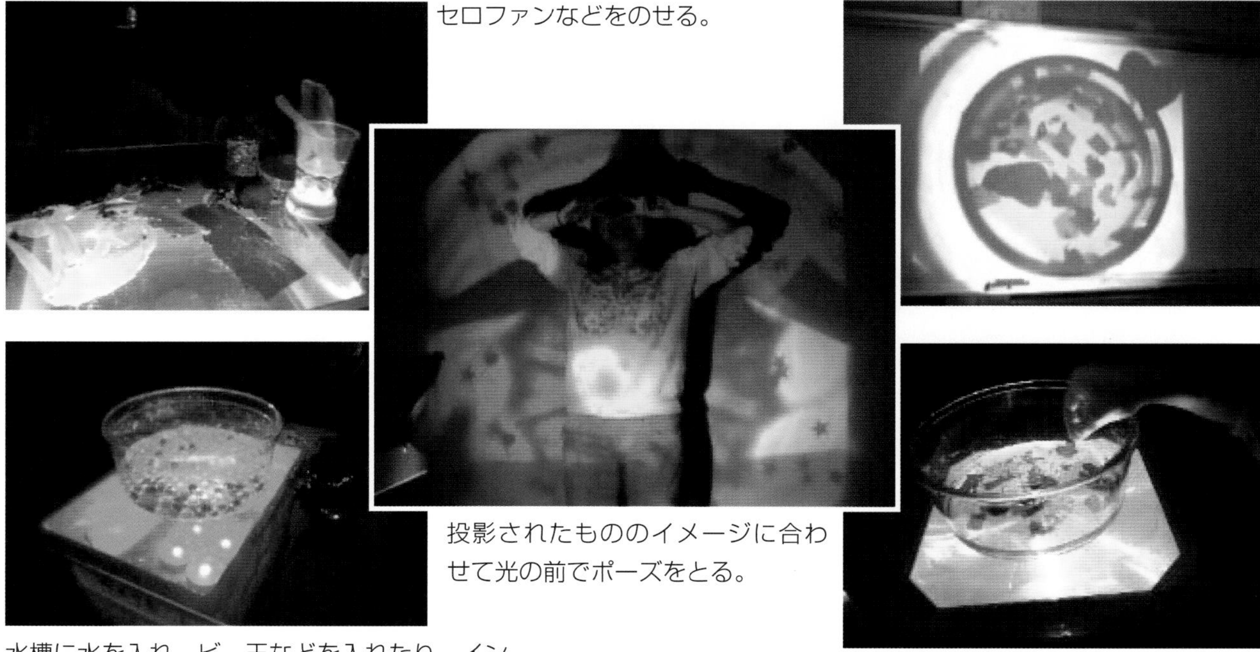

セロファンなどをのせる。

投影されたもののイメージに合わせて光の前でポーズをとる。

水槽に水を入れ、ビー玉などを入れたり、インクを垂らしてにじみの様子を投影したりする。

子どもの姿

ビニール傘にセロファンや形を切り抜いた黒い紙をつけて、下からライトを当て、映った形や光の色を楽しむ。

遊んだ後は、傘の骨組みから外し、園内に展示

乳児からの遊び

保育室を暗くして、ライトで遊ぶ。

アルミホイルを窓辺に敷き、光を反射させて遊ぶ。

Chapter 05

23 自分人形と素敵な場所に行こう
―ICT 機器を使った活動―

小さくなってどこかに行けたらいいな。子どもの頃にそのようなお話を読んだり、夢見たりしたことはありませんか。今回は、ICT 機器だからこそできる、そんなファンタジー要素のある活動です。自分の小さな分身をつくり、自分の気に入った場所に連れ出します。校舎の内外のさまざまな場所にも自分自身にもよく目を向けて、発想豊かに表し写真撮影してみましょう。そして、みんなの写真を鑑賞して、小さくなって旅した世界を一緒に楽しみましょう。

1 ねらい

① 自分人形や場所から豊かに発想し、構図などを工夫しながら表す。
② 身の回りの環境や自分を観察することで、その良さや面白さに気が付く。
③ お互いの良さを伝えあったり共有したりしながら鑑賞を楽しむ。

2 準備

デジタルカメラ  やタブレット、スマートフォンなどの撮影機器、プロジェクターや大型ディスプレイのなどの投影機器。プリンター、厚紙、のり  、はさみ 、カッター 

3 進め方の例

① ポーズを考えて自分の写真を撮り印刷する（または、小さな紙に自分の絵を描く）。
② 厚紙に貼って自分人形を切り出し、置いた際に倒れないように裏面に支えをつけるなどする。
③ 良い場所探し、シチュエーションを考えて、自分人形の撮影する。
④ 撮った写真をプロジェクターなどで写し、みんなで鑑賞する。

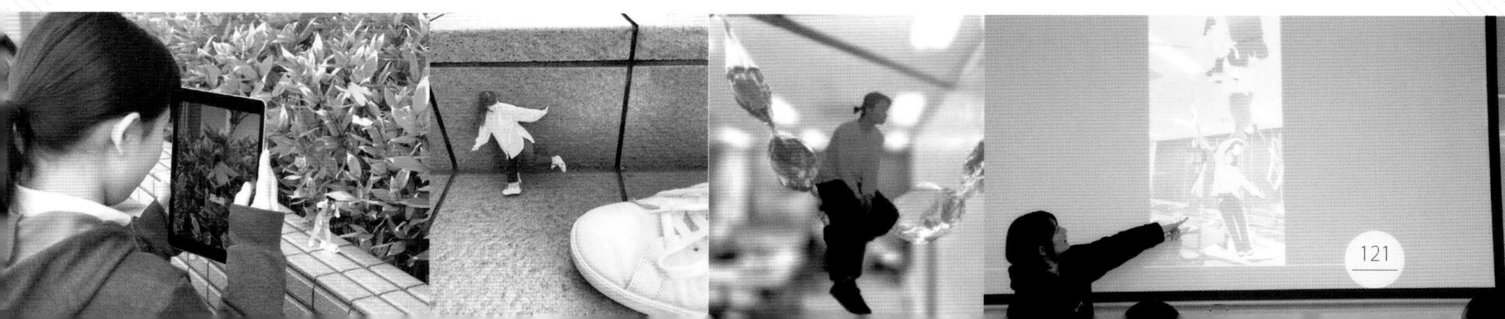

Chapter 05

24 マジックロール

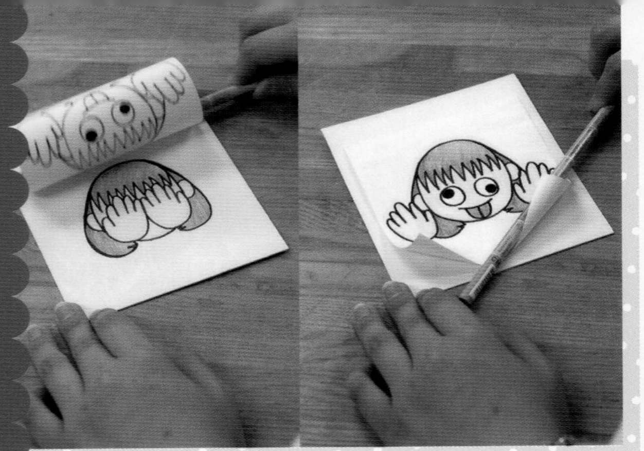

アニメーションという言葉は、止まっている絵に命を与えて活動させる意味の語源からきています。「絵が活動して見える＝動いて見える」ということは子どもの心を引き付ける重要な要素の一つです。そこで、形や絵が動いて見える簡単な仕組みを知り、自分たちでつくって遊んでみましょう。子どもたちや私たちの日常にある映像メディアと表現とが結びつく貴重な体験となるはずです。

1 ねらい

① 形が動いて見えるメディア表現に関心を持ち、仕組みを理解する。
② 二コマの絵が繰り返されて繋がって見えることを生かした形（絵）の動きを考える。
③ お互いの作品を実際に動かして鑑賞し、楽しむとともに、工夫や良さを感じ取る。

2 準備

材料 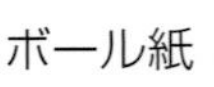 ボール紙  コピー用紙  サインペン  色鉛筆  鉛筆

道具  はさみ  のり

● 制作の仕方と動く仕組み

① 縦 13cm × 横 12cm 程度の厚紙を用意する。（紙が大きすぎると動きが出しづらくなる）

② 厚紙に一コマ目の下絵を描く。（上の方には描かないようにする）

③ 絵の縁を黒マーカーでなぞる。

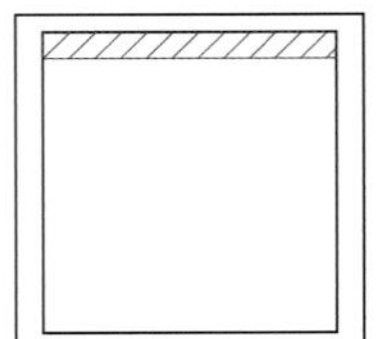

④ ひと回り小さいコピー用紙を置き、上部をのりで接着する。

⑤ 重ねた時に、透けて見える下の形をなぞりながら、動きの違う絵を描く。

⑥ 色鉛筆等で着色する。

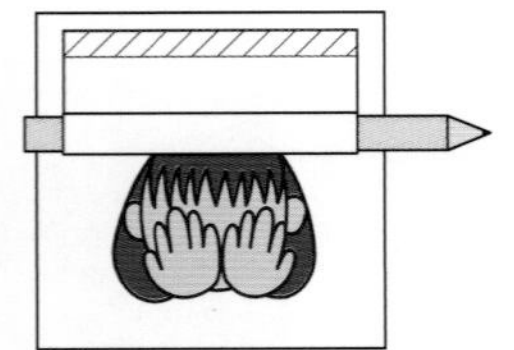

⑦ 上の紙を鉛筆で巻き、捲れるようにする。

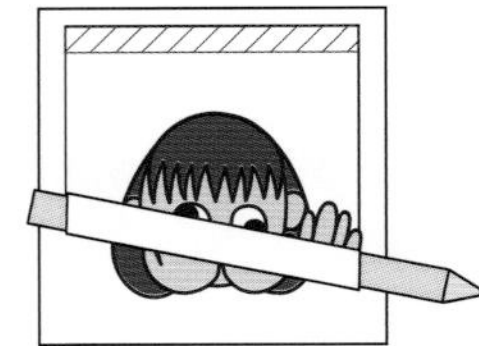

⑧ 鉛筆で上の紙を素早く連続で動かし、絵が動いて見えるようにする。

3 アイディアスケッチ

ニコマの絵が繰り返されて、繋がっていくような動きを考えます。
まず、いくつか大まかにアイディアを出してみます。その中からひとつを選び、下の欄にもう少し詳しく描いてみます。

テーマ：

言葉でも絵でもよいのでたくさん案を出してみよう

一コマ目

ニコマ目

4 制作

① 形が動いて見える仕組みを理解する。
② ニコマの絵が繰り返されて繋がって見えることを生かした形（絵）の動きのアイディアを考える。
③「マジックロール」を制作する。
④ 自分や友人の「マジックロール」を実際に動かして鑑賞する。

発展例：1　割りピン人形のコマアニメ

デジカメやスマホ・タブレットで撮影して連続再生
専用のアプリを使えばより楽しめます

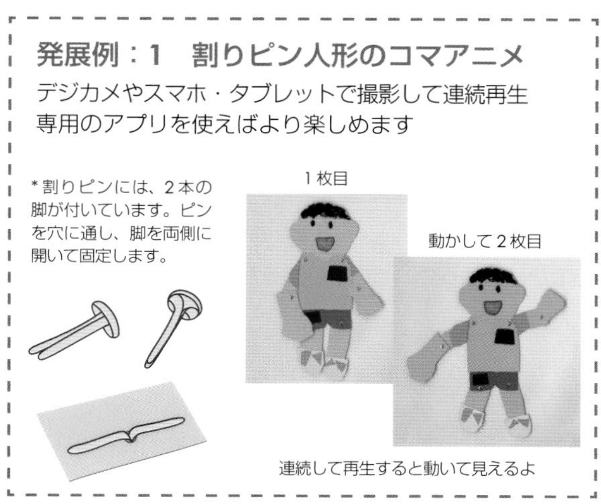

発展例：2　箱カメラ

（江戸時代からあるニコマの絵で楽しむ日本の伝統おもちゃ）

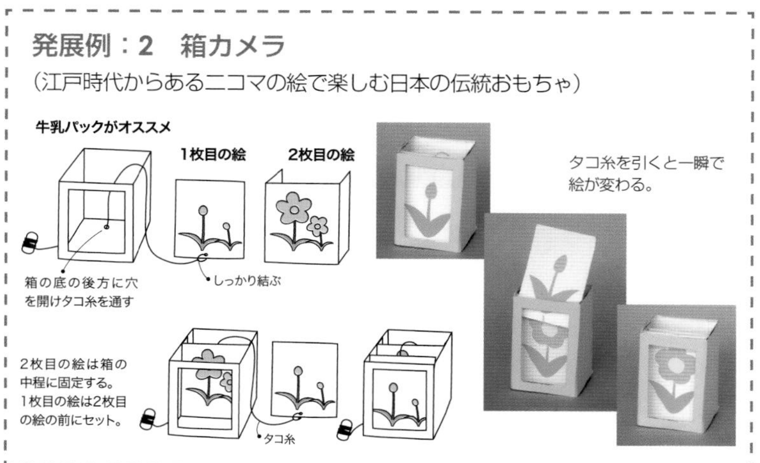

Chapter 08 Column

表現なの？　作業なの？

保育所、幼稚園を訪問した際に、全て同じような子どもの作品が、部屋の壁に貼ってあるのを目にすることがあります。例えば、季節が秋ならお月見などがテーマで、黒や紺の八つ切りサイズの画用紙に、目や口が描き加えられた折り紙のウサギや色画用紙を切ったお団子や月が貼ってあって、その横にはクレヨンでススキが描き添えてある、という下の図のような作品です。パーツの貼ってある位置が多少違う程度で、傍目にはどれも同じに見えてしまいます。なぜそうなるかというと、保育者が見本を掲げてひとつずつ手順を示し、子どもはそれをなぞって完成に至るからです。こうした手法をスモールステップと呼ぶこともありますが、スモールステップによる制作を造形表現、と捉えている園や保育者も少なくないようです。また、そこでのパーツの切り方や貼る位置などのちょっとした違いをもって個性の現れと捉えている向きもあります。しかし、このような方法において、子ども自身がどうしようかなと深く考えたり、何かを思いついたり、工夫や発見をしたりする場面があるかというと、ほとんどないように思われます。なぜなら、子どもは保育者に言われたことを言われたようにこなしているだけになってしまっているからです。こうした活動は、造形表現というよりも作業に近く、そこにあるのは、子どもの主体的で創造的な姿ではなく、受身的で指示を待つ姿です。それは、造形表現によって育みたい姿とは遠く離れています。確かに、パーツの切り方や貼り方等に小さな違いはありますが、それは造形的な作業をする上での違いであり、思いや視点、工夫や発見など、本当に大事にしたい部分での違いとは、また別ではないでしょうか。

さらに言うと、スモールステップを造形活動の軸にすることには、もう一つ大きな問題があると考えます。それは子どもにも保護者にも造形とはこういうものだという誤った価値観、つまり、造形表現には正解がないわけですが、保育者の見本と同じようにできたかどうかという、まるで正解があるかのような捉え方を刷り込んでしまう恐れがあるいうことです。その間違った刷り込みが、その後の小学生や中学生、大人になっても続いてしまったとすれば、大きな学びの損失です。

私たちは造形表現活動を通して子どものどのような姿を育もうとするのでしょう。いっときの大人の都合や見栄えのためではなく、長いスパンでの子どもの育ちも視野に入れながら、その意義・ねらいや活動のあり方を今一度原点に立ち返って考えていきましょう。

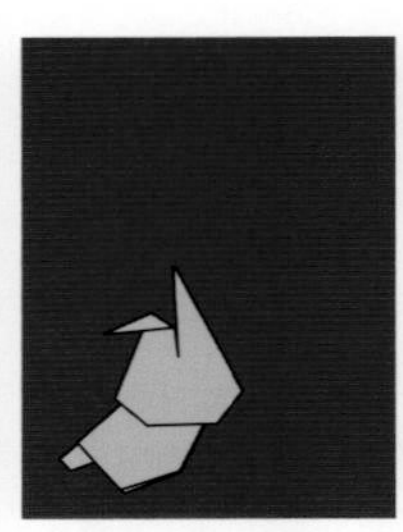

同じゴールを目指すスモールステップ型の造形は、本当に子どものためになっているのでしょうか？

第６章

子どもの姿から活動を考える

　この章は子どもたちと造形表現活動を行うための指導法について学ぶ章です。保育者は日常の何気ない活動に対しても、ねらいや意図をもって保育を行っています。

　ここでは、子どもの姿や生活に基づいた造形表現活動を主とした題材の選び方、活動の展開の仕方について指導案の作成を通して学びます。実践後に振り返りを行うとより学びが深まるでしょう。

Chapter

06 1 指導案を立てる

指導案とは指導計画の１つで、幼稚園・保育所、認定こども園において行われる生活全体の骨組みを示す計画を実施するために具体的に立てられる計画のことです。指導案は、園生活の中で子どもが主体的・自主的に周囲の環境に関わり、達成感や充実感を味わいながら発達に必要な有意義な体験を保障するための見通しを具体的な活動として示したものです。ここでは、実習や他教科で学んだ子どもの姿を想定しながら、造形を主とした表現活動の題材を設定し指導案の立て方について学びます。

1 ねらい

① 心身の発達に関する知識と季節や行事など生活に関連した子どもの姿を想定して題材を考える。
② 子どもが形と色の美しさや面白さを感じたり、ものづくりを通してイメージを具現化する楽しさを味わったりできる表現や遊びの構想を練る。
③ 題材設定の理由を明確にし、題材のねらいに沿った造形表現活動の指導案を作成する。

2 子どもの姿を想定し、ねらいを設定する

保育は、養護と教育が一体となり生活や遊びの中で総合的な指導として行われます。ここでは、領域「表現」の視点から子どもの発達に必要な体験としての造形的な遊びについて考えてみましょう。

幼稚園教育要領等にある「豊かな感性や表現する力を養い、創造性を豊かにする」ためには、日々の生活の中で出会う環境に子どもが自らの興味や関心、能力に応じて関わり、応答を受け取るといった往還的な相互作用が大切です。相互作用が繰り返される中で自己肯定感が育つと共に感性が研ぎ澄まされ、イメージしたものを具現化したい、周囲の人に伝えたいという思いが育つのです。

題材は、生活の連続性を踏まえた子どもの姿を想定した上で設定することが大切です。設定した題材の「ねらい」には、保育者がその活動や遊びを通して子どもに体験、経験してほしい願いを込めます。造形を主とした活動を設定する場合、形と色、触感の美しさや面白さを感じたり、作りたい物の構造を考えながら表現したりすることをねらいとしましょう。

3 アイディアの出し方―環境から考える―

題材は、「ねらい」を基に考えます。「内容」は、題材を通して「ねらい」を具現化するための具体的な活動のことです。子どもの生活の連続性を踏まえて計画します。

題材を検討する際、子どもの姿と併せて季節の移ろいや行事、身近な環境に関心が向くような表現や遊びを設定するのも一案です。ただし、保育者が子どもに経験してほしいと願いを強く持ち過ぎると、子ども一人一人の発達段階や興味・関心とかけ離れた活動となる恐れがあります。そうなると逆に苦手意識を植え付けてしまうので注意しましょう。

題材のアイディアを考える時のヒントをいくつか挙げてみますので、参考にしてください。

【身のまわりの自然や季節を取り入れる】

戸外遊びで集めた木の実や落ち葉・枝は、その季節ならではの素材として活用することができます。陽の光や影、風など感じたことを可視化する表現も楽しいでしょう。身近な生き物に十分触れ合った後、描画や工作等で表現することもできます。

【五感を意識する】

月齢の低い子どもでは、探索活動の延長に造形活動があります。見て触って時には口に入れ、また、何かにぶつけた振動や音を感じながらその「もの」について知っていきます。この時期にたくさんの「もの」と十分にかかわった経験は、好奇心や意欲を育むことにつながり、やがてイメージを膨らませられる年齢になると風やにおい等、目には見えないものも、形と色、描画材を工夫して表現するようになります。

【身近な年中行事・記念日から】

園生活の中で、四季や年中行事、記念日について子どもたちが見たり聞いたりする経験は、日本の文化を伝えていくことそのものです。年中行事や記念日の起源や込められている願い等について、子どもたちに伝えながら、造形活動を通して行事や記念日を表現しましょう。

4 教材研究

造形活動において、どのような素材や材料を教材とするのか検討することは非常に大切です。保育者は、ねらいを達成するためにどのような教材が適しているのか、教材の特徴を把握しておく必要があります。子どもが使う教材を決定する前に、必ず教材研究をしましょう。

教材研究をしながら、造形活動前後の保育の展開をシュミレーションします。活動の内容によっては、作り方の手順や準備する教材の種類や大きさや数、絵の具の濃さ等を検討するために試作品を作成したり、子どものイメージを広げるために見本となる作品を数点、作成したりすることも必要です。実践後の作品の展示方法や、制作したものを使った遊びへの展開についても想定しておくと良いでしょう。

5 教材準備・環境の構成

【教材準備】

造形活動において準備は非常に大切です。素材・材料は名称だけでなく、大きさ、色、数量、長さ等も記入します。活動の展開によっては素材や材料が不足することがあるかもしれません。柔軟に対応できるように予備として多めに用意しておきましょう。

また、用具は制作に直接使用するものだけでなく、予想される子どもの姿を踏まえ準備します。例えば「のり」を使う活動では、「のり下紙」の用意や、のりを使った後に手を拭く「のり用お手拭きタオル」は、水に濡らし絞ったものをの準備するところまで保育者の配慮として行う必要があります。

【環境の構成】

保育は、環境を通して行われます。子どもの意欲を刺激する場の設定は重要です。活動する場所に意図的な仕掛けをする準備するだけでなく、子どもたちの動線を踏まえた展開を考えましょう。内容によっては、環境を再構成することも必要です。

造形表現活動を中心とした指導案の場合、場の設定は「環境構成」の欄に、教材準備は「準備」の欄に記入します。必要に応じて「環境の構成」または「保育者の援助」として図を用いながら記入すると読み手に伝わりやすくなります。

6 指導案を立てる

実際に造形表現活動を想定した指導案を立案してみましょう。指導案の様式は、時系列で示すもの、環境図に書き込むもの等、様々あります。ここでは次ページと同じ時系列様式作成してみましょう。

【課題の内容】

- 領域「表現」の内容を明確にした造形表現活動の保育指導案を作成する（巻末の切り取り式ワークシート p.179、模擬保育を行う場合はチェックシート付の指導案 p.180 を使用する）。
- 実施日、天候、対象児、在籍等は、実習先の経験を基に各自で設定する。
- 活動時間は、対象児の年齢や発達、実施時期を踏まえ、15 分から 50 分程度。

【留意点】

- 主な活動が造形表現活動となるねらいと内容を考える。
- 題材の設定理由は、幼稚園教育要領等にある領域「表現」の「内容」もしくは「内容の取扱い」の項目を根拠とし、指導案の「ねらい」に反映させる。
- 授業の事例検討や実習で出会った子どもの姿を基に、予想される子どもの姿を設定する。
- 準備は、物の名前だけでなく、数量や形、色、長さ、大きさ等を記入する。
- 環境図は必ず記載する。子どもが主体的、自主的に取り組める動線や、作品の展示方法についても想定する。

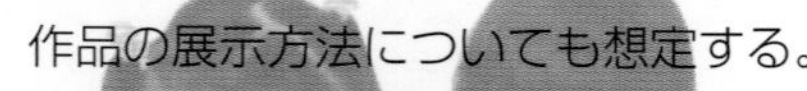

【実例】

保育指導案　　**実習日** 10月18日（金）　　**対象** 5歳児クラス　20名

グループ名　りんご　　担当者名　○○、●●、△△、▲▲

子どもの姿	**活動名**【糸を使って模様をつくろう】
● ねんどで型押しあそびをしたり、スタンピングをしたり等、うつして模様がつくことに興味を持っている。	**活動の内容** ● 糸引き絵をする。
ねらい（領域「表現」の観点は必ず入れる） ● 偶然できた模様の美しさ、面白さを楽しむ。 ● モノトーンの美しさを感じる。	**認定こども園教育・保育要領等、領域「表現」の該当箇所** （2）生活の中で美しいものや心を動かす出来事に触れ、イメージを豊かにする。

準備	黒画用紙（八つ切り画用紙 1/4）40枚＋予備、タコ糸（25cm）20本＋予備、新聞紙、筆20本、少し水で薄めた絵の具（白）、絵の具用の皿（直径5cm程度）20枚	
時間	環境の構成・予想される子どもの姿	保育者の援助（●）と留意点（＊）
10：00	○保育室に集合する。 ○保育者の話を聞く 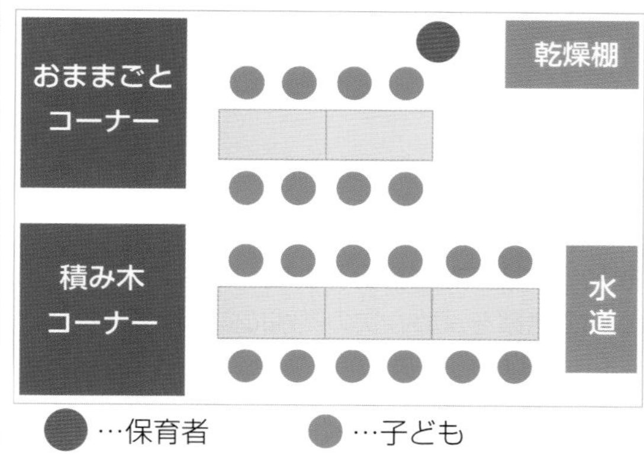	＊机（5台）に新聞紙を敷く。 ＊各机の中央に、お皿に入れた絵の具、筆4本、タコ糸4本を配る。 ● 糸引き絵の手順を実演しながら説明する。 ① 画用紙を半分に折った後に開く。 ② タコ糸を絵の具に浸し、筆を使って染み込ませる。 ③ 画用紙の片面にタコ糸を置き、紙を閉じる。 ④ 紙を押さえたままタコ糸を引き抜く。 ⑤ 色を変えて②～④を4～5回繰り返す。 ● 画用紙を一人1枚ずつ配る。 ＊紙の裏面に名前を書いておく。 ● 子どもの取り組みの様子を見守る。 ● 使いたい色が重なった場合は、譲り合うように言葉を添える。
10：05	○糸引き絵をする。 ①～④を行う。 ● うまく紙を押さえられない子どもがいた場合は、近くの友だちと協力しながら取り組む様子が見られる。 ● 満足のいく模様ができたら乾燥棚に作品を置く。 ● もっと取り組みたい場合は、2枚目の紙を受け取る。	＊しっかりと紙を押さえられない子どもがいたら、保育者が紙を押さえ、子どもが糸を引き抜きやすいように援助する。
10：25	○順次、片付ける。 ● 希望する子ども数人が、糸引き絵が終わったグループの筆とお皿を洗い場へ持っていき、色水の不思議さを楽しみながら洗う。	● 満足した子どもには手を洗ってから、好きな遊びをするように声をかける。 ● 全員が糸引き絵を終えたグループの筆と絵の具の入っていたお皿を洗うように伝える。

【展開予定】

● 糸引き絵が乾いてから、糸の模様を活かしてお化けを作ります。

① 糸引き絵の紙を思い思いのお化けの形に切り、丸シールや色画用紙で目や口、帽子を装飾します。

② 完成したお化けは、10月末のハロウィンパーティーの装飾として壁に貼ったり、天井から吊るしたりします。

Chapter

06 2 実践を振り返る

造形表現活動を主とした部分実習の指導案を作成したら、実践してみましょう。模擬保育を行い保育者役、子ども役等、それぞれの立場で振り返りを行い、計画と実践を結び付けて学びを深めます。子どもの立場を体験し感想を共有することで一人一人の感じ方の違い気づくと共に、題材のどの部分でわくわくしたか、面白く夢中になれたか等、活動の魅力について実感できるでしょう。

振り返りは、幼稚園実習や保育所実習で実践した指導案を基に行ってもよいでしょう。ねらいが達成できたか、子どもが活動に集中できていたかを大勢で評価しあうことで多角的に実践を捉え直すことができ、改善すべき課題が見つけやすくなります。

1 ねらい

① 指導案に基づいた実践をするための教材研究や環境の構成が適切であったか検討する。
② 実践と活動のねらいとの整合性を確認し、子どもの感性や創造性を刺激する活動内容であったかを振り返る。
③ お互いの実践の振り返りや報告から保育者の援助について考察を深め、次の実践に向けた課題を見つける。

2 子どもの姿から学ぶ

子どもの遊びは、一つの遊びが次の遊びの導入となり次々と展開していくことがよくあります。そのような子どもの姿に対して、保育者は保育の質の向上を目指し、自らの保育に対する評価を行い改善していくことが求められています。保育における造形的な遊びは、子どもが主体的、自発的にものと関わり、ものを知ろうと探索したり自分の考えや思いを形と色の組み合わせを工夫し表現したりしていく過程そのものです。保育者は、このような姿のこどもと丁寧に関わりながら、自らの保育を振り返り、自己評価することで、ねらいに込めた子どもの育ちをどこまで支えることができたか確認しています。

みなさんは、指導案を立てる時に、一人一人が楽しく夢中になれる題材を選んだと思います。その題材を通してねらいが達成できるような関わりや環境を構成できたか、子どもの姿を通して学ぶ姿勢が大切です。振り返りを行うことで、実践していた時にはわからなかった気づきや、保育の質を高めるための課題を見つけましょう。

3 模擬保育の手順

① 全員が保育者役のグループとして指導案に基づいた保育を実践できるように、授業回数に応じた人数（3名から6名程度）のグループを作る。
② グループ内で対象と子どもの姿を摺合せた後、実施日、天候、対象児、在籍、ねらい、題材を決める。
③ 領域「表現」の内容を確認しながら、ねらいを達成するために必要な教材の研究を行うと共に、当日の動線を含む場の設定や材料、道具の準備、手順等を指導案としてまとめる。
④ 必要な教材や材料、道具の準備を行う。
⑤ 保育者役は、グループ内の役割分担に従って模擬保育を行う。保育者役は全グループが担当できるようにする。
⑥ それぞれの立場で実践を振り返り、相互評価を行う。保育者役は新たな課題が、子ども役は自分が保育を行う際の留意点・配慮点を明確にする。

4 実践を振り返る

【振り返る方法】

- 保育者役にコメントペーパーを渡す。
- 実践直後に講評し合う。
- グループごとに模擬保育のドキュメンテーションを制作し、後日クラス全体で振り返る。

いずれの方法であっても、立場の違う役の学生同士が相互に評価し合うことが大切です。良いところばかり伝えたり失敗したことを責めたりするのではなく、保育者の意図を確認する質問や、どのような点が雰囲気作りや説明の理解のしやすさ、表現の楽しさにつながったか等、建設的な意見交換を行い、次の実践のヒントを得られるようにしましょう。

Chapter 09 *Column*

月の課題って必要？

保育の場では意識的に季節や行事と結び付けた活動をたくさん取り入れています。それらの活動は園の年間計画に組み込まれ、ねらいについても園全体で共有されています。具体的な活動は、目の前の子ども達の姿を踏まえねらいに応じて課題として設定しますが、経験の少ないうちは、毎月どのような課題を設定しようか悩んでいる保育者もいるのではないでしょうか。

月ごとの課題として３月や４月には蝶の形に切った色画用紙にデカルコマニーで模様をつけたり、「うんどうかい」や「豆まき」といった行事の思い出を絵に描いたり、１月にはお正月遊びに関連したコマや凧などの玩具を製作したり等の活動を、取り入れている園も多いと思います。どのような活動であっても子どもにとって無駄になる経験はありません。しかし、そのねらいの設定と具体的な方法には注意が必要です。見本を踏まえた描画活動や製作を完成させることを主なねらいにしてしまうと、行事を通して感じた「なんだろう？」「面白い」「きれい！」「どうして？」「もっと！！」等、子ども自身が楽しみ、夢中になった感動が、かたちや色を通して表れにくくなる恐れがあります。もちろん子どもたちみんなが同じように経験することで得られる技術や認識もあるでしょう。更にそれを月ごとの課題として可視化することで、まわりの大人が一人一人の子どもの成長や発達を確認する手立てとなることもあるでしょう。しかしそれが、保育における造形活動の主なねらいとなってはいませんか。

保育で、造形活動が「表現」の中に位置づけられることが多い理由は、子どもたちが周囲にあるかたちや色と関わる中で、一人一人の思いや感動が表現されているからなのです。大人にとってわかりやすい姿を求めるのではなく、一見わかりにくい子どもの表現を保育者が読み取り、小学校以降の子どもの育ちを見据えた活動を展開することが大切です。

あえてかたちと色に残さない……そんな月の造形表現の課題があっても良いかもしれませんね。

遠足の思い出

5月。自衛隊の中にある広場へ遠足に行きました。数日後、「えんそくのおもいで」を描きました。お弁当を食べている様子や広場にある降下塔、大きな松の木と松ぼっくりを描いている子が多い中、Ａ君（写真１）とＢ君（写真２）は見学用に設置されている自衛隊の飛行機を描いていました。その飛行機の中に入って見学したからかもしれません。

Ａ君は飛行機に乗れたことが嬉しかったのでしょう、窓から覗くにこにこの自分の顔を描いています。砂利が敷かれたところを歩き、後ろ側の入り口に架けられた梯子を上って中に入ったことが説明的に描かれています。

Ｂ君は自衛隊機独特の迷彩模様が印象に残ったらしく、模様のかたちを描き、色を塗り、また次の模様…とパズルのように組み合わせ、時間をかけて機体を描きあげました。

どちらも楽しかった遠足の思い出がよく伝わってきます。

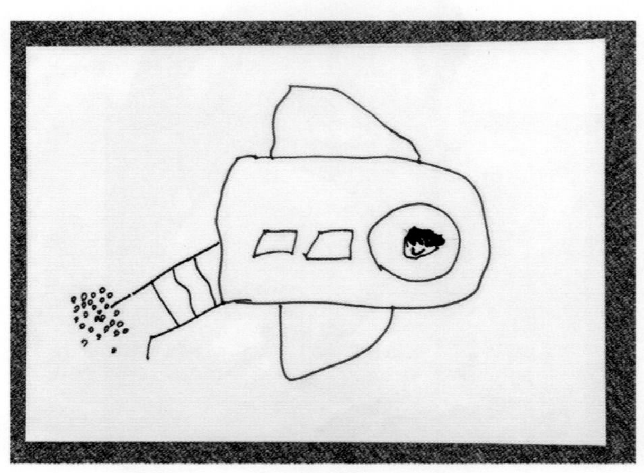

写真１

写真２

第７章

子どもとともに成長しよう

保育者として現場に立つ時、みなさんは、日々の保育に迷いながらも、目の前の子どもたちと共に保育者として成長していくことでしょう。ここでは、現場に出た保育者が、どのような視点でこれからの保育に取り組むことが求められているのかを、事例を示しながら考えたいと思います。

Chapter

07 1 保育の環境

保育は、環境を通して行うものですから、保育所内の環境には、十分な配慮を行いましょう。環境には、物的・空間的環境と人的環境がありますが、物的環境・空間的環境では、保育室内や玄関、廊下、園庭、教具類の選定や整備、家庭や地域の環境等があり、人的環境は、保育者や友だち、家族、地域社会等、子どもを取り巻くすべての人々です。子どもは、自分を取り巻く環境に影響を受けながら、成長して行きます。

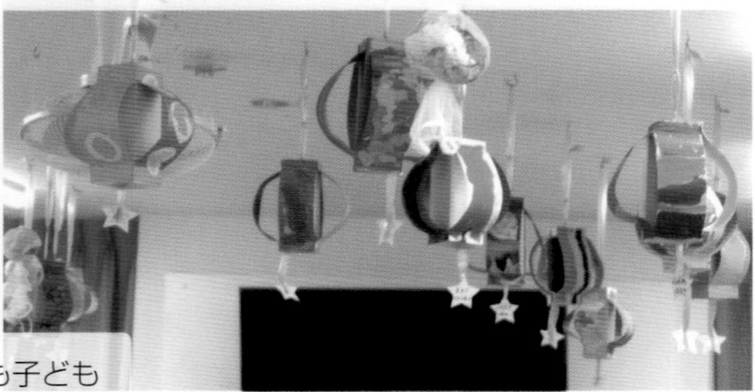

天井にも子どもたちの作品が

傘を使って光の遊びをした後、ビニールを骨組みから外して廊下の照明として展示しました。（p.120 参照）

保育室の環境は、子どもが１日の多くの時間を過ごす場であることから、必要な体験を得られるようにすることが大切です。子どもが安心して過ごせる雰囲気や、行事を楽しみにし、季節感を味わえるような環境をつくりましょう。

アトリエ内の装飾　みんなでボールに絵の具をつけて投げたり、思い思いの材料でスタンプしたりしました。

時計にも装飾が！
子どもたちの絵で装っています。

階段にも作品が！

園庭や園舎全部が美術館。子どもたちの表現を展示して、楽しい雰囲気をつくりましょう。

トイレの中にも装飾をして、楽しい雰囲気をつくり出しています。

園庭の柵にも楽しい仕掛けが!!

玄関や廊下、保育室内、トイレ、園庭など、子どもが安心して楽しく過ごせる環境を工夫しましょう。

Chapter

07 2 日常の姿を伝える

日常の子どもたちの活動の様子や作品を展示して、保護者や地域の方々に伝えることは、子どもたちにとっても、保護者にとっても楽しいコミュニケーションです。楽しんで生き生きと表現している日々の姿を見る人に伝えられるよう、環境等工夫しましょう。

作品展の看板
保育者や子どもたちで作りました。

イベントなどでは、いつもの保育室と違う環境をつくり上げると、新鮮で、楽しい気持ちを盛り上げることができます。

作品には、子どもの制作している様子の写真とコメントが添えられています。この様な記録もドキュメンテーションの１つと言えます（※p.150 参照）子どもがどのように考え、どのように工夫して制作したのか、その過程が見る人に伝わるような展示の工夫があります。

様々なイベントでは、保育者も仮装して、子どもたちと非日常を楽しみます。

お手伝いの子どもも仮装しています。

Chapter

07 3 造形活動の環境づくり

子どもたちがやりたくなるような環境をつくるために

～子どもたちの興味や関心を探る～

「こんな風になってほしい。」「こんなことを考え、感じてほしい。」「こんなことに気づいてほしい。」子どもたちへの願いを環境というメッセージに込め、子どもたちの主体的な活動を支援していくのが保育だと考えます。

1 環境を変えれば、子どもの活動も変わる

道具（筆・色々なもの）	支持体（紙・板・箱など）	描画材（絵の具・墨・パスなど）

筆は絵の具をたっぷり含むことができる動物毛がよい	大きな紙を用意するとダイナミックな活動が展開される	カップに入れると上から色が見やすい。プラスチックマグだと持ちやすい

身のまわりにあるものだったら自然物でも人工物でも何でもよい。捨てる前に試してみたい	何に描いたってよい。子どもが興味を持つものをいつも探しておこう ※捨てられていたすのこに描く	支持体に跡を残すことのできるものなら何でもよい。植物の汁、泥水、砂、石の粉、油など、何でも試してみたい

◆ 子どもたちの日頃の姿から、どんなものを一緒に準備しますか？ 友達とアイデアを出し合ってみましょう。

道具	支持体	描画材

2 素材が子どもたちに働きかける

子どもの興味や関心を捉え、よく考えて環境を用意すると、支援者が「○○しなさい」と言わなくても、子どもたちは主体的に活動を始めます。そのためにも子どもたちの表情や言動から“心の声”をつかめるような関わりを、日頃より意識しておくことは大切なことです。

★ 出来上がり（結果）ではなく、プロセス（子どもの姿）を積極的に見て、認めていくことを大事にする。

【柱に描く】

材料・道具

プロセス

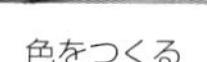

色をつくる

柱を立てて足で描く

色々な道具で試す

スタンプをする

【大きな紙に描く】

材料・道具

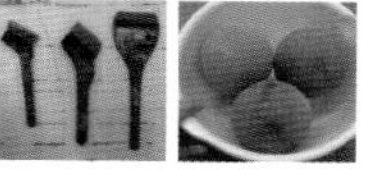

プロセス

紙を立てて描く

紙を寝かせて、ドリッパーで描く

ハケでボールを転がす

絵の具を垂らす

スタンプをする

3 環境をつくる

材料や道具、場所が子どもたちの好奇心を刺激して「やってみたい」と感じさせることがあります。そしてそれらを自分で選べるようにすることで、子どもたちは主体的に「やりたいこと」を見つけ取り組んでいきます。用意したものは決して特別なものではありません。身のまわりにある当たり前で普通のものたちです。このように視点を変えて日常を見返してみると、面白く、新しい発見がたくさんあります。それが“子どもの視点”です。さらに大人がその視点を持つ努力をすることで、子どもたちの創造と想像の世界は大きく広がっていきます。

4 保育者の関わり方が大きな環境

ここまで、環境であるモノ（材料・道具）を考えてきましたが、その他の大きな環境としてヒトがあります。保育現場では友達や保育者がそれにあたります。その中でも保育者の存在は大きいです。保育者は子どもたちの発達や興味関心を総合的に考えて、保育を実践していきます。どんな目標を設定するか、どんな材料や道具を用意するか、どんな導入を行うか、どんな言葉かけをしていくかによって、過程は大きく変わります。また、ヒトとヒト、モノとヒトが関わることによってコト（出来事）が生まれます。つまり「モノ・ヒト・コト」が相互に作用しながら行為が続いていきます。そのことを意識し、保育を「子どもから考え始める」ことのできる専門性のある保育者を目指していきましょう。

Chapter

07 4 研究、研修

保育者は、保育の専門職として、絶えず新しい知識や技術を研修する義務があります。園内や外部の様々な研修を通して学んだり、日々の保育に課題を持ち、改善に努め、子ども理解や保育技術を高めたりして、保育者としての資質・能力を高めて行くようにしましょう。研究や研修は、地域により様々なものが企画されていますが、ここでは、造形表現に関する事例を紹介します。

1 保育者、学生にむけたワークショップの事例

ワークショップとは一方通行的な知識や技術の伝達でなく、参加者が自ら参加・体験し、グループの相互作用の中で何かを学びあったり創り出したりする、双方向的な学びと創造的なスタイルの事を、ワークショップと言います。

● 研修型ワークショップ「粘土を使った活動を考える」（小串里子指導）

参加者 15 名で 200 kgの土粘土を使い、全員でリズムに合わせて粘土を踏んでこねた後、粘土を中心に集めて山にし、ジャンプしました。全身で粘土と関わる楽しさを味わった後、「高くて空間のある作品」をテーマに、学生、保育者が共同制作を行いました。

（下）音楽に合わせて、輪になり粘土を踏んでいきます。足の裏から粘土の感覚が直接伝わり、参加者の緊張感も一気にほどけて行きました。
（右）粘土を山にして、そこからジャンプ！心が解放され、全身で粘土の存在感を感じることができました。

● 公開ワークショップ「色を感じる」（高松市芸術士太田恵美子、阿部麻海、伊藤修子指導）

大学前の公園に、絵の具やクラフト紙、模造紙等、様々な素材を運び、参加者が全身を使って、絵の具の色の美しさを感じられるようなワークショップを行いました。

（下①、②）色々な道具や素材を工夫してドリッピングやスタンピング等を行い、効果の面白さや色の重なりや混色による色の美しさを味わい、自分なりの空間をつくりあげました。
（下③）衣装を身に付け、音楽に合わせてジャンプ！
（下④）枝に傘を吊るす等して、光を通して見える色の美しさを味わいました。

● 公開研究保育「つくりたいものつくろう」（石川康代指導）

研究会のメンバーである保育者が、日常感じている疑問をもとに、PDCA サイクル＊1 で保育の改善を図り、公開研究保育を行いました。また、研究保育の場で、ドキュメンテーション（p.150 参照）を行い、一人一人の子どもの制作過程の観察や、日常の保育への活用を紹介しました。

この公開研究保育は、学生、地域保育者、保護者、教員、市民、行政、美術教育関係者等、子どもを取り巻く様々な大人が参加して行われました。

「つくりたいものつくろう」は、子どもたちの扱い易い素材を準備し、いろいろな形や素材の特徴を生かして自分なりにイメージしたものをつくる活動です。

＊ 1 Plan（計画）→ Do（実行）→ Check（評価）→ Action（改善）の4 段階を繰り返すことによって、活動を継続的に改善していく方法

2 研修会「みる活動における 5C の力を体験的に学ぶ」（鳥越亜矢指導）

岡山県総合教育センターの平成 30 年度就学前保育実技研修講座において、保育者 67 名を対象にして、対話型鑑賞体験や、子どもの視界が体験できる「チャイルドビジョン」を用いて、子どもの「5C の力」を引き出し、支え、意味づけ、つなげるかかわりを考える研修を行いました。

● 5C の力とは

「C」から始まる単語をキーワードにした、遊びを捉える理論です。何かを「面白い」と思っているとき、大人も子どもも、知識・記憶・経験や 5 つの力が Connect「繋がり」、Concentrate「集中」し、それを前提として次の 5 つの能力を発揮しています。

① Catch：五感を使って感知する力。
② Control：心や体、道具をコントロールする力。
③ Communicate：視線や表情、言葉でコミュニケーションする力。
④ Create：創造する力。（意思決定や破壊も創造とみなします）
⑤ Comprehend：「あっそうか！」という知的な理解や気づきの力。

＊引用・参考文献　小川 純生著「遊びは人間行動のプラモデル？」経営論集 58 号 pp25-49　2003 年

対話型鑑賞体験の様子。（※ p.160 ～ 161 参照）これは複数の鑑賞者がファシリテーター（ナビゲーター）とのかかわりを通じて「みる」「考える」「話す」「きく」ことにより、鑑賞者それぞれの気づきや発言が繋がったり、お互いの意識の揺さぶりになったりしながら作品を深く味わう鑑賞法です。安心して発言できる雰囲気を作ったり、発言の自然な促しや引き出しをしたりして鑑賞を支えるファシリテーターのかかわりが、子どもに対する保育者のかかわりとよく似ていることを参加者は実感しました。

チャイルドビジョンを装着した子どもの視界体験の様子。視野が狭く隣に人がいてもわからないことに驚いたり、「みる」行為でさえも子どもは全身を使っていることに気づきました。その一方で、目の前のものに集中する見え方でもあることがわかりました。「みる」ことを通じて園環境を見直すきっかけにもなる研修でした。

Chapter 10 Column

ドキュメンテーションで子どもの姿を観察する No.2

ドキュメンテーション（p.150 参照）は、記録をとる保育者の保育観によっても、さまざまな子どもの姿が浮かび上がってきます。「ドキュメンテーションで子どもの姿を観察する No.1」（p.58）と共に読み、保育者としての、それぞれの保育観の違いについても考えてみましょう。

事例 1）S 君のドキュメンテーション

Y さんは地域の保育園にボランティアに行き、4 歳児の「絵の具で遊ぼう－共同制作－」の活動に参加しました。この活動で、Y さんは S 君の描く姿に注目して、ドキュメンテーションを行うことにし、カメラで撮影をしたり、メモをとったりしながら、S 君の様子を観察しました。活動後は、それらの資料をもとに、次のようなドキュメンテーションにまとめました。

S 君は、始めバチックを行っていた。最初はクレヨンで直線を描いていたが、何か意図的に描いているのかと気になり行動を追ってみた。すると絵を描きながら一人で「サメが魚を食べた～」「サメは食いしんん坊」などとつぶやきながら描いていた。S 君には、イメージする世界があり、その中で楽ししみながら夢中になって描いているのだと分かった。しばらく集中して描いていたが、保育者が「クレヨンが終わったら絵の具もできるよ」というと、すぐに絵の具を使い始めた。また、次の活動では、スタンピングを行い、空いているスペースに四角の形を押していた。しかし、同じグループの男の子がローラー遊びをしているのに気づき、S 君もローラー遊びをはじめた。次第にバチックの時と同じように、何やらつぶやきながら、感情を込めて手首を自由に使いクネクネしたり山を作ったり自分の好きな方向にローラーを転がたり、強弱をつけ線を太くしたり細くしたりして描いていた。S 君のバチックとローラー遊びの描き方は共通していて、描くほどに夢中になり、自分の世界に入り込んで描くことを楽しみながらも、まわりの様子はしっかり観察していて、自分の表現に取り入れている様子が分かった。

S 君のバチックの活動の様子

ローラー遊びの活動の様子

Chapter

07 5 アートプロジェクトの企画

幼児期は、感じたことや考えたことを自分なりに表現することを通して、豊かな感性や表現する力を養い、創造性を豊かにすることを保育の目標にしています。目標達成のためには、時には日常の保育室から飛び出し、様々な人や自然と触れ合い、のびのびとした環境の中で自分を表現し、楽しむ体験も大切です。そのためには、仲間の保育者と協力し、家庭や地域団体と連携を図りながら、地域施設等の広い空間で、いつもとは違った体験ができるような企画が立てられると良いでしょう。小学校や中学校等の異校種や、老人施設等の異種施設と連携して地域の様々な人と触れ合えるような企画等、地域の実態に応じて柔軟に考えてみましょう。

ここでは、アートを中心とした企画「アートプロジェクト」の紹介をします。アートプロジェクトは、アートの特色である形や色、様々な素材や身体、音楽等を使って、年齢や立場等に関係なく、みんなで一緒に参加することができます。実施する環境の特色を生かし、身体全体を使って思い切り表現したり、集まった人と協同制作を楽しんだり、子どもたちが豊かなアート体験を味わえるような企画が立てられています。

1 アートパーク（主催 聖徳大学児童学研究所　聖徳大学生涯学習研究所）

アートパークは、2008 年より公園の活性化や子どもたちの豊かな遊びの体験、また、学生の実践力の向上をねらいとして、毎年、聖徳大学前の松戸中央公園で行っています。学生を中心として運営され、ゼミや有志が参加して様々なワークショップを企画したり、地域の団体や保育所等と連携して一緒に行っています。

ふみふみはんが

ふみふみはんが
(2012.7.1)
90cm × 180cmの板に、様々な素材を貼り付け、ローラーでインクをつけて紙をのせ、みんなで音楽に合わせて足踏みをして版画を擦り、共同制作を行いました。

キラキラ kids（2021.10.10）
子どもと学生の協働制作「かお」（左）大学と保育園を zoom でつなぎ、お互いの顔やイメージを、段ボールに表現し、公園に設置してインスタレーションを行いました。展示された段ボールは、子どもたちが思い思いに動かして遊ぶ活動に変化していきました。

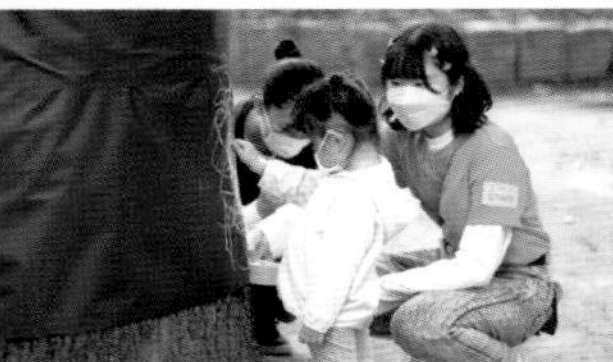

「カラフルはさんでつなげて」（上）カラフル洗濯ばさみを公園の木に張ったロープに挟んでつなげて遊びました。
「おえか木」（下）公園の木を黒板にして、チョークでお絵かきしちゃいました。

子どもの木（2022.10.16）
「子どもの木」（左）地域のから古着を集め、公園の一番大きな木を着飾り、ワークショップのモニュメントにしました。「不思議なシャカシャカ」（p.144 上）サンバのリズムで踊って振ると色が出てくる不思議なマラカスをつくって遊びました。「こどもおうえんフラッグ」（左上 下）フラッグの形の紙に、いろいろなものでスタンプ遊びをしました。公園にみんなのフラッグをつるして飾りました。

ワークショップ「子どもの木」記録動画

もりのようふくやさん（2023.9.10）
子どもたちが好きな衣装をつくり、学生や保育者と一緒にファッションショーをして遊びました。

2 「ゼロ円建設株式会社」～廃材から創るみんなの創造都市～

（真岡青年会議所主催、名取初穂指導）

久保貞次郎[*1]ゆかりの地として名高い栃木県真岡市では、青年会議所が中心となって地元の大学と連携し、子どもたちの創造性を伸ばすためのイベントを企画運営しています。本プロジェクトでは、段ボールやプラスチックの空き容器、木の端材、発泡スチロールなどの様々な廃材を使って、幼児から小・中学生まで100名に及ぶ子どもたちが、素材を「積んだり、並べたり」しながらダイナミックな造形遊びを展開しました。

『はじめは具体的なイメージが無くて大丈夫！　まずは好きな材料を手に取ってみよう』――素材に働きかけながら発想や構想を深めていく「造形遊び」の導入から活動がはじまります。子どもたち一人一人がゼロ円建設株式会社の「社長」として自分の力で建物を創り上げていきます。保護者やスタッフは「従業員」として、あくまでも主役である「社長」のサポート役に徹しました。

保育士・教員を目指す学生もボランティアスタッフとして活動に参加し、子どもたちの声に耳を傾けました。（國學院大學栃木短期大学・子ども教育フィールド学生有志）

活動の終盤になると、形に具体的なイメージや色が入り、ひとつの大きな「まち」が出来上がりました。体育館に吊るした巨大な布に自分たちの創造した「まち」が映し出され、最後にポリ袋にみんなで夢を描いたシンボルツリーがライトアップされると、会場から歓声が沸き起こり、子どもたちは一斉にツリーに向かって駆け寄って行きました。『このような経験をした子どもたちがいつしか大人になって今度は自分の住むまちを良くしようとする原動力になってくれたら――』イベントを主催した真岡青年会議所・山口力也委員長の言葉にこのプロジェクトへの深い意味が込められています。このように単に作品づくりを目的とするのではなく、子どもたちの「育ち」に対する願いを持って、保育・教育を実践することが大切です。

協力：國學院大學栃木短期大学・子ども教育フィールド学生有志

＊1：久保貞次郎：栃木県出身の美術評論家。小中学生を対象とした創造性を重視した教育運動の指導者（21p 参照）

Chapter 07 6 芸術を取り入れた保育の事例

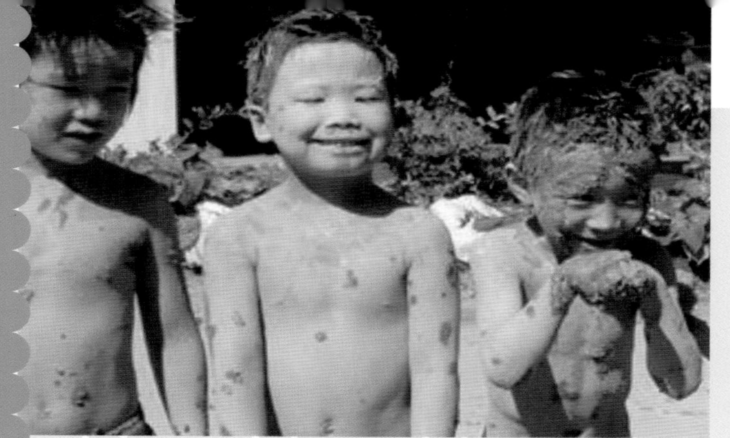

1 芸術士の活動の紹介（高松市）

芸術士の活動は、高松市が独自に行っている保育に芸術を導入したユニークな事業です。

「芸術士」とは子どもたちの芸術表現をサポートする役割を持つ専門職の呼び名です。地域のアーティストを、市が「芸術士」として定期的に保育所や幼稚園、こども園に派遣し、生活を共にしながら、子どもたちの興味や芸術表現をサポートし、記録するような、アートを取り入れた活動を行います。また、活動は、保育や教育の枠にとどまらず、子どもたちとの活動を手掛かりに、地域を巻き込んだまちづくりにも貢献する取り組みを行っています。高松市では、このような芸術士派遣事業をイタリアの「レッジョ・エミリア・アプローチ」（p.150 参照）という幼児教育の考え方を参考にスタートさせた全国的にも初めての取り組みで、保育や美術教育関係者からも注目されています。

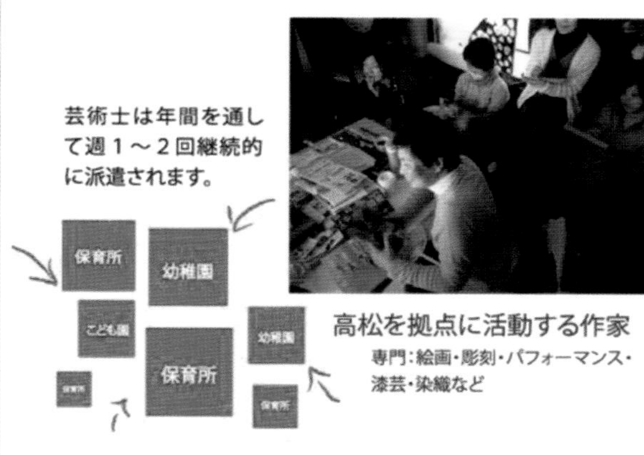

芸術士 HP：http://geijyutsushi.archipelago.or.jp　所有元　芸術士（R）

2 アーティストがやってくる！ in 北部幼稚園（松戸市）

松戸市の北部幼稚園にアーティストが行き、園児と共に音楽、身体、造形等、様々な表現を使って幼稚園を劇場に変え、みんなでアートを楽しみました。この試みは、子どものアート体験を豊かにしていくための研究として実施されましたが、園庭、階段、廊下やホール等幼稚園を丸ごと劇場空間にしてしまう造形は、園児、保護者、学生、教員等、みんなで協力してつくり上げました。

つくり上げられた劇場空間を使って、園児たちが音楽や身体表現のアーティストと一緒に衣装を作り、ダンスや音楽を発表しました。

子どもとアーティスト

アートには、美術や音楽、文学、演劇等様々な表現がありますが、自分の感情や考え、意志等を形にしたり、態度や言葉で表したりすることをアートと言い、このようなアートを仕事にする人をアーティストと言います。子どもの表現も、自分の感情や考えをストレートに表現するという意味において、アーティストと同じであると言えます。

大人のアーティストが子どもと違う点は、個性的な表現力で自分の感情や考えを鑑賞者に示すことを仕事にしている点です。ですから、この活動や高松市芸術士のように、アーティストが、子どもたちのところに行き、共に表現を楽しむことは、子どもの表現力や創造性を育てることにつながります。表現者としての専門家が、表現者としての子どもに与える影響には多々なものがあるでしょう。同時に、アーティストにとっても、活動の場が広がったり、子どもから新たな刺激を受ける等得るものがあると言えます。

子どもは、地域社会の中で様々な大人と関わり合いながら成長していくことが大切ですが、特にアーティストと関わることは、子どもとアーティスト双方にとって有意義であると言えるでしょう。

Chapter 07

7 これからの造形活動を考えよう

これからの造形教育を考える上で、これまでの指導方法や、これからの社会の動き、保育の動向などを踏まえ、視野を広げて考えていくと良いでしょう。以下に示すキーワードとなる事項を参考に考えていきましょう。

1 SDGs（エス・ディー・ジーズ）と造形活動

SDGs（Sustainable Development Goals）とは、2015 年 9 月の国連サミットで加盟国の全会一致で採択された「持続可能な開発のための 2030 アジェンダ」に記載された、2030 年までに持続可能でよりよい世界を目指す国際目標です。17 のゴール・169 のターゲットから構成され、地球上の「誰一人取り残さない（leave no one behind）」ことを誓っています。SDGs は先進国のみならず、発展途上国でも取り組むべき普遍的なものであり、日本でも積極的に取り組んでいます。

保育の観点からも、将来世代である子どもたちが持続可能な社会を生きていけるように、その考え方や課題を伝えていく義務があります。そして、未来を担う子どもたちと共に SDGs の取り組みについて理解し、実践できるようにしましょう。

保育の現場でも、子どもたちが楽しく取り組めそうな活動を工夫し、多くの保育園・幼稚園で、子どもと共に取り組んでいます。

具体的に保育で取り組めそうな目標を見てみると、子どもの周辺の環境づくりや体験を通じて学べるものが多いのではないでしょうか。造形活動やお遊戯会などのテーマとして SDGs の目標を組み込んだり、生活の中で教えられる場面を見つけたりと、保育にはさまざまな形の SDGs 教育が考えられます。目標 2「飢餓をゼロに」を意識し、食育を通じてフードロス削減や植物の栽培などで食の大切さを学ぶ。目標 5「ジェンダー平等を実現しよう」では、男の子と女の子が仲良く過ごせる環境づくり。目標 11「住み続けられるまちづくりを」では、地域と連携した取り組み等も、造形活動と関連させることのできるテーマですが、特に目標 12「つくる責任つかう責任」では、直接造形活動と関連させて、廃品を使った造形や、造形活動から出た廃棄物のリサイクルや分別などが考えられるでしょう。

2 レッジョ・エミリア教育と造形活動

レッジョ・エミリア教育とは、教育家であるローリス・マラグッツィが提唱した「100のことば」をもとに考えられた教育メソッドです。北イタリアのロマーニャ州のレッジョ・エミリアと呼ばれる地方都市から広まったことから、名づけられています。レッジョ・エミリア教育では、子どもの自律性や協調性を養うために「プロジェクト」や「アート活動」「保育ドキュメンテーション」といったユニークなアプローチを設けていて、子どもの自主性や興味・関心を伸ばす教育に取り組んでいます。活動の特徴は、今では、保育の基本的な考え方として浸透していることが分かります。高松市の特色ある活動である「芸術士」も、レッジョ・エミリアの教育をもとに考えられています。

【活動内容の特徴】

● 環境

教室には壁がなく、お昼寝の部屋やランチの部屋、キッチンなどさまざまなスペースが一つの大きな空間になるよう設計され、ピアッツァと呼ばれる共同広場やアトリエがあるのも大きな特徴です。それにより子どもが思い思いの時間をすごしたり、プロジェクトを進めたりできる空間があり、創造性を育む環境を大切にしていることがわかります。

● 想像力や感性をアートで表現

スタッフがフォローしながら、子どもの想像力や感性をアートで表現することもレッジョ・エミリア教育の特徴の一つです。自然の物に触る・目で見る・触れて感じるといったこともアート活動であるという考え方です。たとえば、何か作品を作るときには、表現したいもののイメージにあわせて、さまざまな材質や素材の布も利用したり、公園や園庭で手に入る小枝や石、植物の種、海で拾ってくる貝殻、廃材とされるペットボトルや食品トレーなどもアートに利用したりします。それにより子どもたちのアートに対するインスピレーションを育てるだけでなく、身近なものに興味をもって生活することにもつながります。この様な考え方は、今では、保育の基本的な理論になっています。また、子どもたちのアートのための廃材リサイクルシステム「レミダ」が、市営の施設として設置されていて、レッジョ・エミリアの教育の重要な役割を担っています。

● 保育ドキュメンテーションで振り返る

子どもの毎日をメモ・動画・録音などを使って記録を残すことを保育ドキュメンテーションと言います。記録をすることで、子どもたちは今、何に興味を持ち、どんなことに触れたいのか、そして何を学んだのかを保育士だけでなく保護者も確認し、知ることができます。また、保育ドキュメンテーションは子どものその時の気持ちなどを振り返る大事な記録でもあります。特に、造形活動においては、子どもたちが直接手を動かし、五感を使って考えていく活動である為、ドキュメンテーションを画像や動画に記録することで、子どもたちの考えや思考の過程が分かりやすくなります。

3 ICT、プログラミング教育と造形活動

プログラミングと聞くと、パソコンを使って難しい操作を習得する学習のように感じる人がいるかもしれません。しかし、これからの社会に向け、プログラミングの教育は、経験を通して「さまざまな状況においても、柔軟に対応し最良の結果を出せるプログラミング的思考」を育成することをねらいとすることが小学校学習指導要領に示されています。幼稚園教育要領にも、幼児の直接的な体験との関連で「プログラミング的思考」に結びつく資質・能力を育成することが示されています（第1章第2節「(6) 思考力の芽生え」、第1章第4節「情報機器の活用」）。幼児期においては、発達段階に相応しい導入が必要であること、また、幼児の特性を考慮し「遊び」や「ものづくり」の中で培われる活動が有効であり、造形活動と関連させて総合的な活動として、幼児期から親しむことが重要であるとされています。

実践事例）「ロボットごっこ」（2023.2.11）
5歳児に対し、事前に廃材を使ってロボットの操縦かんを工作。前、右、左などの動き方の指示シールを貼って完成させ、後日、ロボット役と操縦する役になって、記号の指示通りに操縦したり、動いたりして楽しむ活動「ロボットごっこ」をしました。第2段階として、プログラミング機器＊1を使用した「キュベットくんと遊ぼう」（2023.2.8）「キュベットくんごっこ」（2023.2.22）の活動を実施しました。
（於　ケヤキッズ保育園）

＊1 キュベット（Cubetto）とは、Primo Toys社（イギリス）が開発した3歳からプログラミングを学べる木製の教具

4 STEAM教育と造形活動

STEAM教育（スティームきょういく）とは、Science（科学）、Technology（技術）、Engineering（工学）、Mathematics（数学）Arts（リベラル・アーツ）を統合する教育手法のことです。

これからの社会は、AIやIoT（コンピュータなどの情報・通信機器だけでなく、様々な物に通信機能を持たせ、インターネットに接続したり相互に通信したりすることにより、自動認識や自動制御、遠隔計測などを行うこと。）などの急速な技術の進展により社会が激しく変化すると共に多様な課題が生じています。このような課題解決には、文系・理系といった枠にとらわれず、各教科等の学びを基盤としながら、様々な情報を活用、統合して、新たな価値の創造に結び付けていく資質・能力の育成が求められています。理数的な考え方を芸術と統合させながら教科横断的な学習を進める考え方で、文部科学省でも推進しています。

幼児教育では、本来「遊びを通しての総合的な指導が行われるようにする」という観点で進められているので、STEAM教育は、幼児教育での実践に馴染みやすい考え方と言えるでしょう。造形教育の観点からは、すべての分野においてアートと関連づけて行えるような活動が重要であると考えられています。

描画の指導って難しい？

描画の指導の話になると、現場の先生から「どう指導したらよいか分からない」「私も絵が苦手なので」「子どもは鼻や目や耳の描き方を知らないので……（人物画）」などと言った疑問や不安をよく耳にします。

人物を描かせる場合など、顔の輪郭、目を描いて、鼻は？等と、スモールステップで描かせている先生もいるようです。「子どもは絵が描けないから、教えてあげなければならない」というのが理由の様です。

「教えてあげる」とは何でしょうか？幼児期における教育は、環境を通して行うものであり、保育者がその環境を整え、子ども自身が考えたり、想像したりする力を育てることが重要です。指導は、そのために具体的に導くためのものであり、決して保育者の考えを子どもに押し付けるものではありません。これでは、子どもの手を借りて保育者の絵を描かせているのも同然です。

では、観察や想像をもとにして描くような描画の指導はどうしたらよいのでしょうか？ 具体的に考えてみましょう。例えば「お母さんの絵」を描く時、自分だけのお母さんの特徴や想いに気づかせることが重要です。色白のお母さん、丸顔のお母さん、やさしい目をしたお母さん。また、抱っこをしてくれたり、料理を作ってくれたり、絵本を読んでくれたりするお母さんを、保育者との会話によって思い起こさせるようにしましょう。「○○ちゃんは、お母さんのどこが好き？」などと問いかけるなど一人一人が異なる自分のお母さんへの想いを膨らませる過程を大切にしましょう。保育者は、会話の中から子どものお母さんへの想いを引き出して受け止め、イメージを具体的にし、描きたい気持ちを高めるような指導を工夫して下さい。その結果、描かれたお母さんが決して完全なものでなくても、子どもなりの表現で生き生きと描けていれば、それを褒めたいものです。大好きな先生に認めてもらえた子どもは、自分の表現に自信を持つことに繋がります。また、保護者には、その時の子どもの想いを伝えることが重要です。「○○ちゃんは、お母さんが絵本を読んでくれる時が楽しいそうですよ。その様子を絵にしたそうです。」というような一言でも、我が子の想いを理解し、満足するのではないでしょうか？

描画指導とは、子どもなりの想いを引き出して描きたくなるような意欲を高め、子どもが表現したものに共感しあい、保護者や周りの人に伝えることなのです。コラム8(p.124)「表現なの？ 作業なの？」にあるような、スモールステップの指導には、決してなじまないテーマなのです。

2歳　女児

4歳　女児

6歳　男児

6歳　男児

第８章

何故、造形表現活動が大切か？

保育における造形表現の基礎知識や技能、指導法、保育の展開についてワークシートを中心とした演習課題を通して学んできました。ここでは授業で体験した課題や、実習の授業等で観察・実践した活動から考えたことを振り返り、「子どもにとって何故、造形表現活動が大切なのか？」を自分の言葉でまとめてみましょう。

Chapter

08 1 子どもの姿から考える

子どものそばにいる大人は、その育ちを支える上で一人一人の生育環境等の背景を知り、内面を理解しようとすることが大切です。手がかりの一つは、子どもが表現したもの、あるいは、表現している姿（過程）です。それらの眼差しにより、子どもへの理解の仕方が大きく変わってきます。

1-1 「ものと対話する」

造形は他の表現活動にはない大きな特徴があります。それは表現が「形と色として残る」ということです。子どもは「見た」ものを「触って」確認し、自分が触ったものの形や色が「変わる」ことに気がついた時、同じ行為を繰り返すことがあります。この行為は、目的を持った表現ではなく、「ものの性質を知るための観察であり実験」なのです。その結果は、「表出」と言われています。

子どもは、自分が直接触ったもの、あるいは何かを触って動かしたことにより形や色が変わったと気づいた時に、親や保育者等、身近な人に知らせようとします。自分の動きで「もの」が変化し「できごと」が起こり、「できごと」を通じて周囲の人と視線を合わせる、言葉を交わす、模倣する等の反応（共感）から、知識を手に入れたという驚きや感動を確かなものとします。達成感を味わっていることもあるでしょう。そして、誇らしげに「見て！」と言葉や表情で周囲に伝えるようになるのです。

触りたいと思う対象や、行為によって気づく感性は、一人一人の子どもによって異なります。ものの性質を知るための「表出」を繰り返す中で、周囲の人の反応に気づき、子ども自身の伝えたい思いが形や色に込められたものが造形活動における「表現」です。

1-2 「インクルーシブ保育と表現」

ここまで述べたことからも、子ども自身とものとの対話からから始まった行為は、周囲の人の反応によって意味合いが変わっていくことがわかります。子どものそばにいる大人は、子ども一人一人の行為や表現から思いを理解しようとする感性が求められます。それは、何かしらの障害を持った子どもに対しても同じです。

2006（平成 18）年国連で採択された「障害者の権利に関する条約」において初めて提唱された概念である「インクルーシブ教育システム」が根拠となり、厚生労働省は省令改正し、基礎的環境整備として人員や設備の配置基準を変更し、文部科学省では、「インクルーシブ教育システム構築事業」を推進しています。これらは、幼稚園や保育所でも「合理的配慮」を含む必要な支援を行いながら障害の有無にかかわらず可能な限り全ての子どもが同じ場で共に学ぶことを目指しています。

子どもがものと関わる姿そのものや行為による表出・表現への大人の眼差しは、障害があってもなくても同じです。職員間で情報を共有、連携し、保育環境への必要な配慮をしつつ、同じ目線で「その瞬間」を楽しむことです。子どもは他者ではなく自分の興味関心が土台にあり、やがて、身近にいる大切な他者に伝えたい等の目的や必要感をもって創造していると実感を持って理解できるでしょう。

Chapter 08 2 身近な環境・生活から考える

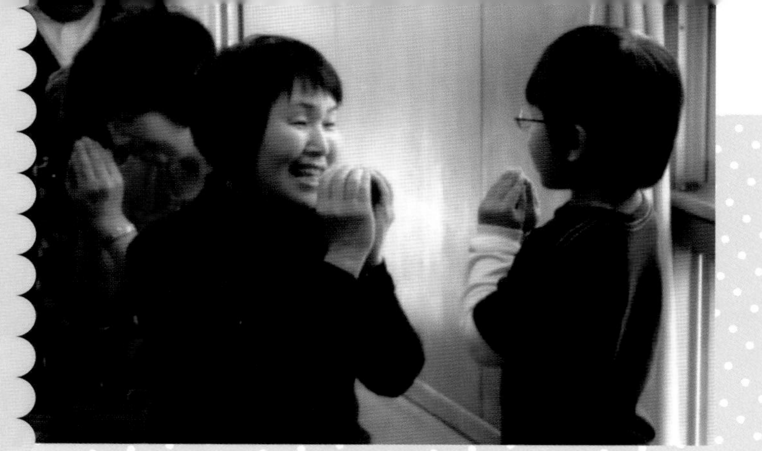

注意してみていると、子どもは楽しい、悲しい、面白い、やってみたい、何だろう等、内面から湧き上がる気持ちを素朴に表現しています。その気持ちは、季節ごとの風の冷たさ、おひさまの暖かさ等の生活環境から刺激を受け湧き上がります。しかし、環境だけでは足りません。心動かされたことを伝えあいたい相手が必要です。特に、月齢が低ければ低いほど、すぐに伝えあうことが大切な理由は、保育を学んでいるみなさんはわかりますね。乳児期から、このようなやり取りが繰り返される中で、周囲の人やものに信頼を寄せ、安心して毎日を過ごせるようになります。安心感は意欲や好奇心の芽生えの根となり、幼児期を迎える頃には主体的に身近な人やものとかかわるようになるのです。

2-1 「造形表現の目指すものは？」

先でも述べたように造形表現の大きな特徴は、表現したことが形や色として残るところにあります。制作している場にいなくても、子ども自身が描いたり作ったりしたものを見たり触ったりにおいを嗅いだりできるのです。また、描いた本人と作品について語り合うことで、相手の思いを理解したり共感し合ったりしできます。素朴な表現の場合そのものらしく見えないことが多々ありますが、身近な大人が関心を持ち、繰り返し伝えあい語り合うことで、子どもは「自分が作り出したものは価値があるもの」と認められたと感じ「価値があるものを作り出した自分」に対しての自信（自尊心）が育まれているのです。造形表現活動が、単に手先の器用さや観察力を鍛える為の活動ではなく、造形（美術）を通しての人間教育と言われる所以がここにあります。

ただし、身近な保護者や保育者に対して「価値のあるものや、わかりやすいものを作りたい」気持ちが、子どもの大きな動機とならないようにしなくてはいけません。もちろん、発達に応じてそのような気持ちが芽生えてくることもあるでしょう。ですが、乳幼児期はまず、表現者である子どもが日常生活の中で何気なく蓄積された、あるいは、大きく心を動かされたことを「表現したい」と湧き上がる気持ちが先になければいけません。そして、表現している最中が、その子にとって大切な時間にならなければいけないのです。結果としての作品を完成させる前に心を動かされる環境があり、その環境と向き合い、遊ぶ時間が充実したものになることが大切なのです。

2-2 「保護者と伝えあうために」

作品（結果）だけでなく表現している過程をドキュメンテーションとして記録するのも一案です。視覚的に記録したものを用い、文字だけでは伝えきれない生き生きとした子どもの姿を記録しながら、自らの保育を振り返ることにもつながります。「目の前の子どもが心を動かされ、夢中になれる環境とは？」と、子どものつぶやきや表情から日々問いかける姿勢が求められます。

Chapter 08

3 様々な表現活動との関連から考える

幼稚園や保育所、認定こども園では、発達を促す営みが生活や遊びを通して行われ、その遊びの中では、さまざまな表現活動が繰り広げられています。

水たまりが乾きそうな土の表面を押し、じわっとしみだしてくる水を触り、叩いてみると「べちゃ、べちゃ」とした音を聞き、手についた泥をリズミカルに乾いた塀にくっつけてみる。乾いた手形に手を合わせながらお気に入りの歌を歌う…みなさんも子どもの頃に経験したのではないでしょうか。乳幼児期の表現活動は、このようにさまざまな表現活動を組み合わせて遊んでいることがほとんどです。

3-1 「総合表現活動へ」

みなさんは、素朴な子どもの造形表現の意味について学び、作品の出来映え（わかりやすさ）が必ずしも重要でないことに気がついているでしょう。一方で、安心して園生活が送れるようになると好奇心や、信頼している友達や保育者と共に挑戦したい気持ちが芽生えるのもこの時期の子どもの大きな特徴です。共通したイメージをもって一緒に活動するためには、お互いのイメージをわかりやすく伝えあう知識や技能が必要になります。特に3・4・5歳児の夏以降、秋から冬にかけて友達関係が深くなる時期には、自然発生的にごっこ遊びが多くみられるようになります。保育者は、このような遊びが成熟したころを見計らい、総合的な表現活動として発展しやすい環境を整えたいものです。協働的な総合表現活動を通し、子ども一人一人の技術を高めつつ、表現の面白さへの気づき、達成感や自信につなげましょう。

3-2 「造形表現の役割とは？」

一つは、非日常の空間を作り出す「演出」としての表現です。第７章で紹介した「アーティストがやってくる！」の事例では、普段過ごしている園舎を白い布で覆い非日常の空間を演出した上で、音楽・身体・造形・言語それぞれの表現の特性を生かし、新たな世界を創造していました。保育者もこの事例におけるアーティストと同じように非日常を演出する場合があります。例えば、運動会や発表会の装飾を子どもと一緒に行い気分を盛り上げたり、衣装や小道具を用意することで、役になりきった動きを引き出したりするのに一役買っているのです。

もう一つは、経験した思いを他者に伝える「コミュニケーション」としての役割です。客観的に記録する写真や動画と異なり、描画表現の中には描き手の主観に基づいた事実が表現されています。第2章でも学んだように、表現の仕方は発達段階によって異なります。しかし、印象に残ったこと、楽しかったことを周囲の人に「伝えたい」という思いに差はありません。小さな子どもであっても楽しかった記憶をたどり、周囲の人に伝えるために「表現したい」気持ちは、大人が思っているより多く、心に秘めているのです。

5歳 経験画「クリスマス」

Chapter

08 4 課題「子どもにとって何故、造形表現活動が大切か？」

これまでの造形の授業を通しての学修や実習での経験を振り返り、「子どもにとって何故、造形表現活動が大切か？」考え、切り取り式ワークシートに自分の言葉でまとめましょう。

造形表現活動は子どもたちの成長にとってどのような意味があるのか、また、造形表現活動を支える保育者の役割とは等、様々な視点で学修のまとめを行いながら、みなさんなりの造形教育に関する保育観を整理してください。どこに視点を置くかはみなさんの感性次第です。園生活を通して感性や創造性が育まれるのは子どもだけではありません。子どもと共に成長できる保育者となるために、保育者となってからも学び続けられるように、現時点での学びをまとめましょう。

参考資料

幼稚園教育要領 平成 29 年 3 月（文部科学省）	保育所保育指針 平成 29 年 3 月（厚生労働省）	
	【1 歳以上 3 歳未満児】	【3 歳以上児】
1　ねらい (1) いろいろなものの美しさなどに対する豊かな感性をもつ。 (2) 感じたことや考えたことを自分なりに表現して楽しむ。 (3) 生活の中でイメージを豊かにし，様々な表現を楽しむ。	**（ア）ねらい** ① 身体の諸感覚の経験を豊かにし，様々な感覚を味わう。 ② 感じたことや考えたことなどを自分なりに表現しようとする。 ③ 生活や遊びの様々な体験を通して，イメージや感性が豊かになる。	**（ア）ねらい** ① いろいろなものの美しさなどに対する豊かな感性をもつ。 ② 感じたことや考えたことを自分なりに表現して楽しむ。 ③ 生活の中でイメージを豊かにし，様々な表現を楽しむ。
2　内容 (1) 生活の中で様々な音，形，色，手触り，動きなどに気付いたり，感じたりするなどして楽しむ。 (2) 生活の中で美しいものや心を動かす出来事に触れ，イメージを豊かにする。 (3) 様々な出来事の中で，感動したことを伝え合う楽しさを味わう。 (4) 感じたこと，考えたことなどを音や動きなどで表現したり，自由にかいたり，つくったりなどする。 (5) いろいろな素材に親しみ，工夫して遊ぶ。 (6) 音楽に親しみ，歌を歌ったり，簡単なリズム楽器を使ったりなどする楽しさを味わう。 (7) かいたり，つくったりすることを楽しみ，遊びに使ったり，飾ったりなどする。 (8) 自分のイメージを動きや言葉などで表現したり，演じて遊んだりするなどの楽しさを味わう。	**（イ）内容** ① 水，砂，土，紙，粘土など様々な素材に触れて楽しむ。 ② 音楽，リズムやそれに合わせた体の動きを楽しむ。 ③ 生活の中で様々な音，形，色，手触り，動き，味，香りなどに気付いたり，感じたりして楽しむ。 ④ 歌を歌ったり，簡単な手遊びや全身を使う遊びを楽しんだりする。 ⑤ 保育士等からの話や，生活や遊びの中での出来事を通して，イメージを豊かにする。 ⑥ 生活や遊びの中で，興味のあることや経験したことなどを自分なりに表現する。	**（イ）内容** ① 生活の中で様々な音，形，色，手触り，動きなどに気付いたり，感じたりするなどして楽しむ。 ② 生活の中で美しいものや心を動かす出来事に触れ，イメージを豊かにする。 ③ 様々な出来事の中で，感動したことを伝え合う楽しさを味わう。 ④ 感じたこと，考えたことなどを音や動きなどで表現したり，自由にかいたり，つくったりなどする。 ⑤ いろいろな素材に親しみ，工夫して遊ぶ。 ⑥ 音楽に親しみ，歌を歌ったり，簡単なリズム楽器を使ったりなどする楽しさを味わう。 ⑦ かいたり，つくったりすることを楽しみ，遊びに使ったり，飾ったりなどする。 ⑧ 自分のイメージを動きや言葉などで表現したり，演じて遊んだりするなどの楽しさを味わう。
3　内容の取扱い (1) 豊かな感性は，身近な環境と十分に関わる中で美しいもの，優れたもの，心を動かす出来事などに出会い，そこから得た感動を他の幼児や教師と共有し，様々に表現することなどを通して養われるようにすること。その際，風の音や雨の音，身近にある草や花の形や色など自然の中にある音，形，色などに気付くようにすること。 (2) 幼児の自己表現は素朴な形で行われることが多いので，教師はそのような表現を受容し，幼児自身の表現しようとする意欲を受け止めて，幼児が生活の中で幼児らしい様々な表現を楽しむことができるようにすること。 (3) 生活経験や発達に応じ，自ら様々な表現を楽しみ，表現する意欲を十分に発揮させることができるように遊具や用具などを整えたり，様々な素材や表現の仕方に親しんだり，他の幼児の表現に触れられるよう配慮したりし，表現する過程を大切にして自己表現を楽しめるように工夫すること。	**（ウ）内容の取扱い** ① 子どもの表現は，遊びや生活の様々な場面で表出されているものであることから，それらを積極的に受け止め，様々な表現の仕方や感性を豊かにする経験となるようにすること。 ② 子どもが試行錯誤しながら様々な表現を楽しむことや，自分の力でやり遂げる充実感などに気付くよう，温かく見守るとともに，適切に援助を行うようにすること。 ③ 様々な感情の表現等を通じて，子どもが自分の感情や気持ちに気付くようになる時期であることに鑑み，受容的な関わりの中で自信をもって表現をすることや諦めずに続けた後の達成感等を感じられるような経験が蓄積されるようにすること。 ④ 身近な自然や身の回りの事物に関わる中で，発見や心が動く経験が得られるよう，諸感覚を働かせることを楽しむ遊びや素材を用意するなど保育の環境を整えること。	**（ウ）内容の取扱い** ① 豊かな感性は，身近な環境と十分に関わる中で美しいもの，優れたもの，心を動かす出来事などに出会い，そこから得た感動を他の子どもや保育士等と共有し，様々に表現することなどを通して養われるようにすること。その際，風の音や雨の音，身近にある草や花の形や色など自然の中にある音，形，色などに気付くようにすること。 ② 子どもの自己表現は素朴な形で行われることが多いので，保育士等はそのような表現を受容し，子ども自身の表現しようとする意歌を受け止めて，子どもが生活の中で子どもらしい様々な表現を楽しむことができるようにすること。 ③ 生活経験や発達に応じ，自ら様々な表現を楽しみ，表現する意欲を十分に発揮させることができるように，遊具や用具などを整えたり，様々な素材や表現の仕方に親しんだり，他の子どもの表現に触れられるよう配慮したりし，表現する過程を大切にして自己表現を楽しめるように工夫すること。

幼保連携型認定こども園教育・保育要領 平成29年3月（内閣府・文部科学省・厚生労働省）	
【満1歳以上満3歳未満の園児】 **1　ねらい** (1) 身体の諸感覚の経験を豊かにし，様々な感覚を味わう。 (2) 感じたことや考えたことなどを自分なりに表現しようとする。 (3) 生活や遊びの様々な体験を通して，イメージや感性が豊かになる。	**【満3歳以上の園児】** **1　ねらい** (1) いろいろなものの美しさなどに対する豊かな感性をもつ。 (2) 感じたことや考えたことを自分なりに表現して楽しむ。 (3) 生活の中でイメージを豊かにし，様々な表現を楽しむ。
2　内容 (1) 水，砂，土，紙，粘土など様々な素材に触れて楽しむ。 (2) 音楽，リズムやそれに合わせた体の動きを楽しむ。 (3) 生活の中で様々な音，形，色，手触り，動き，味，香りなどに気付いたり，感じたりして楽しむ。 (4) 歌を歌ったり，簡単な手遊びや全身を使う遊びを楽しんだりする。 (5) 保育教諭等からの話や，生活や遊びの中での出来事を通して，イメージを豊かにする。 (6) 生活や遊びの中で，興味のあることや経験したことなどを自分なりに表現する。	**2　内容** (1) 生活の中で様々な音，形，色，手触り，動きなどに気付いたり，感じたりするなどして楽しむ。 (2) 生活の中で美しいものや心を動かす出来事に触れ，イメージを豊かにする。 (3) 様々な出来事の中で，感動したことを伝え合う楽しさを味わう。 (4) 感じたこと，考えたことなどを音や動きなどで表現したり，自由にかいたり，つくったりなどする。 (5) いろいろな素材に親しみ，工夫して遊ぶ。 (6) 音楽に親しみ，歌を歌ったり，簡単なリズム楽器を使ったりなどする楽しさを味わう。 (7) かいたり，つくったりすることを楽しみ，遊びに使ったり，飾ったりなどする。 (8) 自分のイメージを動きや言葉などで表現したり，演じて遊んだりするなどの楽しさを味わう。
3　内容の取扱い (1) 園児の表現は，遊びや生活の様々な場面で表出されているものであることから，それらを積極的に受け止め，様々な表現の仕方や感性を豊かにする経験となるようにすること。 (2) 園児が試行錯誤しながら様々な表現を楽しむことや，自分の力でやり遂げる充実感などに気付くよう，温かく見守るとともに，適切に援助を行うようにすること。 (3) 様々な感情の表現等を通じて，園児が自分の感情や気持ちに気付くようになる時期であることに鑑み，受容的な関わりの中で自信をもって表現をすることや，諦めずに続けた後の達成感等を感じられるような経験が蓄積されるようにすること。 (4) 身近な自然や身の回りの事物に関わる中で，発見や心が動く経験が得られるよう，諸感覚を働かせることを楽しむ遊びや素材を用意するなど保育の環境を整えること。	**3　内容の取扱い** (1) 豊かな感性は，身近な環境と十分に関わる中で美しいもの，優れたもの，心を動かす出来事などに出会い，そこから得た感動を他の図児や保育教諭等と共有し，様々に表現することなどを通して養われるようにすること。その際，風の音や雨の音身近にある草や花の形や色など自然の中にある音，形，色などに気付くようにすること。 (2) 幼児期の自己表現は素朴な形で行われることが多いので，保育教諭等はそのような表現を受容し園児自身の表現しようとする意欲を受け止めて，園児が生活の中で圏児らしい様々な表現を楽しむことができるようにすること。 (3) 生活経験や発達に応じ，自ら様々な表現を楽しみ，表現する意欲を十分に発揮させることができるように，遊具や用具などを整えたり，様々な素材や表現の仕方に親しんだり，他の園児の表現に触れられるよう配慮したりし，表現する過程を大切にして自己表現を楽しめるように工夫すること。

【造形美術科目 学習指導要領内容の構成】

幼稚園教育要領　平成 29 年 3 月告示　第 2 章ねらい及び内容　表現

表現
感じたことや考えたことを自分なりに表現することを通して、豊かな感性や表現する力を養い、創造性を豊かにする。

内容

造形表現、音楽表現、身体表現等

↓

小学校学習指導要領　平成 29 年 3 月告示　第 2 章各教科　第 7 節図画工作

図画工作
目標：表現及び鑑賞の活動を通して、造形的な見方･考え方を働かせ、生活や社会の中の形や色などと豊かに関わる資質･能力を次のとおり育成することを目指す。
（1）知識・技能　対象や事象を捉える造形的な視点について自分の感覚や行為を通して理解するとともに、材料や用具を使い、表し方などを工夫して、創造的につくったり表したりすることができるようにする。
（2）思考力・判断力・表現力等　造形的なよさや美しさ，表したいこと、表し方などについて考え、創造的に発想や構想をしたり、作品などに対する自分の見方や感じ方を深めたりすることができるようにする。
（3）学びに向かう力、人間性等　つくりだす喜びを味わうとともに、感性を育み、楽しく豊かな生活を創造しようとする態度を養い、豊かな情操を培う。

内容の構成

A 表現	B 鑑賞	［共通事項］
（1）思考力・判断力・表現力等 ア．造形遊び　イ．絵や立体、工作 （2）技能 ア．造形遊び　イ．絵や立体、工作	思考力・判断力・表現力等	知識 思考力・判断力・表現力等

↓

中学校学習指導要領　平成 29 年 3 月 31 日告示　第 2 章各教科　第 6 節美術

美術
目標：表現及び鑑賞の幅広い活動を通して、造形的な見方・考え方を働かせ、生活や社会の中の美術や美術文化と豊かに関わる資質・能力を次のとおり育成することを目指す。
（1）知識・技能　造形的なよさや美しさ、表現の意図と工夫、美術の働きなどについて考え、主題を生み出し豊かに発想し構想を練ったり、美術や美術文化に対する見方や感じ方を深めたりすることができるようにする。
（2）思考力・判断力・表現力等　造形的なよさや美しさ、表したいこと、表し方などについて考え、創造的に発想や構想をしたり、作品などに対する自分の見方や感じ方を深めたりすることができるようにする。
（3）学びに向かう力、人間性等　美術の創造活動の喜びを味わい、美術を愛好する心情を育み、感性を豊かにし、心豊かな生活を創造していく態度を養い、豊かな情操を培う。

内容の構成

A 表現	B 鑑賞	［共通事項］
（1）思考力・判断力・表現力等 ア．絵や彫刻　イ．デザインや工芸 （2）技能	思考力・判断力・表現力等	知識

↓

高等学校学習指導要領　文部科学省　平成 30 年 3 月 30 日告示　第 2 章各学科に共通する各教科　芸術

芸術科（美術・工芸）
目標：芸術の幅広い活動を通して、各科目における見方・考え方を働かせ、生活や社会の中の 芸術や芸術文化と豊かに関わる資質・能力を次のとおり育成することを目指す。
（1）知識・技能　芸術に関する各科目の特質について理解するとともに、意図に基づいて表現するた めの技能を身に付けるようにする。
（2）思考力・判断力・表現力等　創造的な表現を工夫したり、芸術のよさや美しさを深く味わったりすることができ るようにする。
（3）学びに向かう力、人間性等　生涯にわたり芸術を愛好する心情を育むとともに、感性を高め、心豊かな生活や社 会を創造していく態度を養い、豊かな情操を培う。

美術 I II III　内容の構成	工芸 I II III　内容の構成
A 表現 （1）絵や彫刻 ア．思考力・判断力・表現力等　イ．技能 （2）デザイン ア．思考力・判断力・表現力等　イ．技能 （3）映像メディア表現 ア．思考力・判断力・表現力等　イ．技能 B 鑑賞 ア．思考力・判断力・表現力等 ［共通事項］ 知識	A 表現 （1）身近な生活と工芸 ア．思考力・判断力・表現力等　イ．技能 （2）社会と工芸 ア．思考力・判断力・表現力等　イ．技能 B 鑑賞 ア．思考力・判断力・表現力等 ［共通事項］ 知識

【造形表現でよく使われる用語】

造形：様々な物質を媒介として、形あるものを作りだすこと。またある概念、意志や想いによって生みだされた形、もののことを造形と言います。

芸術と美術：美術は、中学校、高等学校の教科名でもありますが、一般的にいう美術は、芸術の一分野です。芸術の中でも視覚的、造形的な芸術を美術と言います。芸術とは、表現者あるいは表現したものと、鑑賞者とが相互に作用し合う活動といえます。とりわけ表現者側の活動として捉えられる側面が強く、その場合、表現者が鑑賞者に働きかけるためにとった手段、媒体、対象等の作品やその過程を芸術と呼びます。表現者が鑑賞者に伝えようとする内容は、信念、思想、感覚、感情等様々です。

図画工作：日本の初等教育における教科の一つ。中学校・高等学校の美術、技術に相当します。学習指導要領では、「表現及び鑑賞の活動を通して、造形的な見方・考え方を働かせ、生活や社会の中の形や色などと豊かに関わる資質・能力を次のとおり育成することを目指す。」が目標の柱書にあり、活動内容は大きく「表現」と「鑑賞」に分けられます。

工芸：一般的に、実用品に芸術的な意匠を施し、機能性と美術的な美しさを融合させた工作物のことを言います。多くは、緻密な手作業によって製作される手工業品です。あくまでも実用性を重視しており、鑑賞目的の芸術作品とは異なります。ただし両者の境界は曖昧であり、人によっても解釈は異なります。高等学校では、芸術科の科目名として、工芸が設定されています。

～身近な年中行事・記念日～

入園 4月	保育所や認定こども園では、必ずしも4月入園の子どもばかりではないので入園式を行わないところもありますが、子どもにとって、また保護者にとっても、新たな生活の始まりです。新しい環境が楽しく、安心して過ごせる場となるように、在園児や職員は温かな気持ちで迎えたいですね。
端午の節句 5月5日	今は「こどもの日」と呼ばれています。もともとは中国伝来の行事です。災い除け、厄除けのため「流鏑馬（やぶさめ）」等の武道の儀式が行われていたので、男の子の節句となりました。滝を上る鯉のようにたくましく男の子が成長することを願い、鯉のぼりを飾ります。また、菖蒲を入れたしょうぶ湯に入浴し、柏餅をいただきお祝いします。
七夕 7月7日	中国から伝わった星のお祭りです。伝説では、もともとは働き者だったおり姫（織女）とひこ星（牽牛）が出会った途端、遊んでばかりで仕事をしなくなり、神様から天の川をはさんで暮らすようにと罰が与えられましたが、7月7日は年に一度だけ川を渡り、会うことが許されている日とされています。
中秋の名月 9月	夏の暑さが和らぎ、虫の音が聞こえてくる秋の満月の夜に、秋の花やススキ、サツマイモやクリ等の秋の実りや団子を供え、美しい月を鑑賞します。
ハロウィン 10月31日	日本のお盆に似た、キリスト教以前のヨーロッパの自然信仰が起源です。同時に収穫を祝い新年を迎える、季節行事です。先祖の霊のほかに、魔女や妖精が出没すると言われているため、今ではお化けや魔女の扮装した子どもたちが「Trick or treat!」と言いながら、近所の家を回りお菓子をもらいます。近年、日本でも若者や子どもたちにとって楽しみな行事として、定着してきました。
勤労感謝の日 11月23日	働くことを大事にし、作ったものを国民みんなで感謝し合う日です。勤労感謝の日に合わせて、地域で仕事している方を招いたり、また野菜や果物を持ち寄り秋の実りに感謝することを保育に取り入れている園も多いようです。たくさんの人に支えられて生活していることに気づき、感謝し、みんなで喜び合いたいですね。
クリスマス 12月25日	イエス・キリストの誕生という、キリスト教徒にとっては大切な日です。1か月前からアドベント・カレンダーやアドベント・クランツを用意し、イエス・キリストのお誕生日をお祝いします。
お正月 1月1日～7日	再び1から始まりこの世にあるものが生まれ変わる、とされる古代日本人の信仰も起源と言われています。1月1日に一家を守ってくれる歳神様が天から降りてくるのを迎えるため、12月中から餅つきや大掃除等の準備をします。玄関先に松飾りやしめ縄を飾り、新しい年の幸福を願います。初詣や、年賀の挨拶、お節料理等日本の伝統文化に触れる機会の多い行事の一つです。
節分　立春の前 （2月3日頃）	悪いことを象徴する「鬼」を、豆まきをしながら追い出してしまおうとする伝統行事です。主に関西地方では、節分にその年の方角を向いて恵方巻を食べると、縁起がよいとされています。近年では関西地方以外でも広まっています。
桃の節句 3月3日	「ひな祭り」とも呼ばれています。もともとは神社で配る「形代（かたしろ）」と呼ばれる紙人形と、宮中の女官たちの「ひな遊び」が結びつき、江戸時代中頃から段飾りのひな人形が飾られるようになりました。華やかなお祭りとして、女の子の成長を願い、着物を着て白酒やひなあられ、よもぎの新芽を使った草もちや、うしお汁、ちらしずし等をいただきお祝いします。
卒園 3月	5歳児の成長と小学校での新しい生活への門出をお祝いします。卒園に先立ち、卒園遠足に出かけたり、小さな子たちとは「お別れ会」という形で、ゲームや歌を楽しみ、記念品をプレゼントしたり等思い出作りをする園も多いようです。

参考文献

第１章

文部科学省『幼稚園教育要領解説』フレーベル館、(2018)

厚生労働省『保育所保育指針解説』フレーベル館、(2018)

内閣府・文部科学省・厚生労働省『認定こども園教育・保育要領解説』フレーベル館、(2018)

ジェームズ・J・ヘックマン　著「幼児教育の経済学」東洋経済新報社(2015)

槇　英子　著『保育をひらく造形表現第２版』萌文書林、(2018)

花原幹夫　編著『保育内容表現　保育の内容・方法を知る』北大路書房、(2009)

文部科学省『小学校学習指導要領　図画工作編』日本文教出版、(2018)

文部科学省『中学校学習指導要領　美術編』日本文教出版、(2018)

文部科学省『高等学校学習指導要領　芸術編』日本文教出版、(2018)

第２章

福田隆眞・福本謹一・茂木一司　編著『美術科教育の基礎知識』建帛社、(2010)

森上史朗・柏女霊峰　編『保育用語辞典』第７版　ミネルヴァ書房、(2013)

子どもの造形表現研究会　編著『保育者のための基礎と応用　楽しい造形表現』圭文社、(2007)

槇英子　著『保育をひらく造形表現』萌文書林、(2008)

中村光絵「子どもの絵の見方と保育者の役割ー久保貞次郎の幼児画観から探るー」、『昭和学院短期大学生活科学誌』25 (2014)

V. ローウェンフェルド　著　竹内清・堀ノ内敏・武井勝雄　訳『美術による人間形成』黎明書房、(1995)

辻泰秀　編『幼児造形の研究　保育内容「造形表現」』萌文書林、(2014)

東山明・東山直美　著『子どもの絵は何を語るか　発達科学の視点から』日本放送出版協会、(1999)

ローダ・ケロッグ　著　深田尚彦　訳『児童画の発達過程ーなぐり描きからピクチュアへー』黎明書房、(1998)

大井義雄・川崎秀昭 著『カラーコーディネーター入門 色彩 改訂版 』日本色研事業、(2003)

公益社団法人 日本眼科医会『色覚啓発教材「学校における色のバリアフリー」』https://www.gankaikai.or.jp/colorvision/detail/post_10.html (2023/10/18 参照)

カラーユニバーサルデザイン機構 原案・福井若恵 コミック・岡部正隆 監修『色弱の子どもがわかる本 増補改訂版』かもがわ出版、(2020)

第３章

磯部錦司　編『造形表現・図画工作』建帛社、(2014)

石田壽男　著『クレヨン・パスの世界』サクラクレパス出版部、(1998)

岡田京子　著『学び合い高め合う「造形あそび」』東洋館出版社、(2015)

辻政博　著『子どもの発想力と想像力が輝く絵画・版画指導』ナツメ社、(2015)

辻泰秀　編『幼児造形の研究　保育内容「造形表現」』萌文書林、(2014)

照沼昌子・平田智久　著『０歳からの造形遊び Q&A』フレーベル館、(2011)

日本造形教育研究会　編『図画工作学習指導書１・２下　用具・材料編』開隆堂、(2015)

日本造形教育研究会　編『図画工作学習指導書３・４下　用具・材料編』開隆堂、(2015)

美育文化協会　編『美育文化ポケット』6、美育文化協会、(2015)

美術手帖編集部　編『図工室にいこう』美術出版社、(2008)

村田夕紀　著『３・４・５歳児の楽しく絵を描く実践ライブ』ひかりのくに、(2011)

桐嶋歩 著『そざい探究 LABO』メイト、(2021)

第４章

磯部錦司　編『造形表現・図画工作』建帛社、(2014)

濱口由美他「鑑賞学習教材としてのアートカードの意義と可能性」、『福井大学教育実践研究』36 (2011)

ふじえみつる「アートゲームについて (1)」、『愛知教育大学研究報告』47 (1998)

新関伸也　編著『学校における美術鑑賞のかたちと実践』滋賀大学教育学部　新関伸也研究室、(2012)

アメリア・アレナス　著　福のり子　訳『なぜこれがアートなの』淡交社、(1998)

アメリア・アレナス　著『mite! ティーチャーズキット 1』淡交社、(2005)

辻泰秀　著『幼児造形の研究　保育内容「造形表現」』萌文書林、(2014)

第５章

槇英子　著『保育をひらく造形表現』萌文書林、(2008)

矢口加奈子　著『やさしい切り紙』池田書店、(2007)

深谷ベルタ 著『造形あそびー"体験"が感性を育む (これからの保育シリーズ 6)』風鳴舎、(2018)

第６章

内閣府　文部科学省　厚生労働省『認定こども園教育・保育要領解説』フレーベル館、(2018)

村田夕紀　著『0･1･2 歳児の造形遊び実践ライブ』ひかりのくに、(2012)

子どもの造形表現研究会　編著『保育者のための基礎と応用　楽しい造形表現』圭文社、(2007)

平田智久・小野和　編著『すべての感覚を駆使してわかる乳幼児の造形表現』保育出版社、(2011)

槇英子　著『保育をひらく造形表現』萌文書林 (2008)

松本峰雄　編著『保育における子ども文化』わかば社、(2014)

第７章

文部科学省『幼稚園教育要領解説』フレーベル館、(2018)

アーキペラゴ　http://www.archipelago.or.jp/outline/artist.html

小串里子　著『みんなのアートワークショップ』武蔵野美術大学出版、(2011)

福嶋慶三・加納隆・井上和彦　著『SDGs 時代に知っておくべき環境問題』関西学院大学出版局、(2023)

松葉口玲子　監修『SDGs おはなし絵本　全５巻ーやさしくわかる 17 の目標』学研、(2022)

バウンド　著　秋山宏次郎　監修『こども SDGs なぜ SDGs が必要なのかわかる本』カンゼン、(2020)

ワタリウム美術館　編　佐藤学　監修『驚くべき学びの世界』ACCESS、(2011)

北沢昌代・中村光絵「幼児期に於けるプログラミング活動の題材開発 (1)

―造形活動との関連から―」、『聖徳大学児童学研究所紀要』25（2023）
北沢昌代・中村光絵「幼児期に於けるプログラミング活動の題材開発（2）―造形活動との関連から―」、『聖徳大学児童学研究所紀要』26（2024）
川村康文・前田譲治・小林尚美　著『はじめてみよう STEAM 教育』オーム社、（2021）

第 8 章

阿部宏行　文・絵『いっしょに考えよう図工の ABC』日本文教出版、（2012）
阿部宏行　文・絵『成長する先生のための指導の ABC』日本文教出版、（2013）
日本教育大学協会全国美術部門特別課題検討委員会　編著『うみだす教科の内容学　図工・美術の授業でおきること』（2015）
野村智子・中谷孝子　編著『幼児の造形―造形活動による子どもの育ち―』保育出版社、（2002）
こども家庭庁「保育所等におけるインクルーシブ保育に関する留意事項等について」https://www.cfa.go.jp/assets/contents/node/basic_page/field_ref_resources/e4b817c9-5282-4ccc-b0d5-ce15d7b5018c/d82717f5/20231016_policies_hoiku_36.pdf（2024/01/08 参照）
文部科学省「インクルーシブ教育システム構築事業」https://www.mext.go.jp/component/a_menu/other/detail/__icsFiles/afieldfile/2015/06/16/1358945_02.pdf（2024/01/04 参照）

【著者紹介】

北沢昌代（きたざわ　まさよ）　第 1 章、第 5 章 1・2・4・5・9・13・24、第 7 章
東京都生まれ。武蔵野美術大学大学院造形研究科修士課程修了。
聖徳大学短期大学部保育科准教授。専門分野は美術教育、教育方法。幼児教育から初等中等教育段階を中心とする造形美術教育の実践的研究。図画工作、保育内容、美術教育法、教育方法等の授業を担当。共著に『美術教育の動向』（武蔵野美術大学出版局）など。個展に「MASAYO KITAZAWA Exposition」salon de H フランス 2011 ～ 2015 年など。

畠山智宏（はたけやま　ともひろ）　第 1 章 10、第 2 章 3、第 3 章、第 5 章 3・7・8・10・11・14・16 ～ 23
山形県生まれ。武蔵野美術大学大学院 造形研究科博士課程 単位取得満期退学。
常葉大学健康プロデュース学部こども健康学科 准教授。国立宮城工業高等専門学校 助手、清和大学短期大学部 准教授などを経て、2022 年より現職。専門は造形教育、デザイン基礎教育。2008 年より子どもの造形活動に携わり、保育園や幼稚園、ワークショップで数多く実践をしている。

中村光絵（なかむら　みつえ）　第 2 章、第 4 章、第 5 章 12・15、第 6 章、第 8 章
東京都生まれ。女子美術短期大学造形科卒。聖徳大学大学院児童学研究科児童文化専攻修士課程修了。
和洋女子大学人文学部こども発達学科准教授。聖徳大学兼任講師。私立保育園で 17 年間勤務後、造形教室講師、昭和学院短期大学准教授などを経て、2022 年より現職。専門は、乳幼児の造形表現、美術教育。共著に、『保育を支える生活の基礎－豊かな環境のつくり手としてー』（萌文書林）、『コンパス表現』（建帛社）など。

【執筆協力者】

大貫真寿美（おおぬき　ますみ）　5 章 6　帝京大学教育学部　准教授
香月欣浩（かつき　よしひろ）　7 章 3　四條畷学園短期大学保育学科　教授
鳥越亜矢（とりごえ　あや）　7 章 4-2　中国短期大学保育学科　准教授
名取初穂（なとり　はつほ）　7 章 5-2　國學院大學栃木短期大学人間教育学科　准教授

【写真提供協力】

社会福祉法人みらいキッズ　保育園 KEYAKIDS（フォトグラファー日渡菜月）
聖徳大学附属幼稚園
社会福祉法人　めぐみ保育園
社会福祉法人未来　保育園きぼうのたから
社会福祉法人未来　保育園きぼうのつばさ
学校法人いわはま学園　北部幼稚園
学校法人三幸学園　ぽけっとランド明石町保育園

子どもの造形表現―ワークシートで学ぶ―　**第 3 版**

■発　行 ―― 2016 年 4 月 1 日　第 1 版第 1 刷
2019 年 4 月 3 日　第 2 版第 1 刷
2024 年 4 月 6 日　第 3 版第 1 刷

■著　者 ―― 北沢昌代・畠山智宏・中村光絵

■発行者 ―― 早川偉久

■発行所 ―― 開成出版株式会社
〒 130-0021　東京都墨田区緑 4-22-11　北村ビル 5B
TEL 03-6240-2806　　FAX 03-6240-2807

■装　丁 ―― 畠山智宏

■イラスト ― 後藤ゆうた（株式会社 いなみつ）

■ DTP　―― 森さとみ（株式会社 向陽デジタルワークス）

■印刷・製本 ―― 三美印刷株式会社

ISBN978-4-87603-553-3 C3037

切り取り式
ワークシート

第2章　色彩の基礎　学習用色チップ

色相環

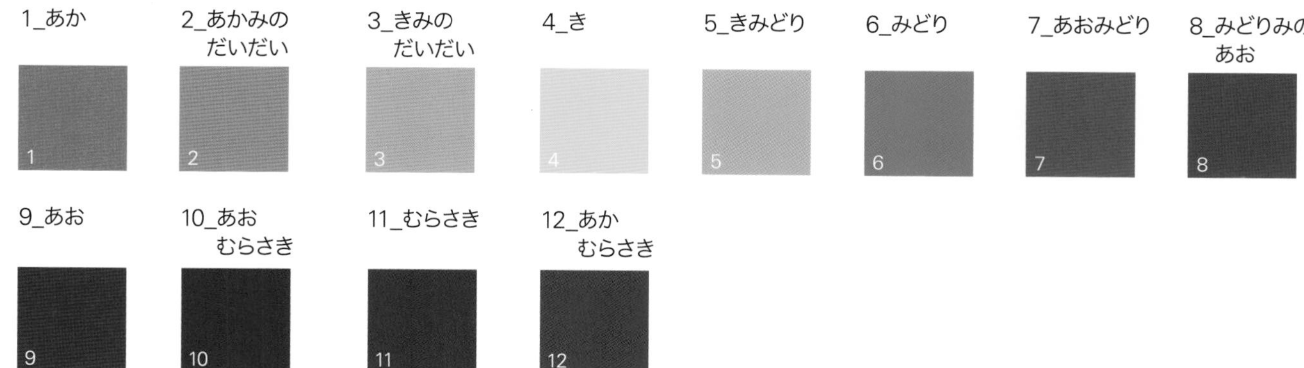

明度・彩度の違いによる同一色相（赤）の色

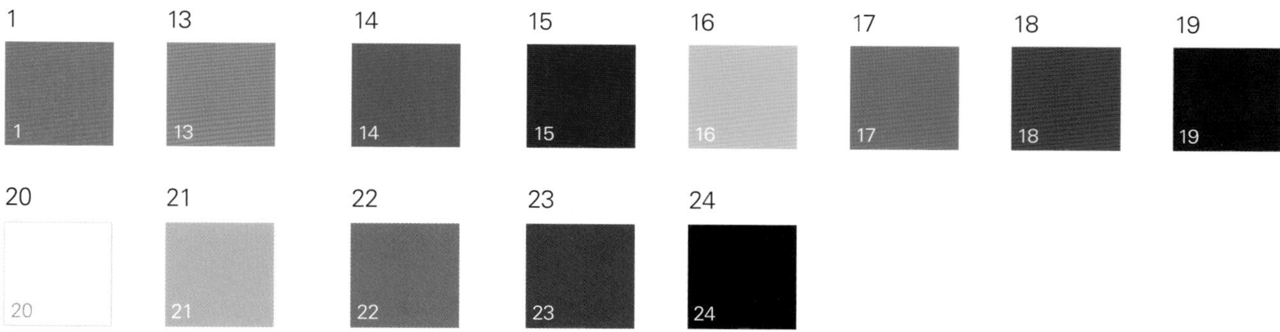

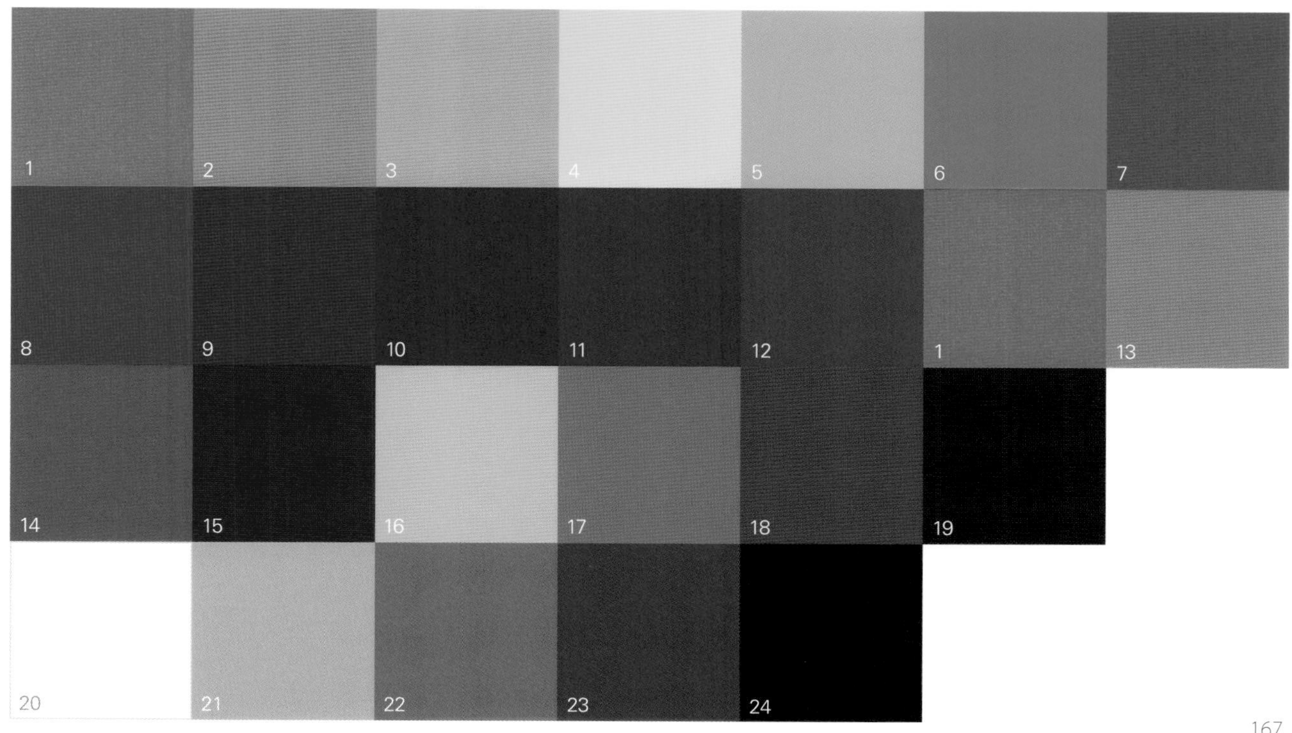

科目名：

自己評価票

（　　曜日　　時限）　No.：　　　　　　氏名：

「授業で取り組んだ課題」と「振り返りと考察」、「造形ノートのまとめ方」を自己評価します。造形ノートが完成したら、この**「自己評価票」**と次ページの**「振り返りと考察」**を記入し、自分の学修を振り返りましょう。

授業の自己評価

課題名を記入し、自身の取り組みについて評価します。

自己評価: S…非常に良く取り組めた　A…良く取り組めた　B…普通　C…あまり良く取り組めなかった　D…良い取組みができなかった

授業の課題名	授業回	自己評価（○をする）
		S　A　B　C　D
		S　A　B　C　D
		S　A　B　C　D
		S　A　B　C　D
		S　A　B　C　D
		S　A　B　C　D
		S　A　B　C　D
		S　A　B　C　D
		S　A　B　C　D
		S　A　B　C　D
（裏面の）振り返りと考察		S　A　B　C　D
造形ノートのまとめ方		S　A　B　C　D
総合的な自己評価		S　A　B　C　D

科目名：

振り返りと考察

（　　曜日　　時限）　No.：　　　　　氏名：

与えられた考察のテーマ名　または、自身の考察のタイトル：

科目名：

自己評価票

（　　曜日　　時限）　No.：　　　　　　氏名：

「授業で取り組んだ課題」と「振り返りと考察」、「造形ノートのまとめ方」を自己評価します。造形ノートが完成したら、この**「自己評価票」**と次ページの**「振り返りと考察」**を記入し、自分の学修を振り返りましょう。

授業の自己評価

課題名を記入し、自身の取り組みについて評価します。

自己評価：S…非常に良く取り組めた　A…良く取り組めた　B…普通　C…あまり良く取り組めなかった　D…良い取組みができなかった

授業の課題名	授業回	自己評価（○をする）
		S　A　B　C　D
		S　A　B　C　D
		S　A　B　C　D
		S　A　B　C　D
		S　A　B　C　D
		S　A　B　C　D
		S　A　B　C　D
		S　A　B　C　D
		S　A　B　C　D
		S　A　B　C　D
（裏面の）振り返りと考察		S　A　B　C　D
造形ノートのまとめ方		S　A　B　C　D
総合的な自己評価		S　A　B　C　D

科目名：

振り返りと考察

（　　曜日　　時限）　No.：　　　　　　氏名：

与えられた考察のテーマ名　または、自身の考察のタイトル：

科目名：

自己評価票

（　　曜日　　時限）　No.：　　　　　氏名：

「授業で取り組んだ課題」と「振り返りと考察」、「造形ノートのまとめ方」を自己評価します。造形ノートが完成したら、この**「自己評価票」**と次ページの**「振り返りと考察」**を記入し、自分の学修を振り返りましょう。

授業の自己評価

課題名を記入し、自身の取り組みについて評価します。

自己評価：S…非常に良く取り組めた　A…良く取り組めた　B…普通　C…あまり良く取り組めなかった　D…良い取組みができなかった

授業の課題名	授業回	自己評価（○をする）
		S　A　B　C　D
		S　A　B　C　D
		S　A　B　C　D
		S　A　B　C　D
		S　A　B　C　D
		S　A　B　C　D
		S　A　B　C　D
		S　A　B　C　D
		S　A　B　C　D
		S　A　B　C　D
（裏面の）振り返りと考察		S　A　B　C　D
造形ノートのまとめ方		S　A　B　C　D
総合的な自己評価		S　A　B　C　D

科目名：

振り返りと考察

（　　曜日　　時限）　No.：　　　　　　氏名：

与えられた考察のテーマ名　または、自身の考察のタイトル：

科目名：

進度計画と振り返り

（　　曜日　　時限）　No.：　　　　　氏名：

授業の進度計画や記録を書いて、自分の学修計画に役立てましょう。
授業ごとに出欠、コメント欄に授業の振り返り、取組みについての自己評価を記録してください。

出席状況：　出席○　欠席×　遅刻△　早退▲　（公欠◇）
自己評価：　S…非常に良く取り組めた　A…良く取り組めた　B…普通　C…あまり良く取り組めなかった　D …良い取組みができなかった

回 授業日	出欠	課題名	振り返り	自己評価	
1 ／		オリエンテーション			
2 ／					
3 ／					
4 ／					
5 ／					
6 ／					
7 ／					

回 授業日	出欠	課題名	振り返り	自己 評価	
8 ／					
9 ／					
10 ／					
11 ／					
12 ／					
13 ／					
14 ／					
15 ／					

科目名：

進度計画と振り返り

（　　曜日　　時限）　No.：　　　　氏名：

授業の進度計画や記録を書いて、自分の学修計画に役立てましょう。
授業ごとに出欠、コメント欄に授業の振り返り、取組みについての自己評価を記録してください。

出席状況：　出席○　欠席×　遅刻△　早退▲　（公欠◇）
自己評価：　S…非常に良く取り組めた　A…良く取り組めた　B…普通　C…あまり良く取り組めなかった　D…良い取組みができなかった

回 授業日	出欠	課題名	振り返り	自己評価	
1 ／		オリエンテーション			
2 ／					
3 ／					
4 ／					
5 ／					
6 ／					
7 ／					

回 授業日	出欠	課題名	振り返り	自己評価	
8 ／					
9 ／					
10 ／					
11 ／					
12 ／					
13 ／					
14 ／					
15 ／					

保育指導案　実習日　月　日（　）　歳児クラス　名

グループ名　担当者名

子どもの姿	活動名【　】 活動の内容
ねらい（領域「表現」の観点は必ず入れる）	認定こども園教育・保育要領等、領域「表現」の該当箇所

準備		
時間	環境の構成・予想される子どもの姿	保育者の動き（・）と留意点（＊）

[学籍番号：　氏名　]

保育指導案　実習日　月　日（　）　歳児クラス　名

グループ名　担当者名

子どもの姿	活動名【　】 活動の内容
ねらい（領域「表現」の観点は必ず入れる）	認定こども園教育・保育要領等、領域「表現」の該当箇所

準備		
時間	環境の構成・予想される子どもの姿	保育者の動き（・）と留意点（＊）

自己評価　(^^ ♪　(-_-)　(-_-　(T_T)	[理由]

保育担当グループ以外の学生記入欄

場・材料・用具の設定はわかりやすく活動しやすかったか？ 評価　(^^ ♪　(-_-)　(-_-　(T_T) →感想・提案	主体的に取り組めたか？自由感・多様性があったか？ 評価　(^^ ♪　(-_-)　(-_-　(T_T) →感想・提案	ねらいとの整合性・保育者の受け止めと働きかけは適切だったか？ 評価　(^^ ♪　(-_-)　(-_-　(T_T) →感想・提案

[学籍番号：　氏名　]

提出期限　　　月　　　日

「子どもにとって、何故、造形表現活動が大切か？」

今までの学修を通して考えた、**「子どもにとって、何故、造形表現活動が大切か？」**について述べましょう。

（　　曜日　　時限）　No.：　　　　　　氏名：

（次のページに続く）

3歳から現在までの図工・美術に対する感情曲線 記入表

No.　　　　　　　　氏名

3歳から現在までの描いたりつくったりする活動（図画工作や美術）に対する感情の移り変わりを線とコメントで表してみよう。　＊第1章の10（p.12～14）参照

⊕
プラスの感情

3（年少）　4（年中）　5（年長）　6（小1）　7（小2）　8（小3）　9（小4）　10（小5）　11（小6）　12（中1）　13（中2）　14（中3）　15（高1）　16（高2）　17（高3）　18（大学入学時）　19　20　（　）　（　）　（　）

マイナスの感情
⊖

マイアート鑑賞

学科　　年　学籍番号					氏名
曜日		時限		提出日	年　　月　　日

＊展覧会のパンフレットや入場券などの資料も添付しましょう。

1．鑑賞年月日　　　年　　　月　　　日（　　）

2．美術館名

3．展覧会名

4．展覧会全体の感想

5．印象に残った作品について

作品名

作者名

・よく見て自分なりのイメージを広げましょう。
どうしてそう思ったのか、作品のどこからそのようなことを感じたのか具体的に書きましょう。
作品の画像があれば、直接書き込んで説明してもよいです。